上海高校分类评价研究丛书

丛书主编　平辉

新时代高校内部评价
改革探索

郭为禄
◎主编

杨忠孝
丁笑梅
◎副主编

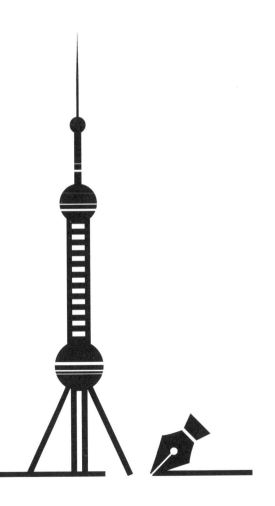

华东师范大学出版社
·上海·

图书在版编目(CIP)数据

新时代高校内部评价改革探索/郭为禄主编;杨忠孝,丁笑梅副主编.—上海:华东师范大学出版社,2022
 ISBN 978-7-5760-2706-8

Ⅰ.①新… Ⅱ.①郭…②杨…③丁… Ⅲ.①高等学校-学校管理-评价-研究 Ⅳ.①G647

中国版本图书馆 CIP 数据核字(2022)第 040289 号

上海高校分类评价研究丛书
新时代高校内部评价改革探索

主　　编　郭为禄
副 主 编　杨忠孝　丁笑梅
项目编辑　刘祖希
审读编辑　王叶梅
责任校对　丁　莹　时东明
装帧设计　卢晓红

出版发行　华东师范大学出版社
社　　址　上海市中山北路3663号　邮编 200062
网　　址　www.ecnupress.com.cn
电　　话　021-60821666　行政传真 021-62572105
客服电话　021-62865537　门市(邮购)电话 021-62869887
地　　址　上海市中山北路3663号华东师范大学校内先锋路口
网　　店　http://hdsdcbs.tmall.com

印 刷 者　上海昌鑫龙印务有限公司
开　　本　787×1092　16开
印　　张　20.5
字　　数　297千字
版　　次　2022年8月第1版
印　　次　2022年8月第1次
书　　号　ISBN 978-7-5760-2706-8
定　　价　78.00元

出 版 人　王　焰

(如发现本版图书有印订质量问题,请寄回本社客服中心调换或电话021-62865537联系)

上海高校分类评价研究丛书

编委会

主　编：平　辉

编　委：（按姓氏笔画为序）

　　　　王　娟　平　辉　冯　晖　张　兴
　　　　张　慧　林炊利　郭为禄　桑　标
　　　　董秀华　傅建勤　焦小峰　戴　勇

丛书序

高等教育是一个国家发展水平和发展潜力的重要标志。从世界高等教育发展趋势看,一流国家必然需要一流的高等教育和人力人才资源作为坚强保障。面对世界百年未有之大变局加速演进的格局,我国对高等教育的需要比以往任何时候都更加迫切,对科学知识和卓越人才的渴求比以往任何时候都更加强烈。习近平总书记和党中央审时度势,做出了加快建设世界一流大学和一流学科的战略决策,引导全国高校扎根中国大地办学,吸收世界先进办学治校经验,创办中国特色、世界一流的高等教育,增强国家核心竞争力。

受多种因素综合影响,过去一个时期我们对高校办学的评价受到办学规模、办学层次、学位点数等数量因素的较大影响,导致大学之间比拼"大"而非"学",高职院校升格普通本科、学院升格大学、综合性大学"扎堆"建医学院等冲动客观存在,一定程度上加剧了同质化办学和"千校一面"现象,造成有限办学资源稀释和浪费。为此,党中央、国务院明确提出要"建立完善的高等学校分类发展政策体系,引导高等学校科学定位、特色发展"。

在此背景下,上海将高校分类评价改革作为建设教育综合改革国家试点区重中之重,2014年起把制度化构建和实施高校分类管理、分类评价作为重点任务,着力为我国高等教育分类管理、分类评价改革先行探路,促进全市高校由"一列纵队"向"多列纵队"分类发展,在各自领域和类型中特色办学、争创一流。经过多年实践,上海高校分类管理评价模式已初步形成,成为推动上海高等教育改革发展的重要基座,主要做法有:

一是创新"规划入法",实现分类评价法制化。用好专家学者和各方力量,构建了分类评价制度框架。在横向上,按照人才培养主体功能和承担科学研究情况,把高校划分为学术研究型、应用研究型、应用技术型和应用技能型四个类型;在纵向上,按照学科专业设置和建设情况,把高校划分为综合性、多科性、特色性三个类别,纵横交错形成了"十二宫格"分类格局。2015 年出台《上海高等教育布局结构与发展规划(2015－2030 年)》,以分类管理分类评价思路规划和布局上海高等教育。在此基础上,探索实践了"规划入法"理念,2018 年施行全国首部地方性高等教育促进法规——《上海市高等教育促进条例》,相关法条明确:上海"根据人才培养主体功能、承担科学研究类型以及学科专业设置和建设等情况,建立健全高等学校分类发展体系,引导高等学校明确办学定位,培养适应经济社会发展的特色人才"。同年,依据该法规出台《关于深入推进高校分类管理评价促进高等教育内涵式发展的指导意见》,推动分类管理理念融入高等教育管理各环节。遵循"政府政策引导、高校自主选择、社会参与评估"原则,由全市高校结合自身实际,从学术研究型、应用研究型、应用技术型和应用技能型四个类别中自主选择相应发展类型,不同类型有不同的目标定位、资源配置和考核评价。

二是实施分类评价,引导全市高校各安其位。根据不同类型高校办学定位和发展目标,分类制定学术研究型、应用研究型、应用技术型和应用技能型四类高校评价指标,突出"中国特色",聚焦高校落实"五大功能",兼顾"综合性、多科性、特色性"学科专业发展特点,确定了办学方向与管理水平、办学条件与资源、办学质量与水平、办学声誉与特色、高校自评等五方面考查内容。坚持定量评价与定性评价、综合评价与单项评价、内部评价与外部评价、共性评价和特色评价相结合,引导高校立足自身定位和特色,不断提高办学水平和办学绩效。2018 年启动首次测评起,每年都对测评数据进行全面分析研判,并"地毯式"征求各方对指标体系的优化完善意见和建议,在取得各方共识的基础上对相关指标作进一步调整优化。同时,对标教育部等国家部委有关高校评价的新要求、新做法,及时调整更新评价指标和内容,促进了互动兼容和导向一致。

三是强化结果运用,充分发挥评价指挥棒作用。建立了从评价动员到结果使用一整套公开透明的操作程序,实现了评价程序的全闭环和过程的全开放。同时,实行多元评价,组织政府部门负责人、高校管理者、专家学者、社会第三方等利益相关者参与评价,探索线上评价、线下集中评价、实地督导、高校互评等多种评价相融合的形式。分类评价结果出来后,对全市高校进行集中反馈,使各高校清晰明确自身在相应纵队中的位置以及存在的主要差距。在此基础上,制定实施与分类评价结果直接挂钩的操作方案,逐步把分类评价结果作为政府经费投入、基建规划、招生计划、人事编制、学科评审等教育资源分配管理,以及高校党政负责干部绩效考核的重要参考和依据,实现高校"类型不同、要求不同、评价不同、支持不同"。目前,上海高校分类评价结果已与高校下一年度教师绩效总额增量直接挂钩、与高校下一年度内涵建设经常性经费投入额度直接挂钩、与高校班子成员当年度绩效额度和收入水平直接挂钩,提升了针对高校办学质量评估的针对性和政策调控的精准度。

从实施效果看,在分类管理、分类评价体系牵引下,"各安其位、各展所长、特色发展"的办学理念已成为全市高校的思想和行动自觉,主要表现在:**一方面,全市高等教育发展生态正加快优化**。全市高校都已把类型标准融入学校的制度设计和日常办学中,盲目追求综合型、研究性大学的现象已基本杜绝。一些"小而精"的高校因"一招鲜""特色化"而在分类评价体系内表现优异,促使"壮士断腕"收缩规模、集中精力做强做特做优,正成为越来越多高校的选择。通过分类评价,激发了传统强校的忧患意识、进步学校的自信和落后学校的赶超决心,同类高校间"比学赶超"氛围日益浓厚。**另一方面,高校内部治理能力正加快提升**。上海高校分类评价着力引导学校增强治理能力,设置负面清单观测点,倒逼高校完善内部治理体系,增强底线保障的意识和能力。通过分类评价,不少高校强化了数据管理、建立了自评系统,绝大部分学校都把分类评价指标要求与学校规划指标、年度考核、院系评价紧密结合,完善了质量保障体系。

同时,通过分类评价实践也发现了一些需要深入思考和推进完善的工作,包括:如何在推进评价"破五唯"的同时,以公平、客观、全景、有效的方式把高校发展质量、实质贡献测量出来;如何在评价体系中进一步强化高等职业教育类型定位,为高职院校特色发展提供有力引导;如何充分利用新技术实现分类评价数据采集的自动化、数据分析的智能化,有效提升评价信度效度;如何强化结果使用,倒逼高校分类办学、特色发展;等等。

下一步,上海将按照党中央、国务院关于教育评价改革部署要求,优化完善高校分类评价体系。**一是进一步树牢评价的正确导向**。在坚决落实评价"破五唯"的同时,探索教师、论文、奖项、项目等评价难点的新路径。把立德树人作为评价的根本标准,引导高校加强改进党的领导和思政工作,把人才培养作为核心任务。引导高校服务国家地方重大战略,优化学科专业布局,提升攻关"卡脖子"技术和社会服务能级。设立更多基于学科专业特色的观测点,把高校特色显出来、评出来、推出来。**二是进一步增强评价的权威实效**。拓宽结果使用范围,通过软挂钩与硬挂钩相结合的方式,探索将评价结果更多运用于招生计划、人事编制、重大专项投入等领域;区分评价和监测不同功能,改革年度评价机制,探索周期性评价和日常监测有机结合的考查制度;加强数据共享共用,以分类评价为基础推进上海高等教育评价体系衔接整合;通过开展专项督导评价,督促引导高校健全自我评价机制。**三是进一步增强评价的平台功能**。着力把上海高校评价打造成政府、高校、学界、社会高度互动服务平台,凝聚学界研究力量,攻克评价改革难题,产出一批研究成果;统筹利用更多社会资源,深化与第三方合作,加强先进评价技术应用,发挥分类评价在促进高等教育高质量发展、提升高校"五大功能"中的关键导向作用。

开展高校分类评价是一项实践性和专业性很强的工作,确保评价的科学有效和持续深入,需要具备扎实的理论基础、广阔的改革视野和长期的实践探索。上海市教育督导委员会办公室立足新起点,策划出版了"上海高校分类评价研究丛书",组织专家学者和一线实务人员,总结分类评价改革经验,探索分类评价优化路径,既有实践意义也有学术价值,一定会为高校分类评价工作的持续深化带来积极的促进作用。衷心期待全国同行多参与、多研究、多提宝贵意见,共同为促进高校分类发展、特色办学出谋划策,共同为构建符合中国实际、具有世界水平的评价体系做出贡献。

上海市教育委员会
2022 年 7 月 19 日

序

"教育评价事关教育发展方向,有什么样的评价指挥棒,就有什么样的办学导向。"党的十八大以来,习近平总书记站在党和国家事业发展全局的高度,就深化教育评价改革作出一系列重要指示批示,强调"要围绕建设高质量教育体系,以教育评价改革为牵引,统筹推进育人方式、办学模式、管理体制、保障机制改革",为新时代高等教育改革发展指明了方向、提供了遵循。深入开展教育评价改革,是贯彻落实习近平总书记关于教育的重要论述和全国教育大会精神,深化教育体制改革,扭转不科学的教育评价导向,坚决克服"唯"的顽瘴痼疾,提高教育治理能力和水平,加快推进教育现代化、建设教育强国、办好人民满意的教育的客观需要。深入开展教育评价改革,也是高校落实立德树人根本任务,办好一流大学和一流学科,提高质量、办出特色和水平的关键抓手。

同时,教育评价改革又是一项世界性、历史性、实践性难题,被喻为教育综合改革"关键一役"和"最硬一仗"。教育评价改革之"难",不仅在于其涉及多重因素、不同主体,牵一发而动全身;更在于凡评价均是基于不同的理念追求、不同的利益诉求、不同的基础和传统,不仅永远无法形成统一的模板和范式,还可能永远没有尽头,永远"在路上"。如何用好评价的指挥棒,充分发挥评价的导向作用,是每一所大学都在研究和探索,且将持续研究和探索下去的问题和领域。大学的可贵和可爱就在于不断批判和创新,追求科学真理,追求人的进步和社会发展,永远有着向上向善向好向高远的精神,持续不断解决一个又一个理论与实践难题。为了更好呵护大学精神,激发师生的创造力,必须不断改进完善教育评价这个指挥棒。可以说,高校内部评价改革问题是其他体制机制问题解决的前提,是高校治理体系和治理能力系统化建设的核心。

华东政法大学选择教育评价改革作为教育综合改革的突破口,是广大师生在学习贯彻习近平总书记有关教育的重要论述过程中形成的高度共识,是落实教育部和上海市政府工作部署的工作举措,是广大师生对提高办学质量、凸显办学特色、建设一流政法大学的迫切需要,更是培养社会主义事业建设者和接班人的内在要求。伴随着新中国高等教育发展和社会主义法治建设的历程,华政走过了近70个春秋。回望历史,作为新中国法学教育的一个缩影,几代华政人接续奋斗,成就了"法学教育的东方明珠"的美誉,但几十年间"两落三起"的曲折历史也难免给人带来深刻的伤痛。观照时代、面向未来,如何适应实现中华民族伟大复兴的战略全局和世界百年未有之大变局,特别是如何适应"法治中国"建设需要和上海"具有世界影响力的社会主义现代化国际大都市"建设需要,培养德法兼修的高素质法治人才和社会治理人才,是学校必须担负的使命和责任,是我们必须直面的问题和挑战。我们深刻认识到,必须以教育评价作为突破口,把学校高质量发展摆在更加突出的位置,全面总结学校办学理念和传统,深刻分析体制机制存在的深层次问题,努力构建符合教育发展规律和人才成长规律、富有时代特征的教育评价制度与机制,更好落实立德树人根本任务,办出特色更加鲜明、质量更加优异的政法大学。

内部评价改革的探索是学校"十三五"期间的重大任务,但从真正意义上讲,也只是起了步、开个头,是为"十四五"乃至更长时期提出了解决问题的思路。学校几年来的改革探索,是一个很好的学习与提高的过程,党和国家的方针政策以及高校内外对教育评价改革的呼声,为我们提供了明确的方向和目标;国内外教育评价理论研究成果和高校评价探索的实践经验,为我们提供了很好的参照。几年来的改革探索,亦是一个很好的总结与反思的过程,几代华政人接续探索,形成了"以教学为中心,以教师为第一,以学生为根本"的办学理念和优秀传统,使我们对"以人民为中心"理念和"大学的理想"有了更加深入的理解与认识;对于如何落实立德树人根本任务,如何引导教师安心教书育人,如何促进学生全面发展,如何发挥学院、学术组织等各方面的积极性,甚至是如何解决单一维度评价、一级管理的长期惯性问题等,均有了一些体会和认识。当然,上述问题带来的改革任务是立足学校自身的,有些具有一定的普遍性,有些则是个性化的,我们的体会也只是一家之言。花费一些时间和精力,把这些体会和认识整理、分享出来,不怕献丑,一方面是想就"还在路上"的华政乃至其他高校的改革做一次阶段性的总结和反思,另一方面也想为"还在路上"的上海高等教育评价改革、中国高等教育发展贡献一点心得和不能称之为"经验"的经验。

  作为阶段性的成果,本书肯定存在诸多问题,欢迎同行、专家多提宝贵意见。学校事业的发展需要我们勇于接受各方面的批评意见,中国高等教育的改革需要我们敢于奉献自己的点滴心得,积极参与全球教育治理更需要我们以开放的心态善于提供教育评价的中国智慧、中国方案。

  是为序。

郭为禄
2021 年 12 月 24 日

目录

丛书序 /001

序 /001

绪论 /001

    一、选题缘起 /002

    二、研究背景 /004

    三、研究内容 /007

    四、文献述评 /008

    五、研究特色 /012

第一章　科学教育评价体系构建的依据 /015

    第一节　教育评价的理论支撑 /016

    第二节　教育评价理论与教育评价改革 /023

    第三节　教育评价政策与教育评价改革 /032

第二章　教师评价的问题反思与改革探索 /045

    第一节　教师评价的问题反思 /046

第二节 教师评价改革的国内探索 /053

第三节 教师评价改革的国际经验 /065

第四节 教师评价改革的典型案例 /073

第三章 学生评价的问题反思与改革探索 /099

第一节 学生评价的问题反思 /100

第二节 学生评价改革的国内探索 /111

第三节 学生评价改革的国际经验 /128

第四节 学生评价改革的典型案例 /139

第四章 院系绩效评价的问题反思与改革探索 /161

第一节 院系绩效评价的问题反思 /162

第二节 院系绩效评价改革的国内探索 /167

第三节 院系绩效评价改革的国际经验 /175

第四节 院系绩效评价改革的典型案例 /183

第五章 高校内部评价改革深化之路 /209

第一节 高校多元评价体系构建的总体思路 /210

第二节 改进教师评价 推进践行教书育人使命 /217

第三节 改进学生评价 促进德智体美劳全面发展 /228

第四节 改进院系绩效评价 为学校发展蓄势赋能 /240

附录 华东政法大学教育评价改革纪实 /253

参考文献 /301

后记 /312

绪　论

评价是教育指挥棒,评价体制机制改革是教育体制改革的关键一环。新时代、新形势,需要新评价。但新教育评价体制机制的成型,离不开对以往问题和先行先试探索的总结与反思。本书聚焦高校内部如何以变破"唯"、形成多元教育评价体系的实践探索,以期以此窥一斑而知全豹,为学界、业界和公众了解我国教育评价改革呈现一个窗口。

一、选题缘起

教育是国之大计、党之大计,高等教育更是社会发展的重要依靠和动力之源。中国共产党自成立之日起,就始终把建设和发展各级各类教育作为一项重要的革命事业。教育评价事关教育发展方向,是树立正确办学导向的指挥棒,也是提高现代教育治理能力的关键点。长期以来,受多种因素影响,我国各级各类教育评价不同程度上存在着导向不合理、理念不明晰、方法不科学等问题,影响了教育事业的健康发展和师生的可持续发展。自2012年党的第十八次全国代表大会召开以来,为了扭转不科学的教育评价导向,提高新时代的教育治理能力和水平,办好人民满意的教育,党和政府在中国特色社会主义进入新时代后不断推进教育评价改革,积极探索如何破除单一的、片面的教育评价体制机制。2020年10月,中共中央、国务院印发的《深化新时代教育评价改革总体方案》(以下简称《总体方案》)不仅树立了破"唯"改革的里程碑,更是引发了社会各界的广泛关注。贯彻落实《总体方案》,通过充分发挥教育评价的指挥棒作用来推进教育综合改革,成为当前教育界的工作重点。

高等教育评价体制作为教育评价体制的组成部分,其革新是一项参与面广泛、关联者甚多的系统工程,需要政府、高校、社会专业评价机构等的合力。其中,高校作为高等教育的实体办学机构,如何在学校内部探索形成一套成熟的、完备的多元教育评价体系,是新时代高等教育评价体制变革的重要议题。也就是说,高校这一办学组织本身作为评价主体,如何实现对组织内部的专任教师、各级各类学生、院系等核心要素评价的革新,是当下及未来一段时间内高等教育评价体制优化升级的必要且重要环节。而且,高校处在教育金字塔的顶尖,不仅是高等教育评价的应然主体,也是评价理论和实践研究的中坚力量,是故在这项系统工程中不仅不能置身事外,更应自发积极探索,发挥重要的引领和示范作用。虽然目前高校自身开展的教育评价改革探索还处于起步阶段,只是系统工程中的一个侧面,但仍然具有重要的价值,是高等教育评价体制得以完善的基石。当然,高校自身教育评价体系的成熟不仅源自内部的变革,而且也会受到外部环境的影响,并产生相互作用。例如,政府和社会的要求,不仅是高校开展评价改革时必须纳入的考量,而且更应与教育规律和教育评价理论共同成为引领高校评价改革的指导依据。同时,高校自身开展的多元评价探索,应与政府对高校的评价改革同频共振,共同推进高等教育评价体制的变革与发展。

另外,必须明确高校内部评价体系改革的目标,才能设定明确的前进方向和行动路径。《中共中央关于制定国民经济和社会发展第十四个五年规划和二〇三五年远景目标的建议》就"当今世界正经历百年未有之大变局""我国已转向高质量发展阶段"等世情国情作出重要判断,并明确提出要"建立高质量教育体系""提高高等教育质量,分类建设一流大学和一流学科"。"建设高质量教育体系"是坚持以人民为中心的必然要求、构建新发展格局的基础环节、锚定2035年远景目标的关键举措。[1] 2021年全国教育工作会议已开展了行动部署,明确提出了为建设高质量教育体系立柱架梁,推进教育治理体系和治理能力现代化,为建设教育强国开好局、起好步,以优异成绩庆祝建党100周年的年度目标任务。因此,高校必须把握时势,做大优势,将促进自身的高质量发展作为内部评价体系改革的总目标,通过评价升级来建设高质量教育体系,打造高质量文化,强化质量保障主体意识,促进人才培养能力持续提升,最终实现高质量高水平发展。概言之,在庆祝中国共产党成立100周年之际,在"十四五"开局之年和全面建设社会主义现代化国家新征程开启之年,在我国教育评价改革系统开展的初期,专门研究高校如何摸索形成科学的、公平的多元教育评价体系来服务自身的高质量发展,颇有意义。

---

[1] 陈宝生.建设高质量教育体系[N].光明日报,2020-11-10(13).

二、研究背景

教育评价是判断教育行为在多大程度上满足了社会与个体需要的活动,通过对教育活动现实的或潜在的价值作出判断,以期达到教育价值增值的过程。[1] 由此可见,评价的本质是价值判断,用以衡量客体对主体需求和需要的满足程度。那么,主体的需求与需要又是如何确定和产生的呢?就高校这一主体而言,其需求是由面临的内外部环境决定的;而将高校作为评价客体的政府、社会,亦是根据高校发展的内外部环境确定其价值判断的。从这个意义上讲,研究高校多元教育评价体系的构建路径,必须要把握高等教育发展环境的变与不变,特别是把握其依托的内外部环境的变化和趋势。

(一)外部环境之变需要教育改革关注机遇与挑战

社会历史的车轮不断向前,变是永恒的主题。大学作为社会系统的有机组成部分,必须走出"自我发展""自我满足""自娱自乐"的象牙塔,不断适应外界的变化,同时回应内部变革的诉求。人类社会一系列重大的变革对高校的发展战略和发展方向提出了新要求,相应地对规范、引导高校发展战略和发展方向的教育评价也提出了新的挑战。换言之,教育系统内部情况和外部条件的变化发展,对高等教育机构的事业发展和人才培养提出了新要求。

一是知识革命。著名管理学家彼得·德鲁克(Peter F. Drucker)提出,过去的150年,知识推动了社会的根本变革,引发了三次革命,即知识从运用于生产工具、生产流程和产品的创新之中催生"工业革命",到应用于工作之中催生"生产力革命",到应用于知识本身催生"管理革命"。[2] 如今,我们已经迈入知识社会,知识迅速成为首要的生产要素,且正被应用于系统化的创新,可以说催生了"知识革命"。[3] 知识革命

---

[1] 陈玉琨. 教育评价学[M]. 北京:人民教育出版社,1999:7.
[2] [美]彼得·F·德鲁克. 后资本主义社会[M]. 傅振焜,译. 北京:东方出版社,2009.
[3] 陈春花. 知识革命呼唤不一样的未来教育[EB/OL]. 2020未来教育论坛闭幕式报告, [2020-11-01]. https://baijiahao.baidu.com/s?id=16559008126675128979&wfr=spider&for=pc.

推动知识更新频率的空前加快,"人人学""时时学""处处学"的时代已经到来,教育的主要形式正由学校教育逐步转化为终身教育。

二是科技革命。在现代生产力中,科学技术,尤其是高新技术无疑是最活跃、最重要的推动因素。当前以互联网＋人工智能、新材料新技术为标志的第三次科技革命,促进了工业、服务、金融、文化、卫生等各行业的变革,对高等教育也产生了广泛的影响。第三次科技革命使得高等教育信息化加速、普及化加快、与社会的协同创新加强、应用化与国际化趋势明显。[1]

三是社会革命。当今世界处于"百年未有之大变局"。在国际环境风云变幻之际,我国走进了新时代,社会主要矛盾转化为人民日益增长的美好生活需要和不平衡不充分的发展之间的矛盾,人们对优质高等教育资源的需求愈发强烈。党的十九届五中全会明确了"十四五"时期建设的关键词:坚持创新核心地位;体现处处有"人";构建以国内大循环为主体、国内国际双循环相互促进的新发展格局。这些均给高校事业发展带来了新的挑战与机遇。

四是质量革命。质量是现阶段全球高等教育发展事业中最核心的关键词,我国的高等教育从扩大办学规模转向内涵式发展,其核心亦是注重质量提升,以质量观引领办学。这既是实施科教兴国战略的必然选择,也是实施人才强国战略的应然要求,更是落实立德树人的本真要义。[2]过去我们讲质量意识,如今我们开始讲质量革命,这意味着要啃硬骨头。2020年11月3日发布的《新文科建设宣言》,就提出了要打造质量文化,强化高校质量保障主体意识,促进文科人才培养能力持续提升,实现文科教育高质量高水平发展。

包括评价改革在内的高校内部所有教育改革都须主动对接上述趋势。至少应包括:第一,应更加重视国家和社会需求。大学已走进社会的中心,大学服务社会的能力和水平事关办学声誉和形象塑造。服务国家战略和社会发展是大学发展的外部源头活水,高校的办学于社会有益,才能得到政策、经费、土地、设备等各种资源的支持,才能促进各项事业健康有序发展。纵观中外大学发展史,不少一流大学都是在为社会

---

[1] 方晓田.第三次科技革命与高等教育变革[J].高等农业教育,2014(11):11—15.
[2] 田慧生.提高教育质量培养更多更高素质人才[N].中国教育报,2017-10-08(1).

服务中实现错位发展、异军突起的,比如,美国的斯坦福大学、麻省理工学院、威斯康星大学,英国的华威大学,德国的汉堡理工大学,日本的筑波大学,新加坡的新加坡理工大学等。习近平总书记在多个场合都强调了我国高校需要在服务国家战略和经济社会发展上作出贡献。因此,评价改革必须以国家和社会发展需求为导向,以融入社会带动引领社会。第二,应更加重视学科交叉融合。人类知识系统本为相互联系的有机整体,遵循知识构成的逻辑规律,才能避免"一叶障目不见泰山"。当下及未来的知识运用和创新,更要求打破学科壁垒,注重文科、工科、农科、医科、商科等不同学科之间的交叉融合。在学科分化、综合的基础上创新学术组织,推动交叉学科研究与教学的进步,是大学发展的趋势,更应该成为评价改革的方向。第三,应更加重视校内师生和二级单位的可持续发展。教育事业是一项长期工程,教师、学生和院系的发展与进步都不是一时一日之功,也不是短期见效即可的快速工程,而是具备长足发展动力与潜力的战略性事业。因此,高校教育评价改革不仅着眼于解决当下的问题,更要未雨绸缪,迎接未来的需要,实现以评促建、以评促发展。

(二) 精神内核之不变需要教育评价坚守教育内涵规律

教育,尤其是高等教育之所以成为社会的引导者和动力源,必然有着一贯坚守不变的精神内核。正是这些不变的精神内核,奠定了教育的基础性地位。一方面,面对当前和未来全球挑战的复杂情况,大学的使命没有变,大学的社会责任没有变,大学人才培养、科学研究、社会服务等基本职能没有变。生产和传播高深知识、引领社会思想和文化技术进步、培育社会需要的人才是大学永恒的功用,是大学作为学术组织的立身之本。另一方面,相对于社会环境的瞬息万变,大学追求卓越与创新、追求质量和水平的精神没有变。在大学这一学术共同体里,学者们以坚定的步伐、凭借"坐冷板凳"的精神不断探索新的知识领域,攻克一个个科学难题;在与社会的互动中不断形成新的思想和文化,引领着技术和社会思想的进步;在一代又一代的学生群体和个体培养中,不断探索育人模式,完善教育体系。换句话说,卓越与创新、质量和水平是学术组织的内在本质,是大学之所以成为大学的根本和关键。

上述变革与坚守的要求正是高校办学和事业发展的价值取向,是高校教育评价改革的价值判断依据和基点。在价值依据的前提下,我们才能说"破旧立新"。例如,以

《总体方案》为基础的教育评价改革,必须立足于不变的精神内核以筹谋变革。偏离了高等教育的精神内核谈变革,必将危害大学作为学术组织、高深知识生产和传播载体、社会发展动力源的基本性质。因此,如何发挥评价的指挥棒作用,通过改革为高校事业的高质量发展提供前瞻性、战略性的评价引导,是值得高等教育理论和实践工作者重点研究的课题。

三、研究内容

在高校中,相对行政教辅人员而言,专任教师和大学生是各类教育教学活动的主体;而相对作为学校工作实施者的行政部门而言,院系是办学实体。师生和院系是高校办学的核心和"牛鼻子"。因此,高校内部评价体系中的评价对象主要涉及专任教师(如无说明,下文中的"教师"均指"专任教师")、各级各类学生和院系的办学绩效。如若能够有效设计并实施对师生和院系绩效的评价改革,高校内部教育评价体系革新的主体工程便得以稳固。也就是说,本书中的高校内部评价体系,由教师评价机制、学生评价机制和院系绩效评价机制三部分构成。同时,由于教育是关于人的活动,教育评价改革的出发点和落脚点在于促进人和机构的发展。相应地,高校内部教育评价改革应以促进师生和院系的可持续发展为旨归。本书在研究内容上,关注高校开展教育评价改革应该遵循的理论与政策依据,以及在师生评价机制和院系绩效评价机制上存在的问题和破"唯"改革的国内外探索,进而探讨高校应该如何通过评价改革来改变师生和院系的行为,产生以评促建、以评促发展的倒逼效应,拉动教的方式、学的方式、研究的方式以及管理的方式发生变化,打造科学、可持续发展的评价环境,以最终实现学校整体的高质量发展。需要指出的是,尽管依据人才培养定位,我国高等教育机构总体上可分为研究型、应用型和职业技能型三大类型,但本书研究范围限于前两类高校,不涉及职业技能型高校(这也是《总体方案》中的所指,《总体方案》将"健全职业学校评价"任务予以单列)。

在研究方法上,本书采用规范研究和实证研究相结合的范式,以质性取向下的文献法、案例研究法为主要研究方法,通过座谈、个别访谈、文本分析等技术搜集规章制度、利益相关者视点等一手数据。在案例研究中,笔者不限于文本调研,更对一些高校开展了深度的实地调研。调研对象包括三类高校:一是上海市内在评价体系改革方面先行先试的高校,如同济大学、华东师范大学、上海财经大学;二是全国范围内的高水平综合性高校,主要包括北京、江苏、浙江等地的"双一流"高校,如北京大学、清华大学、中国人民大学、南京师范大学、浙江大学;三是行业特色高校,如中国政法大学、西南政法大学。

在写作布局上,本书共包含五章和一个附录。第一章聚焦科学教育评价体系构建的理论指导和政策依据,主要运用历史分析法介绍教育评价理论的演变,并着重对第四代教育评价理论在破"唯"改革上的应用适切性进行批判性思考,同时梳理了相关政策导向。第二、三、四章分别围绕教师评价改革、学生评价改革、院系绩效评价改革的议题,采用质性取向下的多个案研究的方法,通过田野调查、文本分析等方式,挖掘以往教师评价、学生评价、院系绩效评价中存在的问题及表征,进而概括总结国内最新改革探索的特征及相关国际经验,并呈现了典型案例。第五章落脚于高校内部的多元评价体系完善之路,就如何改进现有的教师评价机制、学生评价机制、院系绩效评价机制以实现高质量发展的目标,一一提出方向与建议。附录介绍华东政法大学开展教育评价改革的思路、举措与成效。

四、文献述评

随着20世纪80年代中期我国高等教育评估制度的确立[1],对高校教育评价体系的研究逐步兴起,2000年后发展迅速。具体表现为研究的主体越来越多,既有政府部门,也有高校科研机构,还有相对独立的第三方组织;评价的范围越来越广,从普通高校到一流大学都有所涉及;评价的对象越来越全面,校内二级组织、教师和学生,教学、科研和社会服务,都成为被研究对象。可以说,目前已形成比较完整的研究体系。

---

[1] 王战军,孙锐.我国高等教育评估制度演进趋势探析[J].高等教育研究,2000(6):78—81.

其中,教学评估、教学管理、评价指标体系、高校教师和评估等处于研究主题群的核心位置,具有较强的辐射性。[1]本书聚焦破"唯"背景下高校内部的教师、学生和院系办学绩效的评价变革,相关的研究现状如下。

就破"唯"改革认识论的研究而言,国内学界的成果可概括为"破什么"以及"立什么",前者是对"五唯"问题本质的讨论,后者则是对破"五唯"相关对策的讨论。针对前者,付八军认为"五唯"问题的实质是单一化、绝对性的"唯外部评价"[2];潘宛莹认为"五唯评价要素"是教育评价的一个历史发展阶段,有存在的客观性和便利性[3];李立国、赵阔则认为"五唯"产生的直接原因在于"集权化"的高校管理体制[4]。总而言之,"破什么"在于不仅要破除"五唯"评价的表象,还应破除这种违背教育规律和科研本质的评价体系。"立什么"更多的是对具体对策的讨论,如付八军提出要转化高校学术生产模式,减少政府层面短期的学术行为诱导,并创造多元化的学术成果评价标准[5];罗燕认为需完善当前的制度环境,建立健全学术的内部实质性评价制度,使其兼顾教育评价的质量和数量属性[6];操太圣则从政策执行的角度来讨论解决"五唯"问题的对策,认为高校应该加强对高校教师的信任,实施增能式教师评价,即强调将评估纳入高校的日常管理过程,同时构建多元学术观。[7]

就教师评价的研究而言,教师评价机制作为衡量与考评高校教师质量和贡献的主要方式,在很大程度上决定着教师发展的方向和动力。[8]然而,实证研究却发现现存高校教师评价机制对教师发展的负面影响多于正面激励,甚至阻碍教师真正的

---

[1]牛奉高,王菲菲,邱均平.中国高等教育评价研究的主题及其演变分析[J].高等教育研究,2013(1):104—110.

[2]付八军.高校"五唯":实质、缘起与治理[J].浙江社会科学,2020(2):90—94+108+158.

[3]潘宛莹.克服"五唯",让大学科研回归本质[J].人民论坛,2019(11):131—133.

[4]李立国,赵阔.超越"五唯"的学术评价制度:从后果逻辑到正当性逻辑[J].大学教育科学,2020(6):4—7+15.

[5]付八军.高校"五唯":实质、缘起与治理[J].浙江社会科学,2020(2):90—94+108+158.

[6]罗燕."五唯"学术评价的制度分析——兼论反"五唯"后我国学术评价的制度取向[J].复旦教育论坛,2020(3):12—17.

[7]操太圣."五唯"问题:高校教师评价的后果、根源及解困路向[J].大学教育科学,2019(1):27—32.

[8]陆珺.破"五唯"背景下高校教师评价体系建设的探究[J].教育探索,2019(6):95—100.

发展。[1]也就是说,传统的教师评价中唯学历、唯资历、唯论文等倾向比较严重,评价机制针对不同学科、研究类型的教师在评价标准、评价指标以及评价内容方面具有高度统一性,难以体现不同学科、不同研究类别发展规律与成果实现的差异性与多样化,不能全面客观地反映教师科研活动的多样性、成果贡献以及社会服务的差异性。[2]为此,有学者提出高校教师科学合理考核、评价的目的在于发挥导向和激励作用,促进教师专业化发展,最终落脚点在于尊重教师个性,鼓励教师按需发展,实现以人为本的人性回归。[3]

就学生评价的研究而言,学生评价是对学生个体学习进展和变化的评价,是促使学生学习的主要手段。[4]目前我国的学生评价研究主要围绕两条主线和六大领域展开,即宏观层面的内涵、理论以及背景研究和微观层次的指标、方法与领域研究两条主线,学生评价的工具开发与操作、学生评价体系、学生评教研究、国外学生评价研究、多元智能理论对学生评价的启示、发展性学生评价体系六大领域。[5]对大学生评价的研究则更为聚焦于学习评价领域且已取得较大进展,体现为在评价内涵上深度拓展与广度延伸相得益彰,评价内容上历时之维与共时之维共同发展,评价方式上技术向度与人文向度相互融合,评价指标上工具理性与价值理性兼顾统一,学习评价的本土改革与域外借鉴同步推进。[6]相比之下,对大学生综合素质评价领域的研究较少。事实上,我国大学生综合素质评价体系存在重智商轻情商、重理论轻实践、评价观念滞后等明显的不足,从而造成学生发展失衡、缺乏个性等问题,[7]同时有关德体美劳的

---

[1] 周玉容,沈红.现行教师评价对大学教师发展的效应分析——驱动力的视角[J].清华大学教育研究,2016(5):54—61.
[2] 唐建宁.新时代高校教师分类管理、分类评价机制研究[J].黑龙江教育学院学报,2019(4):22—24.
[3] 罗克文,黄馨馨.高水平大学建设背景下高校教师分类评价机制的改革与思考[J].社会工作与管理,2019(6):114—118.
[4] 陈玉琨.教育评价学[M].北京:人民教育出版社,1999:56.
[5] 徐春浪,汪天皎.我国学生评价研究热点聚类分析及其知识图谱——基于CNKI684篇核心期刊文献的关键词共词分析[J].教育理论与实践,2016(31):35—39.
[6] 徐彬.近二十年我国大学生学习评价研究的进展与反思[J].海南师范大学学报(社会科学版),2019(4):95—103.
[7] 甘敏思,苏初旺.大学生综合素质评价体系存在的问题及其思考[J].高教论坛,2012(8):44—46.

评价严重不足,与大学育人本原、教育初心有所背离。如何以促进学生的全面发展与可持续发展为导向,完善综合素质评价机制亟待深入研究。

就院系绩效评价的研究而言,对院系的办学效益进行绩效评价,被公认为能够调动其工作的积极性和创造性,并为优化内部资源配置和内部管理机制提供参考。根据评价内容和方法的不同,院系绩效评价可划分为以下四个维度:以分析办学水平、衡量办学绩效为基础的诊断性评估;以落实战略规划、完善内部结构治理为目标的发展性评估;以量化指标评价、兼顾柔性判断为支撑的内涵式评估;尊重学科差异性、突出学科特色的多元化评估。[1]然而,在当前以科层为主的资源配置结构和评价机制下,院系绩效评估中绩效考核目标不明确、评估标准偏向于绝对量累加、评估结果注重奖惩性、学术权力的参与度不足、评估方法较单一、缺乏整体把握和动态监控、评估指标体系有待健全等问题仍然突出。[2]对此,学者们提出了不少改进措施,例如,将管理范式从目标考核转向治理绩效评估,并确定治理绩效评估的多重功能取向,实现评估主体的整合与多元化,建立分类均衡化的治理绩效评估指标体系,加强治理绩效评估与奖惩机制的衔接度[3];将价值管理方法创新性地运用于高校绩效评估之中,提高绩效评估的科学性与可操作性[4];树立正确的高校绩效评估观念,不断修正评估指标体系,完善绩效评估流程,促进各个二级学院平衡发展。[5]

已有文献是本书重要的参考资料,为明确研究思路、形成研究框架和设计调研方案等指明了方向。但是,全面扭转"唯"的倾向、清理"唯"的规章制度和做法,是近两三年才形成广泛共识和政策导向。因此,现有研究与破"唯"改革的政策背景对接不够全

---

[1] 鞠建峰."双一流"建设战略视野下高校院系绩效评估研究[J].黑龙江高教研究,2018(7):1—4.

[2] 卢红阳.大学基层学术组织办学绩效评估问题研究——以沈阳师范大学为例[D].沈阳师范大学硕士论文,2016.

[3] 杨慷慨,蔡宗模,张海生.从"目标考核"到"治理绩效评估"——我国大学内部管理范式转型研究[J].江苏高教,2018(5):22—25.

[4] 王国平.新时代高校绩效评估的范式转换与路径优化[J].江海学刊,2018(6):235—240.

[5] 关燕.基于AHP-DEA的高校二级学院投入产出绩效评价与实证研究[D].北京邮电大学硕士论文,2017.

面,对高校校内各条线评价上的"唯"的表现关注度不够深入,对改革探索最新动向的了解也有限,更缺乏对已有改革做法的系统总结和对进一步深化改革之路的专门探讨,针对性和时效性均有待提升。本研究力图弥补这些缺陷,在对高校内部主要工作条线中已涌现的评价破"唯"摸索进行深入调研、系统梳理、校本试点的基础上,以评价理论和政策指导为引领、问题反思为起点、改革经验为参照、落实要求为契机、行动研究为抓手,探索高校内部如何形成合理、有效的多元教育评价体系。

五、研究特色

本书具备三个突出特色。

第一,及时性。目前,《总体方案》出台时间不过一年有余,我国大部分高校在内部评价改革上基本仍处于"摸着石头过河"的探索阶段,对于同行的改革举措、国际动向和未来走向等不一定十分了解。本书以贯彻落实《总体方案》为契机,信息集成度高,结合了教育评价改革的理论依据、政策要求,梳理了高校内部评价中存在的问题与表征,并及时总结了国内高校的破"唯"改革探索和案例,汇集了国际经验和典型案例,因此对国内高校深化评价改革有适时参考价值。

第二,方向性。本书强调以破立并举为主线来构建高校内部新的多元评价体系,与上级政策对标对表度高。除了师生评价改革有明确的政策指导意见外,院系绩效评价参照了《总体方案》对高校整体的评价。同时,研究重点从教师评价改革、学生评价改革、院系绩效评价改革三个领域,通过理论引导、问题反思、国内改革探索、国际经验调查、典型案例剖析,寻找"唯"与"不唯"之间的平衡,理出高校内部破"唯"评价改革的逻辑和路径,对高校进一步探索多元评价体系提供方向性的操作建议。

第三,理论实践相结合。《总体方案》提出"各地要及时总结、宣传、推广教育评价改革的成功经验和典型案例,扩大辐射面,提高影响力"。目前我国还没有聚焦高校内部评价改革的案例集。本书以理论为指引,突出实践性,不仅有对改革探索实践的总结,而且专门展示了教师评价改革、学生评价改革和院系绩效评价改革三个方面的典型案例,并呈现华东政法大学的教育评价改革纪实。通过实地调研、文本收集、网络爬虫等途径,选取国内外,特别是国内高校在破"唯"改革中的典型经验汇编成案例集锦,形成可推广、可参考的经验,有助于其他高校通过借鉴学习同行经验来优化自身的内部评价体系,从而助力我国高等教育系统整体的高质量发展。

第一章
科学教育评价体系构建的依据

　　经典理论无疑对政策制定和实践改进具有显著的指导价值。例如，政策的出台往往吸收了成熟理论的精华，在一定程度上可谓理论的产物。因此，若想改变现有高校内部教育评价机制，首先应明确教育评价理论有哪些、是什么，以及这些理论能提供哪些指导。其次，教育评价改革的开展也离不开政策的引领，对标对表党和国家的方针政策是高校开展破"唯"改革的必然要求。本章希冀通过对教育评价理论流变的梳理，提升破"唯"的问题契合性以及立"新标"的理论指导性，并通过对教育评价变革政策导向的梳理，明确指导科学教育评价体系构建的政策依据。

第一节 教育评价的理论支撑

关于教育评价理论发展阶段的划分,学界存在不同的意见,但影响较为广泛的是古贝(Egon G. Guba)和林肯(Yvonna S. Lincoln)提出的"现代教育评价理论从诞生到现在,主要包括测量、描述、判断、建构四个时代"。[1]每一时代的评价理论都是对前一时代理论的批判式丰富和发展,而非简单的替代,同时四个时代的理论相互补充,共同"照亮"着评价实践。随着时代的变迁和社会的不断发展,学者们也开始寻求生成与最新评价实践更为吻合的新理论。

一、前三代教育评价理论溯源

(一)第一代教育评价:测量

第一代教育评价理论盛行于19世纪末至20世纪30年代之间,主要标志是测量技术和测量手段的大量运用,认为测量就是教育评价,评价者的作用就是能够熟练地运用测量工具进行测量。[2]在这一阶段,教育评价工作的重点就是编纂测验量表来测量学生的智力和心理特质,以期通过客观化、科学化的量表实现教育测量的目标。在这个过程中,评价人员是"测量技术员",而学生被看作学校"工厂"的"原料"和"产品",由学校主管充分控制管理。评价员的工作就是选定测量工具,掌握测量技术,以便获得准确的测量数据。学校对待学生则会严格设定测量指标,以此来判断学生们的

---

[1] [美]古贝,林肯.第四代评估[M].秦霖译.北京:中国人民大学出版社,2008:2.
[2] [美]古贝,林肯.第四代评估[M].秦霖译.北京:中国人民大学出版社,2008:2—5.

智力和心理状况。学校教育是否成功,教师工作是否合格,学生能力是否提高,这一切都能够通过"测量"来鉴定。

客观式测验(Objective Test)和常模参照测验(Normal Referenced Test)是这一时期的产物,它们在解决学力测验的标准化和客观化方面取得了很大的进展。[1] 但是,这一时代的客观化、数量化的教育测量,仅仅是收集了被评价对象能够被量化、被评价的资料数据。这些资料数据具体有哪些意义?又是否体现了教育目标的价值所在?是否展现教育目标的完成度?这些都没有体现。因此,教育实践呼唤能够判断教育实践是否实现教育目标以及目标完成度的新的教育评价理论的诞生。

(二) 第二代教育评价:描述

以"描述"为特征的第二代教育评价理论盛行于 20 世纪 30 年代至 50 年代。这一阶段教育评价的方式是运用测量工具,对测量结果作"描述",以此来判断教育实践是否实现教育目标以及目标完成度的情况。这一阶段的标志是泰勒评价模式的产生及应用。[2] 为解决第一代教育评价理论中测量片面性的问题,泰勒在其著作《成绩测验的编制》中,曾提出教育评价的历程在本质上是一种测定教育目标在课程和教学方案中能被实现多少的过程。他首次提出了"教育评价"这一概念,并且对测量和评价进行了区分,将测量当作评价的工具来使用。该模式强调"评价不是为了评价而评价,而必须是为了更好地达到教育目标的评价"。这个观点使得教育评价有了目的性和针对性。教育评价不再是简单的一两个测验评估,而是一个为了实现教育目标而行进的过程;评价者也不再是"测量技术员",而是一个"描述者",评价对象也不仅是能够量化的学生成绩或者智力水平,而是学生自身。评价者与被评价者通过描述教育目标与教育结果的一致性程度及其优劣模式,来实现教育评价。

虽然它较之第一代教育评估理论有所发展,但依旧存在难以克服的自身局限性。首先,教育目标自身的合理性和可行性无法保证,针对教育目标的教育评价就自然无效;其次,评价教育目标实现与否的手段,依旧是单一的量化评价标准;那对在教育实

---

[1] 卢立涛. 测量、描述、判断与建构——四代教育评价理论述评[J]. 教育测量与评价(理论版),2009(3):4—7+17.
[2] [美]古贝,林肯. 第四代评估[M]. 秦霖译. 北京:中国人民大学出版社,2008:5—7.

践过程中的非预期的结果以及难以量化的行为,也都无法作出合理的教育评价。因此,在社会现实之下,泰勒评价模式难以为继,新的教育评价理论应运而生。

(三) 第三代教育评价:判断

第三代教育评价理论以"判断"为核心词,盛行于20世纪50年代末至70年代末,主要诱因是目标导向的教育评价使得美国人认为自己的教育出现了缺陷。这段时期的教育评价特点为:评价不能仅局限于对结果的完成度进行描述,还应对教育目标的设定及其价值标准作出判断。[1] 1963年,克龙巴赫在《关于评估的过程改进》(Course Improvement Through Evaluation)一文中质疑了泰勒评价模式,[2]并提出了以决策为中心的 CIPP 评价模式,即背景评价(Context Evaluation)、输入评价(Input Evaluation)、过程评价(Process Evaluation)和结果评价(Product Evaluation),希冀通过对比教育评价"目标"和"现实"之间的差异,来为政策方案的制定者提供决策意见和建议。1967年,斯克瑞文(M. Scriven)在《评价方法论》(The Methodology of Evaluation)中指出"评价的目的包括对长处、优点和价值等方面的估计",之后又提出了目标游离评价(Goal-free Evaluation),强调区分教育目标和教育评价活动。在这一过程中,评价者不仅应考虑目标预期,而且还应考虑包括教育和培训方案的现实问题,同时要求评价者收集大量的现实问题资料,强调这些资料在教育实践中的重要性。

第三代教育评价的显著特征是用一定的标准去衡量所得结果是否达到了既定目标,并做出价值判断。这一评价过程要求评价者不仅运用一定的测量手段去收集各种数量资料,而且还要制定相应的判断标准与目标。这就表明整个评价过程包含评价者描述以及评价者对被评价者优劣的价值判断。

二、第四代教育评价理论细描

20世纪80年代后,教育改革在世界范围内掀起了高潮。为了促进教育的改革发

---

[1] [美]古贝,林肯.第四代评估[M].秦霖译.北京:中国人民大学出版社,2008:7—9.
[2] 陈玉琨,赵永年.教育评价[M].北京:人民教育出版社,1989:298—302.

展,众多学者开始反思和批判20世纪60、70年代的教育评价理论存在的不足,并寻求新的理论与前三代理论互补。其中,最著名的是古贝、林肯的专著《第四代评估》,这本书的出版标志着第四代教育评价理论的基本成型。第四代教育评价理论的基本理念是:教育评价是评价者和被评价者"协商"进行的"共同建构"过程。[1]

(一) 评价起点: 响应多元利益者诉求

作为一种发展性评价理论,第四代教育评价与前三代有显著的不同,它打破了以往评价中的"管理主义倾向",采取以"回应"各种与评价利益相关的人作为评价的出发点,以"协商"为途径达成共同的"心理建构"。[2]换言之,在反思和批判前三代教育评价理论出现的忽视价值多元性、过分强调管理主义和科学实证主义的倾向等问题的基础上,第四代教育评价理论提出评价是共同的心理建构,即评价是对各利益相关方提出的所有要求的"响应",又称为"响应式的聚焦方式"。

"响应式聚焦"理念源于斯塔克,它通过涉及利益相关方并消耗大量时间和资源的交互式协商过程来确定参数和界限。为完成响应评估过程,第四代教育评价人员需要完成以下工作。[3]首先,需要明确响应的对象包括三类:第一类是评价活动的代理者群体,具体包括评价对象的开发者、评价活动的出资者、评价的决策者、评价的受托人等;第二类是评价的受益者群体,具体包括直接受益人、间接受益人以及受益于评价工作的团体等,如提供所需服务订约者;第三类是评价的受害者群体,他们因接受某些评价而受到负面影响,具体包括被系统地排除在评价活动之外的、政治地位低的人和经济能力下降的人等。其次,需要明确响应的内容,具体包括"主张"(Claim)、"焦虑"(Concerns)和"争议"(Issues)(简称"CC&I")。"主张"是由利益相关方根据自身需要出发,提出的有利于评价对象的提案。"焦虑"是由利益相关方根据自身需要出发,提出的不利于评估对象的提案。"争议"是指利益相关方有自己的意见并且不一定同意某些事情的状态。进行响应式聚焦有四个阶段:在第一阶段,评价员的工作是确定识

---

[1] 陈玉琨. 教育评价学[M]. 北京: 人民教育出版社,1999: 185.
[2] 杜瑛. 我国高等教育评价的范式转换及其协商机制研究[D]. 华东师范大学博士论文,2009.
[3] [美]古贝,林肯. 第四代评估[M]. 秦霖译. 北京: 中国人民大学出版社,2008: 14—21.

别各利益相关方,并要求他们提出各自的CC&I。在第二阶段,评价人员的主要工作是将某利益相关方提出的CC&I传达至其他的利益相关方群体,并要求其他利益相关方群体对该群体的CC&I进行驳斥或者赞同或者以其他方式进行响应。在这个阶段中,许多原有的CC&I被逐渐地解决。在第三阶段,那些尚未解决的CC&I将成为评估人员收集信息的主要组织者。信息收集的精确形式将取决于争论的内容是主张、焦虑还是争议。在第四阶段,在评价人员指导下,利益相关方开始收集评价信息进行协商谈判,并努力使每个有争议的问题达成共识,但不是所有的问题都会被解决。这些尚未被解决的差异会成为下一次评价的关键。需要指出的是,这种响应式聚焦阶段不是严格进行的,可能会有重复和叠加。[1]

(二)评价目的:建构共同心理

在吸纳多元主体参与、接受多元价值观念的基础上,第四代教育评价所要建构的是被多元利益者所认可的"共同心理"和一致看法。在《第四代评估》一书中,有关于第四代教育评价理论基本框架的系统阐述,即评价者要明确参与评估活动的所有利益者(评价活动的"推动者"、受益者、受害者),指导他们提出自己的主张、焦虑和争议,并通过协调的方式,缩小分歧,最终达成一致的价值主张。在进行评估活动时,要尤其注意不能将评价对象以及其他相关利益者排除在整个评价活动之外。在评价中,要充分吸取不同群体的意见,协调过程中出现的多种价值判断标准,逐渐缩小异见,最终实现共同的心理建构。因此,教育评价的本质是共同建构,是所有利益相关者之间相互建构的过程。[2]

(三)评价方法:辩证循环式解释协商

第四代教育评价理论认为,评价是涉及多个利益相关者共同协商的过程。同时,"协商"的目的为在参与评价活动的所有利益相关者之间达成共识,要在评价活动中充分听取各种意见,不断地协调和缩短不同意见间的差异,最终形成一个各方共同认同

---

[1] 李吉桢.第四代教育评价理论的中国化研究[D].天津师范大学硕士论文,2019.
[2] 杜瑛.我国高等教育评价的范式转换及其协商机制研究[D].华东师范大学博士论文,2009.

的主观看法。协商过程是一个不断发现新主张、新焦虑和新争议,不断地进行响应和协商,最终形成新的共同心理建构的过程。[1]

第四代教育评估理论以建构主义为基础,而建构主义过程是一个"解释学辩证循环"的过程。古贝和林肯认为,富有成效的解释学辩证协商过程必须要符合以下条件:要求各方参与者承诺以独立的立场开展评价,不能刻意欺骗和误导、提供虚假的信息;各参与者要能够进行交流;各参与者愿意共享权力;各参与者可以随协商过程改变想法;与会者愿意重新考虑其价值观。[2]在经历多轮解释学辩证循环调查后,会基于参与评价的多方利益群体对评价对象的响应、协商和共同建构所形成的一致性观点和意见,共同形成一份个案报告。当然,这份报告中所包含的一致性意见可能还存在分歧,但这些分歧会重复上一轮的模式,成为下一次共同建构的基础。

三、教育评价理论的最新探索

由于社会和教育环境的深刻变化,教育评价实践迎来了新一轮的变革,对第四代教育评价理论的反思日益增多。尽管第四代教育评价理论是目前评估领域最成熟的理论,但如古贝和林肯所言,这一代理论在本质上属于一种建构,因此与其他的建构一样,不可避免地存在一些问题,[3]主要表现在两个方面:一方面,第四代教育评价理论坚持建构主义方法论,强调评估结果并不是对"事情是什么""事情如何进行"以及事物的某种"真实"状态进行描述,而是利益相关者基于自身的理解并通过互动所创造的一种结果,[4]容易陷入相对主义和主观唯心主义认识论的误区。[5]另一方面,第四代教育评价理论强调所有的利益相关者都参与评估活动的观点是不现实的。高校内

---

[1] 杜瑛.我国高等教育评价的范式转换及其协商机制研究[D].华东师范大学博士论文,2009.
[2] [美]古贝,林肯.第四代评估[M].秦霖译.北京:中国人民大学出版社,2008:105.
[3] [美]古贝,林肯.第四代评估[M].秦霖译.北京:中国人民大学出版社,2008:193—195.
[4] [美]古贝,林肯.第四代评估[M].秦霖译.北京:中国人民大学出版社,2008:2.
[5] 桑新民.建构主义的历史、哲学、文化与教育解读[J].全球教育展望,2005(4):50—55.

部的评价活动涉及政府、高校、教师、学生和用人单位等多元利益主体,由于各种条件的限制,在实际评估过程中容易遗漏部分利益相关者的需求。也许,"将寻求最优化的利益相关者参与评价作为目标,是当下高校评价改革的现实选择"[1]。同时,随着互联网、人工智能、大数据、区块链等新兴智能技术逐渐趋于成熟,智能社会的轮廓也已越来越清晰地呈现在我们面前。智能时代需要智能教育,智能教育需要智能评价。[2]例如,智能时代深刻改变了社会各行业对劳动者知识、能力、素质的要求,学生的批判性思考能力、协作沟通能力、解决复杂问题能力、创新能力以及"人机"互动能力,成为其面向未来智能时代的关键竞争力。针对新时代人才培养要求,必须创新信息化条件下的教与学方式,发展面向每个人、适合每个人的教育体系。而教育评价是构建新型教育体系的关键一环,必须通过创新教学评价机制,发挥教育评价的指挥棒作用。[3]

相较于实践的先行,教育评价理论的最新发展尚不成熟,未成体系。也就是说,第五代评价理论尚未成型。但基于对学者相关观点的梳理,新一代教育评价理论应该涵盖以下特征:第一,以人本主义为指引。人本主义体现为新时代的教育评价应以教师为本、以学生为本,体现对师生作为个体和教育主体的双重尊重。例如,在学生评价中,包括尊重学生人格的完整性,对他们的评价只有全面完整才是实事求是、公平合理的;尊重学生表现的日常性,将学生学习的纵向全过程纳入评价之中;尊重学生成长的动态性,实施贯通学生发展全过程的动态评价;尊重学生发展的差异性,在全面评价的基础上关注个体的差异,并基于这种差异性强化因材施教,无疑是对人最深情的人文关怀。[4]第二,以服务为导向。评价本身不是目的,其目的在于加深对世界的认识,以更好地适应和改造世界。新时代的教育评价具有面向实践的生产性和突出的服务功能,应注重服务于师生发展、服务于教育实践、服务于教育改革、服务于教育治理、服务于社会。[5]第三,以智能化、实时监测为特征,以信息技术为手段。这一点可以说

---

[1] 杜瑛.协商与共识:提高评价效用的现实选择——基于第四代评价实践的分析[J].教育发展研究,2010(17):47—51.
[2] 刘云生.学生立体评价的探索构想[J].人民教育,2020(21):17—21.
[3] 杨宗凯.利用信息技术促进教育教学评价改革创新[J].人民教育,2020(21):30—32.
[4] 刘云生.学生立体评价的探索构想[J].人民教育,2020,(21):17—21.
[5] 同[4].

是新一代教育评价理论的关注重点。新兴技术在教育领域的快速融入,有助于推动评价方式和评价内容的重构,为新时代教育评价的改革创新提供了条件和可行途径。可以说,创新教育评价工具,以大数据、人工智能技术为代表的新兴技术为实现评价方式多元化提供了便利。[1]

另外,新一代评价理论与前几代评价理论的发展一样,并非是在抛弃既有理论基础上的再造,而是基于扬弃的传承与丰富。其中,定性定量评价相结合,就是最重要的理论"遗产",《莱顿宣言》便为例证。由于科学治理日益依赖数据,甚至造成科研评估中量化指标被愈发广泛和严重地滥用,世界上最有名望的科学杂志之一——《自然》(Nature)于2015年发表了《莱顿宣言》,提出有关科研评估规范的十大原则,包括量化的评估应当支持而非取代质化的专家评审;科研绩效的考量应基于机构、团队、以及个人的科研使命;保护卓越的本地化研究;数据采集和分析过程应公开、透明、简单;允许被评估者检验和分析相关数据;考虑发表和引用的学科差异;对于学者个人的评估应基于对其整个作品辑的质化的评判;避免不当的具体性和虚假的精确性;认清科技指标对科研系统的影响;定期审查指标并更新。《莱顿宣言》的首要原则,便是量化评价是对质性评价的支持,而非取代。因此,尽管最新一代教育评价理论关注大数据在评价实践中的运用,但如何更好地开展有数据支撑的质性评价仍应是核心问题。

第二节 教育评价理论与教育评价改革

从教育评价理论发展进程的脉络梳理中,可以发现,教育评价理论与教育实践研究相辅相成,教育评价的研究成果具有较强的现实应用性。当然,这不意味着对理论的"拿来主义",我们需要针对教育实践中出现的具体问题适当地进行理论修正与再

---

[1] 杨宗凯.利用信息技术促进教育教学评价改革创新[J].人民教育,2020(21):30—32.

造。由于最新一代的教育评价理论尚未形成,本节涉及的理论范围仅限于前四代教育评价理论。

一、教育评价理论与破"唯"改革的互动

(一)"五唯"问题:高校教育评价的制度性缺陷

当前我国高校教育评价体系存在较多的制度性缺陷,而"五唯"问题的困境是高校评价制度的症结表象。因此,在评论教育评价理论对"五唯"问题破与立的指导之前,需要先明晰我国现有的高校教育评价研究存在的制度性缺陷"是什么",具体表现如下。

1. 缺乏一定的理论基础和理论建构

教育评价研究是一个涵义和范畴很广泛的研究领域和学科。但是,从研究的实际状况来看,与教育科学的研究缺陷类似,我国的教育评价研究没能形成坚实完善的理论框架和清晰的核心问题,基本上处于重复或哲学论证国外已有研究的初步阶段。[1] 在这一背景之下,国内高校教育评价研究工作更多的是从便于高校管理的角度开展的,相应问题的解决也是依托对现有教育评价实践的优秀成果的简单借鉴,而非专业的针对性研究,即对教育评价的研究需求是从实践到理论、问题推导对策这种"自下而上"的方式产生的。这就使得我国教育评价的研究缺少一定的"理论基础"。

2. 缺乏以"量化"为基础、结合质性描述和价值衡量的研究范式塑造

前三代教育评价理论均强调教育测量手段的重要性,而作为缺乏一定理论基础和理论建构的我国教育评价制度,在发展的过程中借鉴了国外前三代教育评价理论的相关内容,比如,片面追求"量化评价",注重测量教师、学生"论文、奖项"的数量,测量教师、学校"帽子、职称、学历"的高度。这种"五唯"评价标准就是片面追求"量化标准"的直观表现。但与此同时,这种量化评价仅是"量化"研究的皮毛,我国的教育评价依旧

---

[1] 王俭.当前我国教育评价理论研究存在的问题与实践误区的价值取向分析[J].教师教育研究,2008(6):49—55.

缺乏扎实的"量化"研究基础。同时,"质性"研究判断较少被纳入教育评价过程,现有的相关"质性"研究更侧重价值比较和哲学思辨的评价原理、理念等的研究。这种比较单一的研究范式,实质是方法论上的不足。[1]

从实践来看,高校内部的评价工作通常属于人事处、学生处等职能部门的职责。由于缺乏更为专业的教育评价知识,职能部门在很大程度上是对各条线教育评价工作的完成度给予"定性",忽视了评价过程中问题的解决。这样的管理性、督导性的评价机制容易导致评价者与被评估对象产生对立:评价者认为自己是"管理者""评判者",认为自己对评估对象是"上对下""监管与被监管"的关系。由于评价结果涉及被评估对象的未来利益以及发展情况,被评估对象会想方设法地钻漏洞,掩饰自身的问题和不足。这种对立的关系,使得双方难以实现真正的合作,更无法实现协商对话解决问题。同时,作为学校治理的手段之一,高校内部的教育评价工作体现的是校方对师生发展和院系工作的具体要求,它本身具备浓厚的行政色彩,可供评价对象自主选择的空间相对较小。评估中重视共性忽视个性,重横向比较而对纵向比较缺乏手段和方法,评估后的追踪与回访也没有真正进入评估的程序。[2]这些关键问题往往被忽视,由此就使得高校教育评价工作局限于行政管理或易被量化的测量维度,使得评价结果对高校自身的发展无意义。

3. 评估方法与评估工具研究的相对空缺

国外的教育评价研究与教育评价工作从一开始就是和专业技术的研究、专门评估工具的研发紧密结合的,而且重视在数据收集、分析方面的方法改进和提升。我国的高校教育评价工作研究由于方法论上的不足,导致了评估方法的相对单一、评估工具研发的力量薄弱、评估数据收集整理和分析的能力相对欠缺。这些既成为包括高校教育评价在内的教育评价研究的瓶颈,[3]也成为实际上妨碍评估工作实效性提升的重要因素。

正如上文所提到的,我国高校教育评价在实践过程中已经重视评价工具的研发和

---

[1] 冯晖.教育评价中的敏感性问题研究[J].华东师范大学学报(教育科学版),2007(2):37—41.
[2] 刘永和.地区性学校评估的现状及其对策[J].南京社会科学,2007(8):117—122.
[3] 张其志.我国教育评价的科学观及其方法论的演变[J].黑龙江高教研究,2008(1):26—29.

适用,但由于缺少必要的理论架构和研究范式,使得在教育评价研究的技术和方法上的改进依旧困难重重,具体表现为将教育评价单纯地集中于可量化的数据,包括衡量学校质量的"论文、帽子、职称",衡量学生质量的"分数、学历"等内容。而难以用量化指标评价的问题,评估人员就选择了"忽视",这也就逐渐演化成了"五唯"评价标准。但这些在实际上,前者往往和学校工作本身无直接关系,后者和"全面发展""立德树人"导向相悖。这种简单的量化数据收集方式限制了高校教育评价工作的作用和价值,迫切需要高校教育评价工作从技术和方法上进行系统地改进。同时,针对"五唯"问题的批评不仅局限于上述问题,还体现在现阶段教育评价本身逐渐偏离教育评价目标、不能反映被评价对象的特性上,即通过分数界定学生的发展,通过升学率界定学校教育质量,通过论文和项目数量来衡量学术贡献和学术创新,通过职称来衡量学者水平,通过拥有高头衔的教工的多少来判断学校的师资水平队伍。

(二) 第四代教育评价理论与破"唯"问题的契合性

真正解决"五唯"问题,并不只是单方面的处理细枝末节的具体问题,还应该通过理论引领来完善"五唯"问题产生的根源。已经成熟的第四代教育评价理论所产生的背景及其解决的问题与当前"五唯"困境所面临的现实相同,对"五唯"问题的"破"与"立"都有很强的契合性和指导性。

1. 前三代教育评价理论之不足与"五唯"问题吻合

前三代教育评价理论中存在的问题与"五唯"问题"同根同源"。首先,管理主义倾向严重。政府部门将绩效评估作为管理的手段和工具,将绩效评估结果作为改进管理的重要依据。[1] 高校则将"论文、帽子、职称、学历、奖项"作为评价高校学术产出的唯一标准,根源就在于"集权化"的高校管理体制,由此出现了仅依赖"五唯"结果评定,忽视了评价作为人才诊断性发展判断的管理主义困境。其次,忽视多元价值的存在。例如,教师的传统评价标准将人才评价范围仅限定在"论文、帽子、职称、学历、奖项"等外部评价因素,使得教师评价标准逐渐趋同并越发单调,忽视了高校教师队伍中应有

---

[1] 杜瑛.我国"双一流"建设实施绩效评价面临的困境与行动路径[J].教育发展研究,2020(3):22—28.

的个人特质和品行,也使得高校学术队伍建设重数量、重级别,忽视了原本学术创新的本质追求。如此单一化的价值评判标准,典型地反映了第四代教育评价理论对前三代教育评估中忽视多元价值协调的批判。最后,"五唯"评价标准被称之为"审计文化下的数字崇拜",[1]其实质是我国教育评价过分强调"科学实证主义",把教育评价简单地定义为对相关内容"量的评价",过分依赖定量考核而忽视定性分析是"五唯"评判标准的典型外在表现,也是第四代教育评估理论所批判的过于依赖科学实证主义的反映。

2. 第四代教育评价理论与破"唯"目的一致

诚如某位学者所言,第四代教育评价理论的价值主要体现在其作为一种形成性评估在加深认识从而改进工作方面,[2]即通过评估活动发现问题、分析问题和解决问题的诊断性功能,最终实现教育质量的提升。毋庸置疑,破"五唯"不仅仅是破除"五唯评价要素"这一简单的评价指标问题,更深层次的是破除原有的"五唯"评价的制度体系弊端,通过破"五唯"、立"新标"来实现高校学术氛围整体向好发展,人才培养机制规范化发展,强化沟通协商,最终实现高校、教师、社会多方主体构建一个心理共识,从而促进我国高等教育的内涵式、高质量发展。

3. 第四代教育评价理论与立"新标"方法一致

前文提到,"五唯"问题困境与前三代教育评价理论中所展现的问题相似,同时在现有对"五唯"问题破解对策的讨论中,有两点内容被学者多次提及。首先,改变现有评价的价值基础,关注多元价值理念,在"五唯"所涉及的高校教育评价中涉及的价值主体包括国家、社会、高校、教师、学生等。而第四代教育评价理论强调评价过程需要涵盖评价活动的"推动者"(评价活动的要求者、评价结果的使用者和评价工作的实施者),评价的受益者(接受评价而获取利益的人员)以及评价的受害者(接受评价而遭受伤害的人员),确保多元主体的参与,为有效的教育评价奠定基础。其次,以价值协商范式代替科学主义范式,即改变现有"重定量考核""轻定性分析与协商"的"五唯"刻板

---

[1] 操太圣."五唯"问题:高校教师评价的后果、根源及解困路向[J].大学教育科学,2019(1):27—32.

[2] 张民选.回应、协商与共同建构——"第四代评价理论"评述[J].外国教育资料,1995(3):53—59.

评价标准,真正做到重视教师教学、学术研究的多重价值,能够使其在协商的环境中表达自身的多元诉求。这一方面同样契合第四代教育评价理论所倡导的"回应—协商—共同建构"的方法论。

二、第四代教育评价理论对破"唯"改革的指导

既已证实第四代教育评价理论与破"五唯"问题的契合性,那么实现其对破"唯"改革的指导,可从以下三个方面切入。

(一) 明确"发展性"评估目标

管理主义至上主导下的"五唯"评价标准,是指高校通过论文、帽子、职称、学历与奖项五个方面来评价高校的教育教学质量以及教师学术水平。当然,高校的单一评价绝非仅指这五方面内容,还体现在其他可衡量的外在因素上。例如,通过评价个体学术水平的外显业绩,来证明教师某一阶段的自身学术水平。但对于教师而言,这仅是证实自身前一阶段的外显业绩,而非对自己个人或学术的发展提供更多发展性的意见,同时忽视了相关外部评价目标设置是否合理,也没有兼顾其他利益相关者对此的意见考察。第四代教育评价理论以回应利益相关者的"主张""焦虑"和"争议"等需求为出发点,"评估者的工作是发现这些不同的因素,并在评估中解决这些问题",[1]从而促进教育的进一步发展。正如有的学者所言:"第四代教育评价理论的本质强调建构与再建构的过程,即从关注结果的终结性评估转向了关注诊断的发展性评估。"[2]发展性评估为评估对象确定个体化的发展目标,并根据评估对象的发展情况做出诊断性的评估,然后提出具体的、有针对性的改进意见。[3]

就教育评价的发展性目标来看,不仅是对某一阶段高校教师学术能力、教学能力、

---

[1] [美]古贝,林肯. 第四代评估[M]. 秦霖译. 北京:中国人民大学出版社,2008:15.
[2] 樊晓杰,吴云峰. 学科评估未来发展趋势的思考[J]. 上海教育评估研究,2018(6):1—5.
[3] 孔晓明,周川. "双一流"建设评价的发展性原则及其方法[J]. 江苏高教,2019(12):55—61.

人才培养能力的评判性的证实,而且更应重视这种评价活动对提升高校教育质量以及人才培养能力上的促进作用。高校教师能够对照相应的评价报告,在自身的学术水平、教学能力等方面作出改进,而非以数字量化的"五唯指标"为最终的关键绩效指标。因此,教育评价的重点,在于评价目标设置是否合理,评价指标设置是否科学,高校教师学术学生工作中存在哪些问题,造成这些问题的原因是什么以及下一次教育评价中如何避免这些问题等。教育评价强调发展还应重视高校教师自身的特质和学生的个性化发展。当前"五唯"评价标准之下,我国高校教育评价更注重的是甄别和选拔功能,因而会过度强调教师的学术外显业绩和教学是否达到设定目标,从而忽视了教师的特性化发展和教学现状。同时,会过度强调学生最终的成绩或分数,而忽视了学习过程和个性化发展。因此,在评价指标设定之初,就应该重视高校教师、学生的发展,避免因评价标准单一而产生阻碍我国高校教育教学质量发展的不良后果。

(二) 构建多元参与的教育评价协商机制

我国的教育评价者和评价对象之间传统上是一种自上而下的从属关系,管理主义倾向贯穿于整个评价过程之中。第四代教育评价理论主张"全面参与",使得评估主体不再局限于评估活动的组织者和实施者,而是扩展为参与评估活动的所有人,[1]并且重视通过不同主体之间的协商活动实现"共同建构"或加深对原有建构的理解。同时,第四代教育评价理论所构建的"回应—协商—共识"的评价思路,为我们解决在高校科学教育评价中如何协调价值观多元化提供了新思路,也为我国高校科学教育评价破解"五唯"评价困境问题提供了行动策略。因此,若想破除"五唯"评价标准,就需要建构多元主体参与的教育评价协商机制。

首先,明确评价主体的多元化。"五唯"评价归根究底是教育质量的评价,那么所涉及的人群必然不能仅限于评估者,势必还应包含被评估者的意见。但当前高校教育评价中一个比较突出的问题的是"评价主体的单一化"和"主客二元化"。[2]基于此,若想改善现有评价弊端,必须将评价活动所涉及的评估者、评价活动的受益者以及受

---

[1] 卢立涛.回应、协商、共同建构——"第四代评价理论"述评[J].内蒙古师范大学学报(教育科学版),2008(8):1—6.

[2] 宋洁.多元化:高校教学评价的当代转向[J].中国成人教育,2015(7):124—126.

害者纳入统一的协商共同体之中,使利益相关者都有权就评价问题发表各种意见或建议。换言之,可将协商作为一种达成共识并改变利益相关者价值分歧程度的途径,尝试通过建立价值协商机制,关注不同利益相关者的价值分歧与差异,平衡多元利益相关者所代表的不同群体的利益诉求,建立基于多元利益主体价值认同基础上的评价准则和标准。

其次,在平等关系的基础上进行交流和互动。评估活动是一个涉及各方利益相关者的复杂过程,要使所有参与评估的利益相关者达成共识,就需要推动不同主体在平等、合作的关系中进行协商,通过不断交流和对话协调各种价值标准间的分歧。[1]欲对高校教育作出合理的评价,评价者和其他利益相关者应该集体协商,共同讨论评价的目的、评价的依据、评价的指标以及评价活动的后续再循环等。并且,评价活动的过程必须公开透明,以确保最大程度地吸纳不同群体的意见,由此来提高评价指标和评价活动的可行性,确保评价活动的顺利进行。需要注意的一点是,高校教育评价涉及高校、教师、学生及社会等多方利益主体,针对某一指标或某一方案不一定能达成共识。但是协商讨论的过程也是评估活动的一部分,[2]有利于加深不同主体对相关问题的理解。

(三) 转变评价方式,定量与定性相结合

高校职能包括人才培养、科学研究、社会服务、国际交流等,涉及师生成长发展、学科队伍建设、管理服务活动的方方面面,具有多样性、复杂性,仅凭单一的评价方法难以进行全面的评价。"不是所有的大学教育的结果、不是所有发生在我们教室或演播室里的重要事情、不是所有的师生互动交流中珍贵的东西、不是所有能让学院增值的力量都可以或应该以数字和测量来加以评定的。"[3]根据第四代评价理论,教育评估活动必须在"自然情景"中使用"质的研究方法",通过评估者的感官和思维器官(包括观察、座谈、阅读文献、记录未被人注意的迹象以及重视人的非言语意向等方式)来做

---

[1] 卢立涛.回应、协商、共同建构——"第四代评价理论"述评[J].内蒙古师范大学学报(教育科学版),2008(8):1—6.
[2] 陈学飞等.中国式学科评估:问题与出路[J].探索与争鸣,2016(9):59—74.
[3] [美]E·格威狄·博格,金伯利·宾汉·霍尔.高等教育中的质量与问责[M].毛亚庆,刘冷馨,译.北京:北京师范大学出版社,2008:4.

研究和评判。当然,这种"质的研究方法"也需要实证、调查和统计等"量的分析",但是不可过于依赖甚至迷信量的研究能实现"客观"。[1]

因此,转变"五唯"教育评价模式,并不是单纯地舍弃"定量分析",而是将定量与定性研究相结合,从而实现高校教育的全面、多样化的评价。例如,在科研评价上,改变过去粗放的数量统计,将具有代表性的论文、著作和专利成果作为重点评价成果,可将国家级奖励、国际权威期刊发文等高水平科研奖励纳入定量统计的范畴。这样将典型案例或凸显自身优势的科研内容作为定性评价的指标,在体现自身特色的同时,与之前的定量统计互为补充。同时,在高校评价的另一重点——师资队伍的建设评价方面,重视师风师德和教书育人的表现评价,优化师资队伍结构,重视青年教师的发展式评价,逐步摒弃教师评价"数帽子"的做法。

(四) 重视评价结果,实现"共同构建"

教育评价程序的最后一个阶段是对评价结果进行分析处理,这一阶段的工作质量直接关系到教育评价作用的发挥和教育评价目标能否得以实现。[2]依据第四代教育评价理论,最终的评价结果并不能作为高校教育质量优劣以及教师个人晋职提升的依据,相反应该作为高校改进自身发展水平并促进其发展的手段工具。因此,更应重视的是各相关利益群体对评价结果的"共同建构"。而且,评估活动应是一个建构与再建构的连续过程,第四代评价理论把这种建构和再建构的过程看作评估活动的典型特征,要实现对评估"事实"接近,唯一途径就是建构之后再建构。[3]因此,对于被评估者而言,参与评价,并在此形成"评价——行动计划——质量改进行动——质量提升——新的评价——新的行动计划——新的质量改进行动——新的质量提升"的良性循环,[4]可助力最终实现被评估者的可持续发展。

---

[1] 张民选. 回应、协商与共同建构——"第四代评价理论"述评[J]. 外国教育资料,1995(3):53—59.
[2] 王汉澜. 教育评价学[M]. 开封:河南大学出版社,1995:73.
[3] 刘康宁. "第四代"评估对我国高等教育外部质量保障的启示[J]. 国家教育行政学院学报,2010(9):45—49.
[4] 文雯,李雪,王晶. 第四代评估理论视角下的研究生项目评估[J]. 高等工程教育研究,2015(3):108—113.

第三节　教育评价政策与教育评价改革

理论与实践之间存在一定的沟壑,政策则是填补沟壑、使理论照亮现实的有效介质。若想解决"五唯"问题,单纯的从教育评价理论指导入手并不够,还应寻找政策依据。习近平总书记高度重视教育评价问题,从中国特色社会主义事业后继有人、兴旺发达的战略高度和实现中华民族伟大复兴的战略全局出发,就深化教育评价改革、构建符合中国实际并具有世界水平的评价体系作出了系列重要指示批示,为深化新时代教育评价改革指明了前进方向、提供了根本遵循。相关政策文件深入贯彻落实了习近平总书记的指示批示和全国教育大会精神,为高校内部教育评价改革的实施提供了明确的政策依据。

一、政策出台：破"唯"改革步履坚定

近年来,围绕教育评价改革,党中央、国务院及中央部委出台了多份重要政策文件。教育部更是把深化教育评价改革作为重点攻坚任务,推动研制了《总体方案》及多个配套文件。其中,《总体方案》是具有里程碑意义的文件。破"五唯"政策推进蹄疾步稳。以《总体方案》颁布为标志,破"唯"改革可以分为逐步探索期和系统实施期两个阶段。

（一）逐步探索期

《总体方案》出台前,国家层面在教育评价改革方面已经开始了逐步探索。检索2010年—2018年《教育部公报》,共搜索到中共中央、国务院及教育部等部门发布的含

教育评价的相关政策208项,约占同期发布政策的1/5,可以看出,教育部门在破除"五唯"顽瘴痼疾方面做了很多工作,方向目标明确,在破除"五唯"桎梏方面的思想认识是清晰和统一的。其中,2014年9月,《国务院关于深化考试招生制度改革的实施意见》正式将综合素质评价纳入我国考试招生制度改革的范畴,力图解决"唯分数"的单一评价机制。自2016年开始,党中央和教育部开始集中发力探索教师评价机制改革:2016年3月,中央印发《关于深化人才发展体制机制改革的意见》,提出改进人才评价考核方式。2016年8月,教育部正式出台了《关于深化高校教师考核评价制度改革的指导意见》,对教师考核评价改革工作进行了系统的阐述与规定,指出"坚持全面考核与突出重点相结合,全面考核教师的师德师风、教育教学、科学研究、社会服务、专业发展等内容",并将之与"四有教师"的培养紧密结合起来,也强调了要"克服唯学历、唯职称、唯论文等倾向"。2016年11月,中央全面深化改革领导小组召开第二十九次会议,审议通过了《关于深化职称制度改革的意见》,力图克服"唯学历、唯资历、唯论文"倾向,科学客观公正评价专业技术人才。2018年2月,中共中央办公厅、国务院办公厅印发了《关于分类推进人才评价机制改革的指导意见》,以"分类"作为关键词,对不同职业、不同岗位、不同层次人才细分评价标准,并创新评价方式、加快推进重点领域人才评价改革。

但客观而言,我国高校在师生考核与评价方面存在的问题由来已久,一旦形成制度并常年实施,其巨大的运行惯性就不是短期内可以彻底改变的。或者说,经过近2年的政策实施,包括教师评价在内的人才评价制度并没有实质性改变,甚至愈演愈烈,出现重科研轻教学等各种问题。正是在这样的背景下,2018年5月28日,习近平总书记在两院院士大会上发表重要讲话,明确指出"人才评价制度不合理,唯论文、唯职称、唯学历的现象仍然严重",并表明需要创新人才评价机制,建立健全以创新能力、质量、贡献为导向的科技人才评价体系,形成并实施有利于科技人才潜心研究和创新的评价制度,改变片面将论文、专利、资金数量作为人才评价标准的做法。该讲话进一步明确了中央有关部门开展人才评价之清理工作的政治性任务。2018年7月3日,中共中央办公厅、国务院办公厅印发了《关于深化项目评审、人才评价、机构评估改革的意见》,重申"科学设立人才评价指标。突出品德、能力、业绩导向,克服唯论文、唯职称、唯学历、唯奖项倾向,推行代表作评价制度,注重标志性成果的质量、贡献、影响",在之前"三唯"

的基础上增加了"唯奖项"。2018年7月18日,国务院印发《关于优化科研管理提升科研绩效若干措施的通知》,明确要开展"唯论文、唯职称、唯学历"问题的集中清理工作。

2018年9月10日,在全国教育大会上,习近平总书记明确指出要深化教育体制改革,健全立德树人落实机制,扭转不科学的教育评价导向,坚决克服唯分数、唯升学、唯文凭、唯论文、唯帽子的顽瘴痼疾,从根本上解决教育评价指挥棒问题。这一重要指示深刻阐明了长期存在的教育评价"五唯"问题,表明了克服此问题的坚决态度。全国教育大会召开后不久,各部门着手开展各类专项清理活动,密集出台了多份相关文件,详见表1-1。例如,2018年9月出台的《教育部关于加快建设高水平本科教育全面提高人才培养能力的意见》,对加强学习过程化管理,建立多元学业考评体系提出了明确的要求;2018年11月13日,《教育部办公厅关于开展清理"唯论文、唯帽子、唯职称、唯学历、唯奖项"专项行动的通知》,明确指出在各有关高校开展"五唯"清理,使教育评价回归教育的本质、教育的初心,使立德树人成为高校首要任务;2020年1月13日,《教育部关于在部分高校开展基础学科招生改革试点工作的意见》出台,对招生领域破除"唯分数"、推进综合评价机制进一步明确了指导意见。

表1-1 逐步探索期出台的破"唯"政策汇总

年份	出 台 政 策
2014年	《国务院关于深化考试招生制度改革的实施意见》;《教育部关于进一步完善和规范高校自主招生试点工作的意见》
2016年	《关于深化人才发展体制机制改革的意见》;《关于深化高校教师考核评价制度改革的指导意见》;《关于深化职称制度改革的意见》
2018年	《教育部关于全面落实研究生导师立德树人职责的意见》;《中共中央 国务院关于全面深化新时代教师队伍建设改革的意见》;《关于分类推进人才评价机制改革的指导意见》;《关于深化项目评审、人才评价、机构评估改革的意见》;《关于优化科研管理提升科研绩效若干措施的通知》;《教育部关于加快建设高水平本科教育全面提高人才培养能力的意见》;《"长江学者奖励计划"管理办法》;《关于开展清理"唯论文、唯职称、唯学历、唯奖项"专项行动的通知》;《新时代高校教师职业行为十项准则》;《教育部办公厅关于开展清理"唯论文、唯帽子、唯职称、唯学历、唯奖项"专项行动的通知》;《教育部关于高校教师师德失范行为处理的指导意见》;《贯彻落实习近平总书记在两院院士大会上重要讲话精神 开展减轻科研人员负担专项行动方案》;《教育部评审评比评估和竞赛管理暂行办法》;《关于进一步加强科研诚信建设的若干意见》;《关于对科研领域相关失信责任主体实施联合惩戒的合作备忘录》

续表

年份	出 台 政 策
2019年	《中共教育部党组关于加强和改进高校领导干部深入基层联系学生工作的通知》；《关于深化新时代学校思想政治理论课改革创新的若干意见》；《高等学校科学研究优秀成果奖（科学技术）奖励办法》；《教育部办公厅等五部门关于进一步做好非全日制研究生就业工作的通知》；《关于加强和改进新时代师德师风建设的意见》；《关于加强和规范普通本科高校实习管理工作的意见》；《关于做好当前新形势下高校毕业生就业创业工作的通知》；《科研诚信案件调查处理规则（试行）》；《关于加快推进社会信用体系建设构建以信用为基础的新型监管机制的指导意见》；《关于进一步弘扬科学家精神加强作风和学风建设的意见》
2020年 （1—9月）	《教育部关于在部分高校开展基础学科招生改革试点工作的意见》；《关于破除科技评价中"唯论文"不良导向的若干措施（试行）》；《关于破除高校哲学社会科学研究评价中"唯论文"不良导向的若干意见》；《关于规范高等学校SCI论文相关指标使用 树立正确评价导向的若干意见》；《关于深化新时代教育督导体制机制改革的意见》；《关于提升高等学校专利质量促进转化运用的若干意见》；《中共中央国务院关于全面加强新时代大中小学劳动教育的意见》；《大中小学劳动教育指导纲要（试行）》；《大中小学国家安全教育指导纲要》；《关于加快构建高校思想政治工作体系的意见》；《高等学校课程思政建设指导纲要》；《新时代高等学校思想政治理论课教师队伍建设规定》；《教育部国家发展改革委财政部关于加快新时代研究生教育改革发展的意见》；《国务院学位委员会 教育部关于进一步严格规范学位与研究生教育质量管理的若干意见》；《教育部关于加强博士生导师岗位管理的若干意见》；《关于加快和扩大新时代教育对外开放的意见》；《学术学位研究生核心课程指南（试行）》；《专业学位研究生核心课程指南（试行）》；《关于应对新冠肺炎疫情影响做好事业单位公开招聘高校毕业生工作的通知》；《关于进一步压实国家科技计划（专项、基金等）任务承担单位科研作风学风和科研诚信主体责任的通知》；《科学技术活动违规行为处理暂行规定》

注：笔者自行制作。

（二）系统实施期

《总体方案》的颁布，教育评价改革便从逐步探索期步入了系统实施期。《总体方案》坚持以德树人为主线，以破"五唯"为导向，围绕党委和政府、学校、教师、学生、社会五类主体，坚持破立结合，重点设计了五个方面22项改革任务，目标是到2035年，基本形成富有时代特征、彰显中国特色、体现世界水平的教育评价体系。2020年10月23日，中央教育工作领导小组秘书组、教育部在京召开贯彻落实《深化新时代教育评价改革总体方案》电视电话会议，深入学习贯彻习近平总书记关于教育的重要论述和全国教育大会精神,对抓好《总体方案》落实落地进行系统安排和部署。

以《总体方案》为行动纲领,各类政府评估和各条线评价的破"唯"工作开始系统地全面铺开,出台了一系列相关政策(参见表1-2)。例如,2020年11月3日,《第五轮学科评估工作方案》公布,指出坚决破除"五唯"顽疾,坚持以立促破,破立结合;注重多元评价,采取多维方法。2020年12月10日,教育部印发《关于破除高校哲学社会科学研究评价中"唯论文"不良导向的若干意见》,明确提出了10个"不得"的底线要求,并强调要优化评价方式,坚持分类评价、健全综合评价、探索多元评价、推行代表性成果评价、完善同行评价。2021年3月23日,教育部、财政部、国家发展改革委联合印发《"双一流"建设成效评价办法(试行)》,力图克服"五唯"顽瘴痼疾,以中国特色"双一流"建设成效评价体系引导高校和学科争创世界一流。2021年5月21日下午,习近平总书记主持召开中央全面深化改革委员会第十九次会议,审议通过了《关于完善科技成果评价机制的指导意见》等文件,为高校科研评价的深入推进提供了最新的指导意见与实施方向引领。该文件于8月2日公开发布。

表1-2 系统实施期出台的破"唯"政策汇总

年份	出 台 政 策
2020年 (10—12月)	《深化新时代教育评价改革总体方案》;《关于全面加强和改进新时代学校体育工作的意见》;《关于全面加强和改进新时代学校美育工作的意见》;《关于持续开展减轻科研人员负担 激发创新活力专项行动的通知》;《研究生导师指导行为准则》;《第五轮学科评估工作方案》;《全国专业学位水平评估实施方案》;《关于正确认识和规范使用高校人才称号的若干意见》;《关于破除高校哲学社会科学研究评价中"唯论文"不良导向的若干意见》;《本科毕业论文(设计)抽检办法(试行)》;《教育部高等教育司关于进一步规范有关组织和团体评审评比评估和竞赛活动的通知》;《关于深化高等学校教师职称制度改革的指导意见》;《新时代学校思想政治理论课改革创新实施方案》;《教育部关于做好2021届全国普通高校毕业生就业创业工作的通知》;《国家科学技术奖励条例》;《国家自然科学基金项目科研不端行为调查处理办法》
2021年	《科学技术活动评审工作中请托行为处理规定》;《关于进一步严格规范专利申请行为的通知》;《关于加强新时代高校教师队伍建设改革的指导意见》;《普通高等学校本科教育教学审核评估实施方案(2021—2025年)》;《"双一流"建设成效评价办法(试行)》;《教育督导问责办法》;《国务院办公厅关于完善科技成果评

续表

年份	出 台 政 策
	价机制的指导意见》;《关于深化实验技术人才职称制度改革的指导意见》;《关于进一步完善和规范高校高水平运动队考试招生工作的指导意见》;《关于进一步加强和改进普通高等学校艺术类专业考试招生工作的指导意见》;《第三方机构预算绩效评价业务监督管理暂行办法》;《医学科研诚信和相关行为规范》

注：笔者自行制作。文件搜集时间截至2021年9月。

在地方层面，一些省份已经采取行动，发布了相关指导文件。例如，江苏省教育厅2020年10月下旬出台了《关于深化高等学校科研评价改革的指导意见》，指出对科研人员、科研创新平台和创新群体、科研项目、科研成果进行分类评价，在减少评审项目数量、改进评价机制、减轻科研人员负担等领域尝试改革。上海市则明确"要以评价改革为牵引，全面深化教育领域综合改革，更好落实教育优先发展战略。抓住关键主体，深化综合素质评价，推动德智体美劳全面发展。营造良好社会氛围，推动全社会树立正确教育观、成才观和人才观"。[1]对标《总体方案》5个方面22项改革任务内容，结合上海教育改革发展实际，上海市政府形成了《上海市深化新时代教育评价改革实施方案》和"工作清单"。聚焦党委政府教育工作评价、学校评价、教师分类评价、学生综合素质评价、用人评价，上海细化形成5个专项行动共计24条改革措施，据此形成了包括80余项"工作清单"，并逐项明确了清单任务和责任部门。上海市高校需要对标对表《上海市深化新时代教育评价改革实施方案》，结合"十四五"规划，形成高校《行动方案》和全面清理各类制度的"工作清单"。

至此，教育领域不同类型和对象的评价工作破"唯"改革的指导方向与推进原则、工作路径等基本确定，有待实践中加以推行并不断完善，从而为各类人才的成长发展和各项事业的有序推进营造良好的生态环境。例如，2021年6月8日，上海市召开教育评价改革工作推进会，深入贯彻落实党中央、国务院《深化新时代教育评价改革总体方案》和市委、市政府《深化新时代教育评价改革实施方案》，按照教育部和市委、市政府部署要求，对市教育评价改革工作进行再部署、再推进。据悉，教育部等中央部委还

---

[1] 人民网.李强主持上海市委常委会会议[EB/OL].(2021-3-10)[2021-1-1]. https://baijiahao.baidu.com/s?id=1687672796230833711&wfr=spider&for=pc.

将陆续出台一些文件,如《普通高等学校本科教育教学审核评估实施办法》、《直属高校高层次人才收入分配激励机制实施办法》、《全国博士研究生招生工作管理规定》等。

二、教育评价破与立的政策指导

(一)《深化新时代教育评价改革总体方案》解读

《总体方案》是新中国第一个关于教育评价系统改革的文件,也是新中国历史上关于教育评价规格最高的改革方案,是新时代推进教育综合改革的行动指南。《总体方案》的基本定位和考虑是:坚持以立德树人为主线,以破"五唯"为导向,以五类主体为抓手,着力做到政策系统集成、举措破立结合、改革协同推进。《总体方案》出台的意义在于:引领中国教育现代化的发展方向;促进教育高质量发展;为深化教育改革提供强大的动力;为教育改革发展营造一个良好的生态环境;提高教育的治理水平和治理能力。[1]因此,《总体方案》出台的影响是重大的、深远的:它影响所有人,因为所有人都要接受教育,影响一个人从出生到死亡、从学前教育到继续教育的全面评价体系对所有人、所有群体都有作用;它也影响所有事,甚至影响到一个国家的国民整体和总体事业发展,因为所有事都是人做的,对人起作用后就会影响所有事,所以某种意义上来说此次教育评价改革与整个社会都有关。《总体方案》的出台,是对政府、大学组织、教师、学生及其家长等教育活动主体的全面指引,是对谁来评价、评价什么、怎么评价的重新定位,是当下和未来教育评价改革的路标和航向。抓住教育评价这一"牛鼻子",通过评价体制改革推动教育综合改革,应对环境变化带来的挑战,是国家在教育领域的重大战略部署。

《总体方案》具备以下特征。第一,体现了系统性,即从宏观指导思想、中观制度体系到微观技术手段,从党委和政府教育工作评价、学校评价、教师评价、学生评价到用人单位评价,系统全面地构建了新时代教育评价改革的总体框架。第二,体现了"三个

---

[1] 蒋红.解读《深化新时代教育评价改革总体方案》[Z].2021年1月13日在华东政法大学的报告.

超越"。一是超越数量、注重质量的评价,即原来注重数量,现在数量不是不重要,但更注重质量。二是超越当下、面向未来的评价,即体现教育的可持续发展,是一个时代对教育的评价,是站在未来对当下教育的评价,具备牵引性作用。三是超越教育内部、立足社会的评价,即原来"五唯"是自己评,现在的评价主体是党和人民,是站在国家和社会角度对教育整体以及教育内部各系统的评价,是重新理解教育使命的再评价。这一点尤其重要,因为教育是有目的性的活动,是我国社会主义事业的组成部分,故而需要把教育放在国民经济、社会发展的大环境中看,需要把教育评价从原来较为内部化的状态转化为放在整个社会系统中来展开。教育内部开展自我评价和把教育放在整个社会体系中进行评价,站在内部看教育和站在外部看教育,是相辅相成的。原有的、历史发展中形成的教育评价有一定的积极作用,但随着时代的发展显示出一些局限和不足,一"唯"四"唯"五"唯"都彰显的是以教育或高等教育内部为中心展开的评价思路。仅以学科评估为例,第二、三轮评估都限于教育内部,后来才保持一定的开放性。第三,体现了"六个导向":战略导向,即明确发展方向和发展战略;系统导向,即发挥评价的指挥棒作用,开展系统化改革;问题导向,即梳理"五唯"问题,明确将"破五唯"作为改革重点;目标导向,即构建多元教育评价体系,重点关注师生评价;分类导向,即按照不同主体设计评价体系;科学导向,即充分运用评价理论研究的最新成果,提出了具体红线和四个评价等原则方法。

关于高校教育评价破什么、立什么、怎么立,《总体方案》明确提出要"扭转不科学的教育评价导向,坚决克服唯分数、唯升学、唯文凭、唯论文、唯帽子的顽瘴痼疾,提高教育治理能力和水平,加快推进教育现代化,建设教育强国,办好人民满意的教育""坚持科学有效,改进结果评价,强化过程评价,探索增值评价,健全综合评价,充分利用信息技术,提高教育评价的科学性、专业性、客观性""引导教师潜心育人的评价制度更加健全,促进学生全面发展的评价办法更加多元",并提出以下具体任务:第一,改进高校评价,"破"重分数轻素质等片面办学行为,"立"立德树人落实机制。相应提出推进高校分类评价、改进本科教育教学评估、改进学科评估、探索建立应用型本科评价标准、制定"双一流"建设成效评价办法、改进高校经费使用绩效评价、改进高校国际交流合作评价、探索开展高校服务全民终身学习情况评价等任务。第二,改革教师评价,"破"重科研轻教学、重教书轻育人等行为,"立"潜心教学、全心育人的制度要求。相应提出坚持把师德师风作为第一标准、突出教育教学实绩、强化一线学生工作、改进高校教师科研评价、推进人才称号回归学术性荣誉性5项任务。第三,改革学生评价,"破"以分数等硬指标给学生贴标签的不科学做法,"立"德智体美劳全面发展的育人要求。相应提出树立科学成才观念、完善德育评价、强化体育评价、改进美育评价、加强劳动教育评价、严格学业标准、深化考试招生制度改革7项任务。[1] 这几对破与立的关系不仅是高校教育评价改革的基本遵循,而且也是推进高校高质量发展的重要抓手。

(二) 教师评价改革的政策指导

基于对教师评价相关的多份文件的解读,可以看到,在深化高校教师考核评价制度改革上,根本要求是把教书育人核心使命摆在最突出的位置,坚持全面考核与突出重点相结合,全面考核教师的师德师风、教育教学、科学研究、社会服务、专业发展等内容,并注重凭能力、实绩和贡献评价教师,克服唯论文、唯帽子、唯职称、唯学历、唯奖项等弊病。对于高校在教师评价上的改革,国家政策提供的相关指导主要包括以下方面。

一是坚持把师德师风作为第一标准。实施师德师风一票否决制,把师德表现作为教师资格定期注册、业绩考核、职称评聘、评优奖励首要要求,强化教师思想政治素质考察,推动师德师风建设常态化、长效化。健全教师荣誉制度,发挥典型示范引领作用。全面落实新时代高校教师职业行为准则,建立师德失范行为通报警示制度。

二是突出教育教学实绩。把认真履行教育教学职责作为评价教师基本要求,引导教师上好每一节课、关爱每一个学生。健全"双师型"教师认定、聘用、考核等评价标准,突出实践技能水平和专业教学能力。规范高校教师聘用和职称评聘条件设置,不得将国(境)外学习经历作为限制性条件。把参与教研活动,编写教材、案例,指导学生毕业设计、就业、创新创业、社会实践、社团活动、竞赛展演等计入工作量。落实教授上课制度,高校应明确教授承担本(专)科生教学最低课时要求,确保教学质量,对未达到要求的给予年度或聘期考核不合格处理。完善教材质量监控和评价机制,完善校级教

---

[1] 教育部. 构建符合中国实际、具有世界水平的教育评价体系[EB/OL]. (2020 - 10 - 13)[2020 - 11 - 01]. http://www.moe.gov.cn/jyb_xwfb/s271/202010/t20201013_494379.html.

学成果奖评选制度,优化获奖种类和入选名额分配。

三是强化一线学生工作,明确高校领导干部和教师参与学生工作的具体要求。高校领导班子成员年度述职要把上思政课、联系学生情况作为重要内容。完善学校党政管理干部选拔任用机制,原则上应有思政课教师、辅导员或班主任等学生工作经历。高校青年教师晋升高一级职称,至少须有一年担任辅导员、班主任等学生工作经历。

四是改进科研评价,突出质量导向,重点评价学术贡献、社会贡献以及支撑人才培养情况。不得将论文数、项目数、课题经费等科研量化指标与绩效工资分配、奖励挂钩。根据不同学科、不同岗位特点,坚持分类评价,推行代表性成果评价,探索长周期评价,完善同行专家评议机制,注重个人评价与团队评价相结合。对取得重大理论创新成果、前沿技术突破、解决重大工程技术难题、在经济社会事业发展中作出重大贡献的,申报高级职称时论文可不作限制性要求。

五是推进人才称号回归学术性、荣誉性,开展校内各类人才"帽子"清理治理,精简人才"帽子"。不得把人才称号作为承担科研项目、职称评聘、评优评奖、学位点申报的限制性条件。依据实际贡献合理确定人才薪酬,不得将人才称号与物质利益简单挂钩。

(三) 学生评价改革的政策指导

在大学生评价改革上,根本要求是以促进德智体美劳全面发展为出发点和旨归,推动全过程全要素评价,克服唯分数、唯文凭、唯智育、唯结果等弊病。对于高校在学生评价上的改革,国家政策提供的相关指导主要包括以下八个方面。

第一,树立科学成才观念。坚持以德为先、能力为重、全面发展,坚持面向人人、因材施教、知行合一,坚决改变用分数给学生贴标签的做法,创新德智体美劳过程性评价办法,完善综合素质评价体系,切实引导学生坚定理想信念、厚植爱国主义情怀、加强品德修养、增长知识见识、培养奋斗精神、增强综合素质。

第二,完善德育评价。根据大学生身心特点,科学设计德育目标要求,引导学生养成良好思想道德、心理素质和行为习惯,传承红色基因,增强"四个自信",立志听党话、跟党走,立志扎根人民、奉献国家。通过信息化等手段,探索学生、家长、教师以及社区等参与评价的有效方式,客观记录学生品行日常表现和突出表现,特别是践行社会主义核心价值观情况,将其作为学生综合素质评价的重要内容。

第三,强化体育评价。建立日常参与、体质监测和专项运动技能测试相结合的考查机制,将达到国家学生体质健康标准要求作为教育教学考核的重要内容,引导学生养成良好锻炼习惯和健康生活方式,锤炼坚强意志,培养合作精神。加强体育评价的落实开展,探索在高等教育所有阶段开设体育课程。积极推进高校在招生测试中增设体育项目。启动在高校招生中使用体育素养评价结果的研究。加强学生综合素质评价档案使用,高校根据人才培养目标和专业学习需要,将学生综合素质评价结果作为招生录取的重要参考。

第四,改进美育评价。推动高校将公共艺术课程与艺术实践纳入人才培养方案,实行学分制管理,学生修满规定学分方能毕业。探索将艺术类科目纳入高中学业水平考试范围。全面实施中学生艺术素质测评,将测评结果纳入高中学生综合素质评价,供高校招生录取参考。

第五,加强劳动教育评价。将劳动素养纳入学生综合素质评价体系,制定评价标准,建立激励机制,组织开展劳动技能和劳动成果展示、劳动竞赛等活动,全面客观记录课内外劳动过程和结果,加强实际劳动技能和价值体认情况的考核。加强过程性评价,将参与劳动教育课程学习和实践情况纳入学生综合素质档案。建立公示、审核制度,确保记录真实可靠。把劳动素养评价结果作为衡量学生全面发展情况的重要内容,作为评优评先的重要参考和毕业依据,作为高一级学校录取的重要参考或依据。

第六,严格学业标准。完善本硕博各阶段学业要求,严把出口关。完善过程性考核与结果性考核有机结合的学业考评制度,加强课堂参与和课堂纪律考查,引导学生树立良好学风。加强考试管理,严格过程考核,加大过程考核成绩在课程总成绩中的比重。健全能力与知识考核并重的多元化学业考核评价体系,完善学生学习过程监测、评估与反馈机制。探索学士学位论文(毕业设计)抽检试点工作,完善博士、硕士学位论文抽检工作,严肃处理各类学术不端行为。完善实习(实训)考核办法,确保学生足额、真实参加实习(实训)。

第七,深化考试招生制度改革。在本科招生上,逐步转变简单以考试成绩为唯一标准的招生模式,探索基于统一高考和高中学业水平考试成绩、参考综合素质评价的多元录取机制,完善综合评价。对于部分高水平大学而言,探索基于高考成绩+高校综合考核结果+综合素质评价情况的多维度考核评价模式。在深化研究生考试招生改革上,加强科研创新能力和实践能力考查,精准选拔人才。完善分类考试、综合评价、多元录取、严格监管的研究生考试招生制度体系。深化硕士研究生考试招生改革,优化初试科目和内容,强化复试考核,综合评价考生考试成绩、专业素养、实践能力、创新精神和一贯学业表现等,择优录取;研究探索基础能力素质考试和招生单位自主组织专业能力考试相结合的研究生招生考试方式。健全博士研究生"申请—考核"招生选拔机制,扩大直博生招生比例,研究探索在高精尖缺领域招收优秀本科毕业生直接攻读博士学位的办法。

第八,完善研究生培养质量评价机制,破除"唯"评价方式。聚焦人才培养成效、科研创新质量、社会服务贡献等核心要素,健全分类多维的质量评价体系,扭转不科学的评价导向。合理制定与学位授予相关的科研成果要求,破除"唯论文"倾向。鼓励引入第三方专业机构对研究生培养质量进行诊断式评估。加强研究生教育质量监测,探索开展毕业研究生职业发展调查。加强关键环节质量监控,切实发挥资格考试、学位论文开题和中期考核等关键节点的考核筛查作用,完善考核组织流程,丰富考核方式,落实监督责任,提高考核的科学性和有效性。进一步加强和严格课程考试。完善和落实研究生分流退出机制。

(四)院系绩效评价改革的政策指导

在院系办学绩效评价改革上,虽然政策文件没有提供明确的指导意见,但院系作为高校的基本组成单元,是透视高校办学的微观窗口,高校整体的办学绩效来源于各院系的努力。因此,院系的绩效评价改革可以参照政府对高校整体的评价改革的导向和要求。根据配套文件提出的有关改进高校评价的要求,以及院系的办学属性和权限,下述内容应该成为院系绩效评价改革的方向与要点:深化分类管理评价改革,对不同类型院系明确不同发展要求、配置不同办学资源、采用不同考核标准;强化分类评价结果运用,加大与资源配置、经费投入等的挂钩力度,建立院系内部问责制度和社会公开机制,引导不同类型院系科学定位,办出特色和水平;完善院系本科教学工作审核评估,优化评估范围和关键指标,突出对思想政治教育、教授为本科生上课、生师比、生均课程门数、优势特色专业、学位论文(毕业设计)指导、学生管理与服务、学生参加社会实践、毕业生发展、用人单位满意度等的评价;加强学科建设成效评估,引导院系强化人才培养中心地位,淡化论文收录数、引用率、奖项数等数量指标,突出学科特色、质量和贡献,突出评价培养一流人才、产出一流成果,主动服务国家和地方战略需求特别是在破解核心关键技术、推进科技创新等方面的贡献,纠正片面以学术头衔评价学术水平的做法;探索建立应用型本科专业评价标准,突出培养相应专业能力和实践应用能力;改进经费使用绩效评价,引导院系加大对教育教学、基础研究投入,提升创新策源能力;改进国际交流合作评价,提高国际交流合作质量,促进院系在提升校际交流、来华留学、合作办学、海外人才引进等方面的工作质量。

第二章
教师评价的问题反思与改革探索

　　教师是立教之本、兴教之源。高素质的师资队伍是高校可持续发展和学科建设的关键资源,是高校整体实力的体现,是高校实现高质量发展的核心因素。教师评价体系关系到教师群体的价值取向,解决好教师评价指挥棒问题,对推动我国高等教育事业发展意义重大。本章将先归纳教师评价中存在的困境,进而论述国内部分高校如何率先探索教师评价改革,并展示相关的国际经验,最后呈现典型案例以作镜鉴。

第一节 教师评价的问题反思

近年来高校教师学术不端、师德违规的现象频现,比如,教育部2019年曝光南京大学教师梁某使用抄袭论文作为个人成果在职称申报中弄虚作假,2021年曝光南京邮电大学教师张某某要求学生为其打杂且辱骂侮辱学生、河南大学教师侯某某性骚扰女学生。这一系列现象的背后,折射着教师评价机制存在诸多问题,严重影响着高校对高质量发展的追求。例如,坚持良好的师德师风本应是教师职业操守的根本,但部分教师的自觉性、自律性不足,学校师德师风评价的制度设计又基本缺位,不具有约束力和导向性;教师承担教学、科研、社会服务等多重职责,但评价机制往往注重对显示度高的科研业绩的考核,导致衍生重科研轻人才培养和社会服务的基本格局;在科研业绩的考核上,考核效率与分类评价、弹性周期评价等之间在一定程度上存在博弈。对教师评价中师德师风评价、教学评价、科研评价和社会服务评价四个方面的问题进行系统梳理,有助于从问题反思出发,深化改革之路。

一、师德师风评价:受重视程度不足

从国内高校的实践来看,各级管理层重视教师的业务素质发展、轻视教师思想政治教育和师德师风建设的现象较为普遍。师德师风评价体系本质上受重视程度不足,没有真正发挥引导和约束作用。

(一)评价引领作用未充分发挥

对师德师风进行评价的本意,在于通过评价来引领教师成为有理想信念、有道德

情操、有扎实学识、有仁爱之心的"四有"好老师,但这一价值引导作用并没有得到很好的发挥,使得师德师风评价在一定程度上流于形式。有些高校管理层甚至忽视教师思想政治教育和师德师风建设,认为师德师风不好评价、不易量化。要么将师德师风评价停留在口号上,并不进行实质性的评价;要么除了触犯师德红线予以"一票否决"外,师德评价结果没有应用在教师职务晋升、评奖评优等方面。例如,在传统的教师荣誉表彰活动中,评选标准和过程并未突出师德师风这一"软指标",而是注重论文、帽子等硬指标。取而代之的是将教师学历职称、科研项目、课题研究、人才层次等与教师绩效和个人发展前景挂钩,导致在现实利益的诱惑下,一些教师只能把大量的时间精力用在"硬件"配备方面,产生教书与育人的矛盾、教学与科研的矛盾、教学科研与社会服务的矛盾等,造成立德树人、教书育人的理想追求与现实利益各种价值取向的割裂状态。教师思想政治教育,很容易成为教师自身价值体系之外的要求,难以有效发挥正向积极的引导作用。概言之,有的高校尚未建立起相应的师德师风评价机制,有的高校虽有相关制度,但还没有将其整合形成完整的、行之有效的评价机制。由于将师德师风建设贯穿教师管理全过程的要求没有完全落实到位,师德师风评价机制建设也就相应的不够健全,更遑论评价正面引导价值的发挥。

(二) 评价指标亟待体系化

在大多数人看来,师德评价是一个虚指标,很难精准去定义。古今中外关于师德的认知虽然有一些共通之处,但评价指标一则会随着时代的发展而变化;二则不同的国情,师德的内涵也有不同;三则师德的范围可大可小,既可以缩小为教师在校内的教学、研究等教育相关行为的职业道德表现,又可以扩大为跟随教师这一身份的所有道德行为。这就导致高校在实际工作中,制定的师德考核评价制度往往以划明师德师风底线、列出负面清单为主,正向的评价指标较为缺乏。而且,师德师风评价并不是单一性的工作,而是一项系统工程。开展这一工作,需要对教师的方方面面进行评估。师德师风评价也不仅仅是一个结果评价,还体现在教师教书育人、科研和社会服务的全过程,是一个过程评价和动机评价。此外,由于不同高校、不同学科、不同岗位教师之间存在一定的差异性,师德考核评价标准不能"一刀切",还要统筹兼顾,注重差异性。

(三) 评价手段不够综合

随着时代发展,越来越多的人意识到师德师风评价的特殊性,单一运用定性或定量方式无法对一名教师的师德师风作出较为全面、客观和科学的评价,而是需要将定性与定量结合起来。但在实际操作过程中,定量评价指标基本与教学、科研等高校教师主要业务工作内容相关,如何有效避免"纯数字化"的比较,突显师德师风因素,是个难点。定性评价,则涉及结果如何判定。如果只对照底线标准,则很可能出现师德师风均合格的局面,无法分出高下,也就失去评价考核的意义。而且,教师的育人成效等定性工作,有时也不是短时间内可以看到结果的,需要一个长期的积累。

二、教育教学评价:效用有待提升

教育教学是高校教师履行立德树人职责的关键载体,也是体现职业初心使命的重要平台。开展教育教学评价,本是促进教师不断提升教学水平、服务人才培养中心任务的核心抓手,但过去由于种种原因却没有很好地发挥作用,具体表现如下。

(一) 重要地位未凸显

尽管教育部出台了关于加强教育教学评价的指导意见,高校也通常都要求教师把教书育人放在第一位,但由于教育教学活动的分散性、随机性以及教书育人效果本身相较科研成果而言具有不易监测、不易量化等特点,对教育教学的重视容易流于形式,成为喊口号式的重视,致使评价停留于表面,无法落到实处,未能真正凸显教育教学的中心地位。重教书轻育人、重科研轻教学等问题并非一时一地之现象,而是长期、普遍存在的现象。例如,上级文件明确指出,要进一步突出教育教学能力和业绩,把课堂教学质量作为主要标准,严格教学工作量,强化教学考核要求,提高教学业绩和教学研究在职称聘任和评审中的比重。然而,高校在设计教师评价机制时,普遍对教师教学工作重视不够,重科研、轻教学的现象屡见不鲜,论文考核指标的权重大大高于教学工作。尤其在对教师申报人才项目、绩效考核和职称评审等活动的具体执行中,注重论文、学历、科研奖励等倾向比较严重。这些都将高校教师的主要精力引向"发论文"。也就是说,过去很长一段时间,教学重要性没有在教师评价机制中得到应有的体现,对教学工作的重视往往只停留在理论和口头上。

(二) 评价标准不够科学

评价标准不够科学,是导致教育教学评价浮于表面的又一重要诱因。一是将教书育人简单等同于课堂教学。《总体方案》中明确提出,要把参与教研活动,编写教材、案例,指导学生毕业设计、就业、创新创业、社会实践、社团活动、竞赛展演等计入工作量。然而,过往以及现有不少的教学评价仍以课堂教学评价为主,对于教师在课堂外对学生的指导、开展教学研究与改革、进行教材研究编写等人才培养活动相关的考评上存在一定程度上的忽视。尤其是缺乏对于教师教学发展性指标的评价。二是忽略了不同学科的教学活动差异。在教育教学评价的标准设计上,没有充分考虑不同学校特色、不同学科特点、不同岗位设置对于教育教学风格、侧重点、产出等方面的差异性,评价标准和指标趋同化。例如,对专任教师岗位的分类未考虑到基础学科、应用学科、人文社会学科等不同学科属性的特点,对教师的评价也就忽视了教师不同聘任岗位和工作属性的区别,[1]教学评价及其研究则更没有细分。

(三) 评价方法有局限性

已有的教育教学评价体系在评价方法上存在一定的局限性。第一,评价者的适切性有待斟酌。目前我国高校教育教学评价工作多根据学生评教结果或同行评价等展开。但学生评教显著受学生背景因素的影响,不同学生之间具有明显的评教行为偏差,使得评教结果的有效性大打折扣,并不能全面反映教师真实的课堂教学情况。而国际上比较提倡的同行评价的方法,虽能够为全面的课程教学评价提供一个无可代替的专家视角,但实践中存在投入时间有限、成本高昂、以"教"为中心的视角、难以了解学生学习情况、评价结果是否具有权威性等问题。学生评教或是同行评教如何被纳入

---

[1] 罗克文,黄馨馨.高水平大学建设背景下高校教师分类评价机制的改革与思考[J].社会工作与管理,2019,19(6):114—118.

评价系统中的恰当位置,尽可能降低其局限性,是实际工作中需要进一步解决的问题。第二,质性评价与量化评价之间需要寻找平衡点。为了使评价变得易于操作,我国高校多采用定量化的教师评价方法,以"刚性"测量为准。[1]但教学工作与科研工作有一定差异性,教书育人的教学效果无法完全用定量方式予以呈现。定性评价被忽视或弱化,导致教学评价陷入趋同化、单调化和表面化的困境。

三、学术业绩评价:质量导向不突出

大学之所以成为大学,学术的兴盛是主要标志之一。科学研究是评价一所大学综合实力、核心竞争力的主要指标。科研水平与创新能力,是一流高水平大学区别于其他高校的重要标志。[2]因此,在当代中国高等教育的学科评估体系中,很长时间以来,科学研究占据着重要位置,导致众多高校在科研活动方面投入了大量人力、物力、财力。尽管如此,传统的学术业绩评价在学术质量导向上并不突出。

(一)评价指标偏量化

在传统的学术业绩评价体系中,评价依据单一,集中于论文、帽子、职称、学历、奖项等形式化、方便量化的数字指标,并简单采用"量化加分"制,强调数量累加。而且,不同学科领域"一刀切"地进行数字评价。对人文社会科学和自然科学的不同学科领域,按照一套量化标准进行评价,没有充分考虑到基础研究、应用对策研究等不同研究类型。换言之,评价体系针对不同科学研究类型的教师在评价标准、评价指标以及评价内容方面具有高度统一性,难以体现不同学科间、不同研究类别发展规律与成果实现的差异性与多样化,不能全面客观地反映教师科研活动的多样性、成果贡献的差异性。[3]"指标量化"的学术评价模式,导致在评聘考核、职称晋升、科研奖励时,过分

---

[1]张松.我国大学教师本科教学评价体系研究——基于教学学术理论视角[D].南京理工大学硕士论文,2017.

[2]张晓红.论科学研究在高校中的地位与功能[J].学者论坛,2011(5):37—40.

[3]唐建宁.新时代高校教师分类管理、分类评价机制研究[J].黑龙江教育学院学报,2019,38(4):22—24.

看重论文、著作、项目等科研成果的数量,而轻视了成果的质量、社会影响力和对人才培养及促进社会发展的贡献度,并没有真正起到激励科研的作用,相反损害了科研成果产出的质量。[1]其中,依据论文进行简单的量化评价,又是最普遍的方式,学术论文相关指标已成为学术评价,乃至职称评定、绩效考核、人才评价、学科评估、资源配置、学校排名等方面的核心指标。

(二)评价功能有所异化

从本质上看,学术业绩评价的目的在于加强学术规范,激发科研工作者的学术创新,让高校能够在正确的道路上健康稳定地发展、不断进步,服务国家和社会发展。只有科学地开展学术评价,才能推动科研水平不断提升。但是,在"唯论文"的不良导向下,忽视论文的质量、贡献和影响,以及忽视学术著作、决策咨询报告、优秀网络文化成果等其他形式的成果,导致高校学术发展滋生学风浮夸浮躁和急功近利等乱象,更带来破坏创新创造力、违背科研人才成长规律、污染学术生态等系统性危害,异化了以评促建的功能与初衷。一是重"论文奖励"。为追求论文的产量,在各类评价排名中谋取好名次,大部分高校对在权威核心期刊上发表的论文给予重奖,作为教师绩效工资的重要组成部分。这显然有违《总体方案》中"不得将论文数、项目数、课题经费等科研量化指标与绩效工资分配、奖励挂钩"的要求。二是"以刊评文"。为鼓励高水平论文成果发表,国内高校普遍将论文分为核心期刊论文和非核心期刊论文,其中核心期刊论文又分为不同的等级。这就可能存在神话某些期刊,导致"以刊评文"的问题。三是侵蚀学术风气。例如,在职称评审、项目申报、成果奖励等方面,出现买卖论文、一稿多投、抄袭论文等学术不端行为,学术建设虚化表现明显。

四、社会服务评价:处于"试水"阶段

社会服务强调的是高校作为一个学术组织直接为社会作出的多方面的贡献。但

---

[1] 陆珺.破"五唯"背景下高校教师评价体系建设的探究[J].教育探索,2019(6):95—100.

很长一段时间以来,除了重科研的不良导向外,囿于社会服务活动类型多样,领域广泛且涉及的受众群体差异大等原因,使得对社会服务的评价始终处于"试水"阶段,没有得到实质性的推进。

(一)评价地位偏边缘化

相较于教育教学和科学研究职能而言,我国高校的社会服务职能本身被重视的程度并不高,三个职能的发展相对失衡。相应地,对社会服务的评价也处于弱势和边缘地位。在传统观念中,社会服务活动种类繁多、琐碎,且与纯粹的学术并不都有关,教学与科研才是大学教师的"正业"。从现阶段高校教师的社会服务实践来看,浅层次社会服务活动比例较高,如经验交流、科普宣传、志愿服务等;深层次社会服务活动比例较低,如成果转化、产学研合作和共享平台建设等。这就导致教师在参与社会服务活动中的专业性发挥不足,整体质量有待提高。而且,教育的"指挥棒",比如,本科教学评估或者相关人才计划中,往往更为重视教学、科研,从而导致高校在教师评价中弱化了社会服务部分,没有设立科学的评价体系和标准。事实上,大学的教学、科研和社会服务三大功能自诞生之日起,就始终处于不断博弈的过程中。教师的时间和精力是有限的,如果他们在一类活动中花费的时间多,那么参与其他活动的时间自然会相对减少。尽管"双一流"建设等政府主导的官方评估项目近年来细化了在社会服务上的评价标准,但也主要体现在教师科研成果转化等浅层次上,并没有进行通盘考虑。因此,高校对于教师社会服务工作成效的评价仍处于"试水"阶段。

(二)评价机制偏简单化

为了操作的便利性,传统的社会服务评价机制显示出简单化的特征,体现为评价多流于量化、表面、同质化(如数内参篇数、专利数),轻质性、深入、差异化的考察(如没有挖掘内参发挥的实际价值),更缺乏对教师社会服务活动产生的社会效益的追踪。一方面,一些高校制定的社会服务评价机制大多简单地以到账经费的金额或领导批示的级别决定教师社会服务成效,没有充分考虑教师的社会服务活动性质差异及所可能带来的社会效益和贡献,在社会服务后期也没有做好跟踪及反馈工作。有的高校则将与企事业单位签订的横向服务项目按照经费的多少对应于科研项目进行类比,例如,经费超过一定数额就被认定为省部级或国家级项目。这种评价的初衷是为了激励教师参与社会服务活动,但是在实际操作中却导致教师倾向于"大"项目,对一些涉及民生诉求的公益性项目不重视。受制于资源和能力,能够承担大项目的教师毕竟只是少数,绝大多数教师没有机会争取到此类项目,这在很大程度上挫伤了教师参与社会服务活动的积极性。[1][2]

另一方面,高校不同学科教师的社会服务形式多样,很难简单地以统一、单一的标准进行评价核定。社会科学、人文科学、自然科学所能进行的社会服务不能一概而论。自然科学注重科研成果转化、校企合作。而社会科学,如法学等,以建言资政、普法宣传等方式进行社会服务。不仅社会服务活动的形式有差异,而且不同学科社会服务活动产生的成效也有所区别:自然科学的成效更容易被看见,专利数、产品研发与否等一目了然;人文社科的成效则相对更隐蔽,民智开启与否、对政策制定的影响等需要更深入的考察。但传统的社会服务评价在理念和方式上都受到了"唯数量"式评价的影响,虽能以最简单、快速的方式对不同形式的社会服务成效作出判断,提升了评价效率、降低了成本,但却很难全面、客观、公正地衡量各类教师社会服务的质量与效益。

第二节　教师评价改革的国内探索

教师的师德师风及教学、科研、社会服务水平,在很大程度上彰显着高校的办学实力与质量。近年来,国内一些高校率先开始了对其教师评价机制各要素的独立改革和系统探索,以不断提升教师队伍的精神风貌和在各项业务上的质量水准。对已有探索的主要特点进行梳理和概括,有助于为建立优质高效的教师评价机制奠定基础。

---

[1] 张乾友.在三维社会关系网络中理解评价性权力[J].南京社会科学,2018(3):76—84.
[2] 钟秉林等.大学发展与学科建设(笔谈)[J].中国高教研究,2019(9):12—15.

一、加强师德考核,健全师德师风评价机制

从2013年中组部、中宣部、教育部党组联合印发《关于加强和改进高校青年教师思想政治工作的若干意见》提出"完善青年教师师德考核机制"开始,我国先后出台了6份专门规范文件[1],使得师德建设步入制度化、规范化和法治化轨道。在全面加强师德师风建设、落实师德第一标准的政策导向下,国内高校结合自身特点,就建立健全师德师风评价机制开展了一些有益的改革探索。

(一) 突出师德考核的首要地位

提高政治站位,将师德建设摆在教师队伍建设的首位,将师德考核摆在教师考核的首位,全面提升教师思想政治素质和职业道德水平,成为高校教师评价改革的共同选择。例如,北京航空航天大学坚持全程考评,将师德师风第一标准贯穿教师职业全周期,在招聘引进、晋级晋升、导师遴选、评奖评优、考核评价等全环节将师德考核摆在首要位置。构建教研、教学、研究、实验和管理服务的五大系列发展体系,将师德师风纳入教师队伍分系列发展全程评价体系。[2]

师德考核的首要地位,首先体现在明确将师德作为教师资格定期注册、业绩考核、人才引进、职称(职务)评聘、岗位聘用、评优评先、课题申报、导师遴选等评聘和考核各环节的首要内容和第一标准。黑龙江省就要求各高校明确教师资格认定和教师招聘引进前置条件,要求申请人提供任职学校出具的《思想品德鉴定表》以及高校师德专题

---

[1] 包括《教育部关于建立健全高校师德建设长效机制的意见》(2014年)、《高等学校预防与处理学术不端行为办法》(2016年)、《教育部关于全面落实研究生导师立德树人职责的意见》(2018年)、《新时代高校教师职业行为十项准则》(2018年)、《教育部关于高校教师师德失范行为处理的指导意见》(2018年)、教育部等七部门联合印发《关于加强和改进新时代师德师风建设的意见》(2019年)。

[2] 赵罡.强化思想引领 完善制度机制 扎实推进师德师风建设[EB/OL].(2020-12-04)[2021-03-05]. http://www.moe.gov.cn/jyb_xwfb/moe_2082/zl_2020n/2020_zl64/202012/t20201204_503588.html.

培训结业合格成绩单,将师德师风要求挺在教师资格认定工作的前头。[1]

师德考核的首要地位,其次体现在建立教师遵守或违反师德行为的奖励或惩处机制。具体做法为建立教师师德档案,实行师德考核负面清单制度。对师德表现突出的教师,予以重点培养、表彰奖励;对师德表现不良的,及时劝诫、督促整改;对师德失范的或存在师德禁行行为的,师德考核不合格,并依法依规严肃惩处,贯彻师德"一票否决"。其中,通过评价积极推进教师荣誉体系建设,突出教师"育人"主责,强化教师责任感、荣誉感和使命感,发挥正面典型激励引导作用的做法值得推荐。例如,上海交通大学设立"教书育人奖"作为人才培养的校级最高荣誉,重点表彰在学校"立德树人、教书育人"工作中作出突出贡献、在推动学生"教育增值"上起到示范引领作用的优秀教师。

(二) 严格师德师风评价的责任机制

为严格落实包括考核评价环节在内的师德建设的主体责任,高校纷纷建立完善党委统一领导、党政齐抓共管、牵头部门明确、院(系)具体落实、教师自我约束的工作机制。具体而言,落实全国高校思政工作会议精神,成立党委教师工作部,主抓教师思政和师德师风建设,同时压实二级院(系)责任,部分高校在二级院(系)设置分管教师工作的党委副书记,从而在纵向上建立健全教师思想政治工作领导小组或师德建设委员会等校级统筹协调组织——党委教师工作部——二级院系师德建设工作组——教工党支部——教师五级联动的工作机制。

以上海为例,各高校普遍建立校级思政工作领导小组、师德建设委员会或教师工作委员会等机构(由学校主要领导或分管领导担任负责人),并明确一名专职党委副书记负责教师思政工作,对教师思想政治工作进行顶层设计、整体规划,统筹抓好教师师德建设等工作,定期召开会议讨论学校师德建设工作,从战略高度加强和改进师德建设工作,加强对师德考核评价的指导,落实立德树人根本任务。

---

[1] 赵国刚. 对照准则促提高　健全机制严惩处　努力加强和改进新时代高校师德师风建设[EB/OL]. (2020-12-04)[2021-03-06]. http://www.moe.gov.cn/jyb_xwfb/moe_2082/zl_2020n/2020_zl64/202012/t20201204_503586.html.

(三) 完善师德师风评价的制度建设

除了责任机制的明确，已有改革探索还注重以制度建设为抓手，完善师德师风考核评价办法，健全师德建设长效机制。通过规章制度，对教师的基本行为准则、个人品行、职业操守、师德教育、师德考核提出具体明确的要求，将师德考核贯穿于日常教育教学、科学研究和社会服务的全过程，积极引导教师争当"四有"好教师。国内关于师德师风的定义，虽然还没有完全形成一个统一的说法，但根据2019年教育部等七部门联合印发的《关于加强和改进新时代师德师风建设的意见》，我国的师德师风建设一般包含教师队伍的思想政治工作和职业道德素养两方面的内容，因此对师德考核评价的建制立规涵盖这些方面，坚持思想政治素质和业务能力双重考察。其中，思想政治素质被作为教师选聘考核的基本要求和重要内容，贯穿于教师管理和职业发展全过程。同时，对师德考核评价的建制立规还包括列出本校教师在教育教学、科学研究、师生关系等方面不得具有的若干项情形，并出台对师德失范行为处理的相关规定。例如，复旦大学制定教职工政治理论学习制度实施办法、人才引进师德评价工作办法、课堂教学管理规定等，规范师德失范、学术违规、教学事故等处理流程，把师德要求内嵌到办学治校各环节、贯穿教师职业发展全过程。[1] 其他学校出台的相关规章制度见表2-1。

表2-1 师德师风评价的制度建设列举

类别	部分高校的规章制度
教师职业行为规范	《北京大学教师行为规范》 《四川大学教职工师德师风规范》 《上海大学教师职业行为规范》
师德考核	《同济大学教职工思想政治和师德师风考核办法(试行)》 《中国政法大学师德考核实施办法》

---

[1] 焦扬.推动师德师风建设常态化长效化 为落实"三全育人"提供坚强保障[EB/OL].(2020-12-04)[2021-03-06].http://www.moe.gov.cn/jyb_xwfb/moe_2082/zl_2020n/2020_zl64/202012/t20201204_503591.html.

续表

类别	部分高校的规章制度
师德失范处理	《清华大学教师师德失范行为处理办法》 《上海交通大学师德失范行为处理办法》 《华东师范大学预防与处理师德失范行为实施办法》

二、不唯科研,构建全面的教学发展与评价机制

不唯科研、引导教书育人是新一轮教师评价改革的基本导向,构建科学、全面的教师教学发展与评价机制,形成促进高校教学水平不断提高、培养高素质创新人才的内在机制与动力,成为我国不少高校教学改革与发展、推动学校内涵建设的内生动力。[1]

(一) 提高教育教学业绩的权重

随着教育教学工作日益被重视,不仅政府出台了加强对教学工作的评价的政策意见,而且高校自身也提高了教学评价在教师评价拼盘中的权重,并突出对教育教学业绩的考察,以此来引导教师关注学生的知识丰富与个人成长,促进立德树人、教书育人根本任务的落实。清华大学在2019年发布的《清华大学关于完善学术评价制度的若干意见》,就强调"教书育人是教师的第一学术责任",明确把教书育人的投入与成效纳入教师学术评价制度。

教育教学业绩权重的提高,主要表现为健全教学激励约束机制,提高教育教学业绩在校内绩效分配、职称(职务)评聘、岗位晋级考核中的比重,充分调动教师从事教育教学工作的积极性。例如,南京大学在教学评价考核中突出教学业绩,强化教学质量。将教学当作教师的要务,并且在绩效津贴分配方案中,提高教学工作业绩分配占比。教师教学工作的综合评价结果也将作为职称评聘的重要依据。[2] 北京大学则坚持

---

[1] 付沙等.高校教师教学发展与评价体系探究[J].教育探索,2019(4):4.
[2] 王定华.切实推进高校教师考核评价制度改革[J].中国高等教育,2017(12):6—9.

"立德树人,教研相长",以人才培养为核心,教学科研平衡发展,尊重学术发展规律,建立鼓励科研服务教育教学和社会发展的科研管理体制机制。

严格教育教学工作量考核,并扩大教育教学工作的认定范围,则为教育教学业绩权重的提高提供了保障与"合法"基础。一方面,建立健全教学工作量评价标准,把教授为本专科生上课作为基本制度,明确教授、副教授等各类教师承担本专科生课程、研究生公共基础课程的教学课时要求。除访学、进修、培训、组织派遣、产假等原因外,教学工作量不能达到学校规定要求或教学质量综合评价不合格的教师,其年度或聘期考核视为不合格。另一方面,将教师参与教研活动,编写教材、案例,担任班主任、辅导员,解答学生问题,指导学生毕业设计、就业、创新创业、社会实践、社团活动、各类竞赛讲演以及老中青教师"传帮带"等工作,与课堂教学一并计入教育教学工作量,并纳入年度考核内容。

(二) 多方位评价教育教学质量

一些高校在改革探索中,对教育教学业绩的评价,不再停留于表面,而是开展扎实的多方位评价。第一,既考察课堂教学效果、教学改革与研究、教学获奖等结果性、外显性的教育教学业绩,又考察教学规范、教学运行等过程性、内隐性的教育教学投入度。第二,通过教师自评、学生评价、同行评价、督导评价等多种形式相结合,多方位、细致地了解教育教学质量。在这一点上,同济大学通过坚持督导、评价"双轮驱动",在保障教育教学质量的同时,多渠道加强对教育教学业绩的考察,是典型案例。具体为校、院两级督导队伍对课程质量进行督导评价,同时做好外部评估认证的自评工作,校内的专业评估、课程评价和试卷抽查,以及大量的学生评教、教师评学和在校生、毕业生、校友等人才培养质量跟踪调查工作。[1]

在对教育教学质量的多方位评价中,对教师课堂教学纪律考核的强化是基础。把坚持党的基本路线作为教学基本要求,坚持正确的育人导向,严格高校课堂教学纪律,加强对教师课堂教学活动、教学实践环节等的督导力度。对在课堂传播违法、有害观

---

[1] 李亚东,朱伟文,张勤. 高校质量保证:督导与评价"双轮驱动"——同济大学特色质量保证体系的探索[J]. 北京教育(高教),2018(9):53—56.

点和言论的,依纪依法严肃处理。教学评价体系中教学纪律的纳入,有效引导了教师贯彻党的教育方针,坚持正确的政治方向,遵守教学纪律,确保立德树人任务落实的土壤。

(三)兼顾教师专业发展考评

一些高校在教学考核评价革新中,将教师专业发展也纳入了评价体系。也就是说,不仅重视教师个人教学工作的业绩表现,而且还增设教师专业发展考评指标,兼顾教师的职业生涯与学校的未来发展需要。在高级职务聘任工作中,教师发展情况便成为评价点之一。虽然目前将考核评价机制与教师职业生涯发展相结合、把个人成长和学校发展融合在一起的程度不是很高,但探索发展性评价、引领教师全面发展是一个改革趋势。高校会根据学校实际情况细化对教师专业发展的具体要求,但一些共性的方向包括:确立教学学术理念,鼓励教师开展教学改革与研究,提升教师教学学术发展能力;加强教师教学基本功训练和信息技术能力培训,建立教学发展支持服务体系;鼓励青年教师到企事业单位挂职锻炼,到国内外高水平大学、科研院所访学以及在职研修等。例如,中南大学建立了"五年阶梯式"人才培养模式,通过实行"531"计划等,为教师提供相应层次的发展平台,授予各层次人才名誉称号并给予相应的经费支持、开展不同要求的评价,从而引导教师分类、分层发展。

三、强调成果质量,优化学术业绩评价

以"唯论文"为核心的简单量化评价,已成为影响我国高校学术业绩考核评估体系健康发展的主要障碍之一。如何破解"唯数字""唯论文",优化学术业绩评价,是高校教师评价改革的主要内容。教育部、科技部等相关部委先后出台重要文件,致力于为破"唯"提供政策支持。在此基础上清华大学、中国人民大学等国内许多高校相继推出一些共性的改革举措,以强调成果质量、优化学术业绩评价为基本特征,向"破五唯"迈出重要步伐。

（一）建立"代表作"评价机制

为了革除重量轻质的弊端，不少高校探索建立强调成果质量的学术评价制度，坚持以能力、质量、贡献评价教师及其学术业绩。在强调成果质量的理念下，成果的质量重于数量，重量级成果被赋予相当高的分值，并充分发挥调动二级学院的积极性，以鼓励教师追求产出高质量和有重要影响力的科研成果，比如，将论文发表于业界权威期刊而非一般期刊。同时，注重营造宽松包容的学术环境，鼓励教师自由探索原创性的重要理论。尊重学术规律，尊重学者自发追求真理、探索真知的诉求，为学术研究营造宽松、包容、理解的氛围，有助于高质量科研成果的产出。南京大学等高校在制定考核评价方案时，对科研考核进行了宽松化、弹性化的改造，不以数字和速度论英雄，淡化教师对数字和速度的追求，扭转重数量轻质量的科研评价倾向，鼓励潜心研究、长期积累，遏制急功近利的短期行为。

建立"代表作"评价机制，是建立强调成果质量的学术业绩评价制度、打破"数量"困境的核心途径。代表作的选择须严而又严，宁缺毋滥，能够突出科研成果的层次和质量。能入选代表作的科研成果，一定具有理论创新性或社会服务价值，对学术发展或经济社会发展和国家重大需求作出贡献，能够产生相应的学术影响力和社会影响力。例如，复旦大学明确"代表性成果"应具有系统性、标志性、创新性，强调"代表性成果"应是解决所在学科领域的重要问题、关键难点，或者是应对关系国计民生和国家重大战略问题作出重要贡献，具有重要影响，并被所在学科领域普遍认可的重要成果。"代表性成果"包括教材、教学研究论文（教学）；著作、论文等（学术成果）；专利、软件著作权、咨政报告等（应用成果）等形式。因此，"代表作"的被重视，说明科研评价机制更注重成果本身的质量及其具备的学术以及社会影响力。

近年来，"代表作"评价机制被应用于人才引进评估等多个领域，其中在教师高级专业技术职称聘任工作中的推进最为普遍、也最为关键。在高级职称聘任工作中，以往在校外专家评审环节也有对教师两至三篇"代表作"的评审，外审不通过者往往无法进入后续的校内评议环节。在破"唯"信号发出后，越来越多的高校建立了专门的"代表作"评价机制，即在常规晋升通道之外开辟了专门的代表作晋升通道和破格晋升通道。在这两类通道中，"代表作"的质量和贡献是决定教师能否顺利晋升的关键。2012

年起,复旦大学就开始在全校范围内推行"代表作"评价制度,以求让那些优秀但又不符合"刚性"学术要求的人才能够脱颖而出。具体做法是:现行"综合准入制"难于判别的、个别优秀的申请晋升高级职务的教师,自行提交1—3篇代表作,向院系申请纳入"代表作制"评价。经院系教授大会学术评估后,由学校聘请校外5名相关领域专家进行匿名学术评审。如获得4位及以上校外专家认可,则与通过"综合准入制"评价的申请人一起参加后续的高级职务竞聘过程。近年来,复旦大学已有几十位教师通过"代表作制"晋升为教授和副教授。"代表作制"在高校教师高级职务聘任过程中所起的查漏补缺作用显而易见。

(二)拓宽科研评价维度

为了精准评价教师的学术水平及其科研成果的质量与影响力,一些高校大大拓宽了科研评价维度,不再唯论文、唯项目、唯帽子。首先,扭转将科研项目与经费数量过分指标化、目标化的倾向,改变在教师职称(职务)评聘、收入分配中过度依赖和不合理使用论文、专利、项目和经费等方面的量化评价指标的做法。同时,清理人事管理、科研管理等各项规章制度中"唯"的事项,完善各类评审工作机制,从制度上打造多元评价的根基。其次,在评价内容上,既侧重科研成果质量,也重视科研成果的学术影响力、社会影响力和支撑人才培养的情况。再次,在评价指标上,既查看论文数量、发表期刊级别、科研项目、科研经费、专著出版、专利发明等量化高显指标,也使用社会影响力、学术创造性、研究连续性、学术经历与活动、学术潜力与规划、对学科建设的贡献等质性描述指标。最后,在评价方式上,将过程评价与结果评价、定性评价与定量评价相结合,灵活采用同行评审、个人述职、面试答辩、业绩展示等不同方式,提高评价的针对性和精确性。

(三)积极践行同行评议

学术作品不同于一般的产品,且学科领域标准不尽相同,其质量高低需要来自同行的鉴定。而高校关于学术作品的学术评价或科研评价,不仅事关高校发展,也影响国家科研水平的发展。实施同行评价,尊重学术个性和学科差异性,不搞"一刀切"成为认定专业成就、确保学术公平的重要手段。但在传统的教师评价机制中,由于"唯数量""形式化""行政化"等弊端的存在,学术共同体的作用没有得到很好的发挥。在破

"唯"改革探索中,高校纷纷加强校内外同行专家在教师评价、特别是学术评价中的话语权,真正落实同行评议。例如,清华大学2019年发布的《清华大学关于完善学术评价制度的若干意见》指出,要强化学术共同体意识,加强学术共同体建设,提升学术共同体在学术评价活动中的地位和作用。

高校通过多种途径多管齐下,积极践行同行评议。在校内,进一步发挥学校学术委员会以及科学研究委员会、学术道德委员会等各类专门委员会的作用,并完善各类学术组织和学术机构的职责和工作规程,增强学术共同体的自律,从而有效防止学术不端。在校外,广泛邀请校外同行专家,参与国家社科基金项目申报辅导、校级科研项目评选、图书出版资助遴选、外文科研成果以及其他科研成果认定、学术不端鉴定等工作。同时,注重建设校外专家库、健全回避制度、建立外审反馈机制等,以保障同行评议的效用。举例而言,为了保障评审的独立性,实行严格的回避制度,避免与申请人有师生、亲属或重要合作伙伴等密切关系的专家参与评价。同行评议结果在对教师学术水平和研究贡献的认定中起决定性作用。在关系到每一位教师切身利益的高级职称聘任工作中,参评教师的档案通过校外同行专家鉴定后,还要提交给校内专家组成的学科学术评议组继续评审。

四、认可实质贡献,重视社会服务考核

随着社会进步和高校发展,我国愈发重视高校社会服务职能的发挥,期待汇集众多"最强大脑"的高校能够为国家、社会和所在地作出更多、更重要的贡献。对人类文明和经济社会发展的"贡献"不仅是大学内涵建设的应有之义,而且也是衡量大学地位的显著标志。[1] 学科评估、"双一流"建设成效评估等各类政府评估项目的指标体系都纳入了社会服务,注重衡量高校在经济社会发展过程中发挥的引领和服务功能。基于国家号召及自身反思,不少高校逐渐重视并加强了对社会服务的专门考核,期待通

---

[1] 王战军,娄枝.世界一流大学的社会贡献、经验及启示——以哈佛大学为例[J].清华大学教育研究,2020(1):26—34.

过以树立重视社会服务的评价导向、设立智库岗位开展分类评价、综合考评社会服务工作为突出特征的评价改革探索,来认可教师群体的各类实质贡献,并鼓励教师作出更大的贡献。

(一) 树立重视社会服务的评价导向

为切实扭转社会服务评价弱位难评的尴尬境地,不少高校在这一领域的改革探索中,纷纷注重树立坚持服务国家需求和注重实际贡献的评价导向。通过这一评价导向,来鼓励引导教师主动服务国家创新驱动发展战略、地方经济社会发展、行业进步与革新;鼓励引导教师积极开展科学普及工作,提高公众科学素质和人文素质;鼓励引导教师主动推进文化传承与传播,弘扬中华优秀传统文化,发展先进文化。例如,吉林大学《关于改进吉林大学哲学社会科学研究学术评价的意见》首次将"社会服务类成果"纳入评价体系。为了更好地统合各标准尺度并严格按照程序完成评定工作,吉林大学还设立了专门的委员会评价教师的社会服务成效。

由于开展科学研究是高校教师的擅长,加强科研服务社会是教师服务社会的主要途径之一。鼓励教师以高质量的学术成果服务社会,支持教师参与解决影响经济社会发展的重大问题并作出实质性贡献。鼓励和支持教师开展决策咨询研究、积极承担横向课题,服务国家和地方发展战略需要。以学校为第一单位发表或提交的决策咨询研究成果以及被党和国家机关采纳或得到党和国家机关领导人批示的决策咨询成果,学校按照相关办法以相应的认定。中国人民大学就强调重大项目在学科评估和科研考核中的作用,通过校内项目的建设,狠抓重大项目的培育,服务国家发展战略。中国政法大学主要推动"个人—学院—学校"三层级科研平台的建设,实行分类管理,对于不同级别的科研机构,设置相应的经费准入门槛,并定期进行考核。通过借助科研平台的建设,充分发挥科研服务国家社会发展的正确导向。当然,树立重视服务的评价导向,在于从本质上激励教师为社会作出实质性的贡献、产生真正的影响,而不是简单地发表几篇论文或研究几项课题从而获得报酬。

(二) 设立智库岗位开展分类评价

在重视社会服务的评价导向下,有些高校设置了专门的智库型或社会服务型教师岗位,并开展有针对性和差异性的分类评价。教师岗位的设置包括教学为主型、教学科研型、科研为主型和社会服务型等四类甚至更多类别。不同类别的教师对于社会服务的要求层次并不一致,评价标准也有所区分。聘任科研成果转化、技术推广与服务岗位的教师,就主要考察其实施科研成果转化的工作绩效,并作为职称(职务)评聘、岗位聘用的重要依据。通过设立不同的发展通道并单列智库型岗位,可以促进和引领教师在适合自身特长、能够发挥自身贡献的通道内发展,同时力所能及地做好社会服务工作。例如,浙江大学通过对岗位的细分实现教师社会服务工作的具体评价,除了设立专门的社会服务与技术推广岗,还在聘任工作中区分了工程教育创新系列、技术研发及知识转化系列、医学院附属医院卫生技术系列、工程技术系列等不同类别教师晋升的社会服务标准。[1] 武汉大学把教师岗位由原先的基础教学型、教学科研并重型和科研为主型,拓展为教学为主型、教学科研型、科研为主型和社会服务型。教师可根据自身的特长和所承担的任务,选择适合自己专业发展的岗位,既尊重了教师个性特点,也激发了教师发挥自身特长的积极性和服务社会的热情。上海交通大学专任教师的专业技术职务,细分了九个不同系列,除了常见的教学科研并重、教学、科研等系列之外,还结合学校师资队伍的实际情况,开设了国防、成果转化及推广、农业推广、人文社科实践、思政课教师以及体育训练等系列。[2] 其中,成果转化及推广、农业推广、人文社科实践三个系列是典型的社会服务类岗位。

(三) 认可多元社会服务形式

响应重视社会服务的号召,并考虑到不同教师承担社会服务工作的现实情形,高校纷纷扩大了被纳入评价考核范畴的社会服务形式。教师受认可的社会服务形式不再囿于承担了多少横向课题,还包括参与人才培训、科技推广、专家咨询、承担公共学术事务等多样化的工作,以及在政府政策咨询、智库建设、在新闻媒体及网络上发表引领性文章方面的实质性贡献。同时,针对非传统形式的社会服务工作,制定专门的评

---

[1] 参见浙江大学印发《浙江大学专业技术职务评聘实施办法》的通知(浙大发人〔2017〕52号)[EB/OL]. http://www.chem.zju.edu.cn/_upload/article/files/d8/25/c278f5ce437cb0d28d914576dff6/de07fbc2-7eff-49c5-85bd-808bf2f637aa.pdf.

[2] 林忠钦."教育改革发展大家谈"系列六——如何完善高校教师评价体系[EB/OL]. https://new.qq.com/omn/20210128/20210128A05G7U00.html.

价规则和标准。2017年8月出台的《吉林大学网络舆情类成果认定办法(试行)》将优秀网络文章和网络舆情信息稿件分为两大类,对发表媒体、传播效果都作了较为细致的规定,明确了不同层级影响力可折算的等效级别。

第三节 教师评价改革的国际经验

尽管高校教师评价机制主要受到所在国家制度环境和高等教育管理体系的影响和制约,但其他国家的经验或教训却能提供一定的启思。"他山之石,可以攻玉"。在探索建立中国特色的教师评价机制时,需要了解相关的国际经验,有选择性地借鉴、超越。域外不同国家在师德师风评价、教育教学评价、学术评价、社会服务评价的实践异中有同,主要共性特征如下。

一、建立专业伦理规范,严格把关教师职业道德

国外,尤其西方的"Teachers' Professional Ethics",一般翻译为"教师专业伦理""教师专业道德"或"教师职业伦理"等。与我国师德师风建设包含思想政治工作和职业道德素养两方面的内容不同,西方教师专业伦理主要指客观的教师道德法则,并体现在教育、教学、行政等工作过程中。

(一) 制定师德规范蓝本

西方发达国家普遍重视教师的专业伦理建设,并通过专业文件建立了专业伦理规范。作为目前世界上高等教育最发达的国家之一,美国的教育伦理学和教师伦理学发展水平较高,其中以美国全国教育协会制定的《教育专业伦理规范》为最重要的师德规

范蓝本。英国通过制定《教育法》《教师习惯法》《英国教师职业标准》《英国合格教师专业标准与教师职前培训要求》等文件,明确对教师专业能力和道德规范的要求,英国高校多通过内部管理机构,如董事会、道德委员会等来制定教师职业道德管理条例,并负责监督管理。2004年12月,德国出台了第一个国家层面的教师教育培养标准《德国教师教育标准:教育科学》,这在德国教育发展历程中具有里程碑式的意义,促进了德国教师教育行业的发展,对德国教师的教育生涯规划意义重大。在亚洲,教师伦理建设同样受到重视。在日本,教师属于公务员。目前,日本教师所使用的师德规范,出自1952年日本教师联合大会通过的《伦理纲领》。

(二) 明确师德评价要求

在专业伦理规范的指导下,域外一般都选择将评价作为严格把关教师职业道德的手段之一,并明确师德评价要求。例如,《德国教师教育标准:教育科学》主要包括教学、教育、评价与创新四大能力领域,又细分为11项能力指标和22个标准模块。同时,德国教师专业伦理建设,在很大程度上是通过严格的教师准入制度来实现的,教师身份的获得,必须经过大学教育、第一次国家考试、实习、第二次国家考试四个阶段。在每个阶段,都必须根据《德国教师教育标准:教育科学标准》,学习相关的教育法规,掌握恰当地应对学生问题的方法。在美国高校教师职业道德建设的完整规范体系中,除了在规范主体上相关组织各司其责、有机配合,在内容要求上突出专业责任注重关系协调,在执行问责上,明确执行程序、保证可操作性,也是突出特征。日本对教师职业道德的培养,则不仅仅通过法令规定、把社会对教师的期望转变成教师的自律行为、在培养教师的学科教学中进行职业道德教育等途径实现,还注重发挥评价的作用,体现为聘任新教师时严把教师职业道德关、加强工作过程中的要求与督促。[1]

二、教育教学立基,同行"视导"保障教育教学质量

长期以来,高水平的教育教学被域外一流大学视为自身能够享誉世界的基础,不

---

[1] 杨民.日本教师的职业道德及培养[J].教育科学,1999(3):59—61.

断培养人才是大学的基本职能,也是大学能够持续发展的动力源泉。对教育教学的评价工作则被视为整体教育教学工作的重要组成部分,是高校教育目标能否达成、教学计划能否正常实施、教学改革能否顺利开展等的重要保障。在教育教学评价体系中,国际上的典型做法为赋予教育教学关键权重,并发挥同行督导的服务价值来保障教育教学质量。

(一) 赋予教育教学关键权重

由于教育教学被视为高校教师的主责主业和使命担当,不少国家的高等教育机构把高质量的教学水平作为教师任命、职称晋升考核的关键因素,认为科学研究应为教学"服务"。美国的研究型大学,比如加州大学伯克利分校就将教学水平作为聘任、考核教师的首要因素。[1]该校对教师的评价内容,包括在教学、研究和其他创造性的工作、专业能力和活动、大学与公共服务。其中,教育教学权重占比为40%,研究和其他创造性的工作占比为20%,专业能力和活动占比为20%,大学与公共服务占比为20%。可见加州大学伯克利分校非常明确地将教书育人的投入与成效纳入教师评价体系的关键位置。日本的国立大学,比如茨城大学亦是如此。该校2007年设定的教师评价体系,覆盖教学、科研、社会合作和校务活动(参与大学经营管理以及对大学的贡献等)四个领域,各自的占比分别为40%、40%、10%、10%。每个领域分别设定指标体系,教师对照不同指标体系下的评价基准,把各自的教学和科研结果由高到低评为4个档次,并附加自我评价书综述。

(二) 发挥同行督导的价值

在发达国家的教育教学评价工作中,与我国类似,作为受教育对象的学生是对教育教学质量给出判定的主要角色,来自"学生学"的产出反馈是评价结果的核心要素,通过学生的发展状况可以有效反映教育教学成效。但诚如上文所提及,仅依赖学生评教不可避免地存在评价结果的信效度被质疑的弊端。因此,域外也很重视来自教师同行的专业判断,将同行的督导评价结果与学生的评教结果有机结合、相互补充或印证。

---

[1] 田辉.国外高校教师多元化晋升机制面面观[N].光明日报,2019-10-24(14).

督导与评价是教育管理的两项基本制度,在国内外都有各自的历史发展脉络,质量保证体系作为国际高等教育质量保障运动的产物,正促进督导、评价走向融合。纵观国外教育督导和教育评价的发展,有两条既联系又不同的历史脉络。各国对基础教育的督导,普遍是政府对学校开展的监督、检查、指导,无论是"督政"还是"督学",都具有行政执法的意味。但是,对高等教育的督导另当别论。除了在集权管理的国家,传统上高校保持高度的自治,高等教育督导往往是高校的自治行为,更确切地说是高校组织同行专家对教育教学工作进行的"视导"。西方学者对教育(教学)视导有不同的定义,如"教育视导乃指学校制度内所提供的专业上及教学上的服务,以协助教师改进课程及教学与学习情境"、"教学视导乃是在教育组织内所设计以改进教学的一种行为体系。包括对教育目标、课程发展、教学行为、教学人员、在职教育、教育结果等方面的审查与评价"。[1]可见,西方学者之所以使用"教育/教学视导"而非"教育督导",实际上反映出一种倾向:意在通过同行专家(非行政官员),强化督导(视导)的指导、辅导和技术性服务的功能,而弱化行政性督导(视导)的监督职能。同时,教学视导不限于课堂听课,可覆盖教育教学全过程,以及利用多种评价手段,从而保障教育教学质量。

三、强调影响力,打造多元学术评价体系

纵观全球各国高等教育发展和科学研究水平,美国、英国、德国等欧美高校,以及亚洲的日本等高校,无疑历史悠久,科研实力更强劲。任何事物的发展,其背后定有相辅相成的规则和行之有效的策略。欧美和日本高校的学术评价方式强调影响力,注重打造多元评价体系,对推进新时期我国高校教师科研评价的发展有一定的借鉴意义。

(一) 评价标准以影响力为主

国外高校科研评价在评价导向上重视质量,在评价内容上较为丰富多样,从而有

---

[1] 邱锦昌.教育视导之理论与实际[M].台湾:五南图书出版有限公司,1991:20—35.

效避免了唯数量唯论文唯项目唯帽子等问题。例如,美国高校重视论文和科研项目的原创性和质量,通过评价维度和评价指标的设计来引导科研数量和质量双增、基础和应用研究并重,孵化出有利于社会的科研成果。西方老牌教育强国——英国,从20世纪80年代开始加强评估高等教育机构的科学研究水平,逐步建立了较为完善的高等教育质量外部保障体系,并在2014年推出了"卓越研究框架"(Research Excellence Framework,简称REF)。REF评价体系,坚持成果导向、质量导向和贡献导向,强调科研成果的高质量,以及对经济社会发展的贡献度。对于科研成果的认定,亦不局限于学术论文,还包括了专著、发明创造、艺术展览、音像制品等。

在多元指标中,学者本身及其成果的影响力,包括学术影响力和社会影响力,尤其受到域外高校、特别是一流大学的重视,成为主要的科研评价标准。这一点从英国REF评价体系的改革便可见一斑。英国政府对高校的科研评价体系,实际上经历了从"科研选择性评估"(RSE)到"科研水平评估"(RAE)再到"卓越研究框架"(REF)的三个阶段。每次都与时俱进进行了改革,发展趋势可归纳为:学科分类更加明确、更注重创新、分级评价、评价机制不断完善、更注重综合效益、科研影响力的内涵扩大等。REF的改革内容有:调整评估指标;调整评估单元;改革评估方法,强化评估结果可信度;创新研究产出,注重成果质量评价。其中,调整评估指标指将RAE中的"科研声誉"变更为"科研影响力"。科研影响力的评估标准,包括"深远度"和"重要性"两个维度,由此可见,更加重视了科研的影响力评价。[1]为了准确评估科研影响力,REF采用了参考文献计量数据和指标基础上的专家评价,来对研究产出质量进行评价。[2]

(二) 评价者身份多元

教师的学术评价不仅事关高校发展,也影响国家的科研实力和行业进步。故而,为保障评价的科学、公平,评价者的构成尤为重要。境外在开展学术评价时,评价者的身份普遍较为多元化,涵盖来自高校、社会、官方评估机构以及第三方评估机构的不同

[1] 李国年,高燕林.英国高校科研评估体系的演变、特点与启示[J].当代教育学,2016(21):48—51.
[2] 宋丽萍.REF与科研评价趋向[J].图书情报工作,2011(22):60—63+100.

成员：不仅有校内外同在教学科研岗位的同事，也包含各类学术团体或专业学会的研究者，政府官员、社会顾问，以及工、商、企业界内的高级专业人士，还有第三方评价机构的评估专员等。不同角色共同参与评价，从不同角度和立场分别开展有侧重性的评价，评价结果相互补充、印证，[1] 从而避免单一评价主体易出现的偏颇或偏见。例如，在美国康奈尔大学医学院，教师晋升需要经历评审委员会的考察。而医学院在组建评审委员会时，明确指出要有"一名威尔医学中心的教师代表，一名在医院特殊外科工作的医疗工作人员，一名斯隆—凯特琳癌症中心工作人员，一名卫理公会医院工作人员"。[2]

在不同角色中，来自教授学者的同行评价对于把关教师的成果质量和影响力显然至关重要。因为同学科领域的专家学者更加知晓学科规范和发展趋势，除了查看申请人论文发表的期刊层次，更重要的是评价成果的影响、研究连贯性和聚焦，强调申请人在特定主题领域持续、深入和独立的研究及产生的影响力。有些高校允许申请人参与提名校外评审专家人选，选出与申请人研究领域最接近、最了解其研究主题的专家，以达到同行评价的目的。在教授席位遴选中，通常会要求有至少一名国际专家作为评审，并要求候选人进行公开学术讲演，就校内外评审专家的提问进行公开答辩，以公开透明的方式，体现同行评价的质量和学术专业责任的落实。

值得指出的是，域外一些国家还引入了高校外部的行业机构参与至学术评价工作中。具体而言，国外的教育评价已成为一个专业领域，也形成了专门的行业机构，内部评估和外部评估相结合的教育教学评价模式已成为高校评估的主流模式。美国等国家的高等教育评价更是体现了专业与行业的紧密结合度。行业机构是独立自治的第三方评估机构。不论是国家专门立法建立的评估机构，还是独立于政府和大学之外的自治机构，都明文规定是"不治而议论"的。他们往往不受政府直接干预或控制，很大程度上保证了结果的公平性、有效性。由行业机构开展的专业认证率先在教育教学评估中扮演了重要作用，它能促使专业教育教学紧贴市场需求，按照行业的要求来培养

---

[1] 张尔秘，史万兵.美国高校人文科学教师科研绩效评价体系特征与借鉴[J].沈阳师范大学学报（社会科学版），2020（1）：98—104.

[2] 详见：https://eye.weillcornell.org/wcm-search/Section%2BFour%253A%2BGuidelines%2Bfor%2Bthe%2BCommittee%2Bof%2BReview/opthalmology-eye。

高素质的专门、专业人才。由于评估结果受到认可,逐渐地,行业机构也参与至科研评价工作中,如英国的REF评价体系,将非官方机构的第三方评估作为对高等教育科研评估的重要组成部分。

四、密切外部连接,持续改进社会服务评价机制

随着社会的不断发展,域外高校与高等教育系统外部的政府、社会和市场建立了愈加密切的连接,并反哺了自身办学。例如,在传统的德国高等教育中,社会服务职能发展程度较低。德国大学属于典型的国家模式,高校也强调"学术孤独",并不注重社会服务。[1]但自德国联邦教育及研究部和德国科学基金会发起德国大学"卓越计划"后,通过评价机制的改革,引导高校积极履行社会服务职能,从而打破了大学与社会的壁垒,促进了大学与校外各类机构的高质量合作。在社会服务评价机制上,域外高校持续予以改进,主要体现如下。

(一) 不断完善评价内容

为了顺应社会的变化以及高等教育机构自身的发展趋势,域外不断完善社会服务评价的内容,形成了包容性强、规定细致、指标多元的特征。例如,上个世纪末,英国政府以"高等教育与商业及社区互动"(Higher Education Business & Community Interaction,简称"HE-BCI")调查项目,开启了对高校社会服务的外部评价。尽管该项目具备评价内容多元化、数据收集有效而稳定、过程评价与结果评价相结合等优点,但测量结果缺乏比较基准且难以被直观地呈现,是故不能很好地满足时代需求。于是,英国政府于2017年进一步开发了"知识交换框架"(Knowledge Exchange Framework,简称"KEF")作为评价高校社会服务表现的新工具。该框架将高校知识交换活动划分为7个领域进行评价,每个领域以一定的指标进行衡量:合作研究;与

---

[1] 肖军.从管控到治理:德国大学管理模式历史变迁研究[J].比较教育研究,2018(12):67—74.

企业共同工作;与其他部门共同工作;技能、企业及创业培训;知识产权及商业化;地区发展及重建;公共及社区参与。[1]新西兰政府在推行新西兰科研绩效拨款(PBRF)项目时,对于教师研究成果则没有固定的形式要求,出版物、公开展览、艺术作品、表演、设计、咨询报告等均可,还认可包括技术、政策或流程,以及在实验开发中使用现有知识以产生新的或改进的材料、装置、产品、通信或工艺在内的各类成果形式。这种评价方式充分肯定了高校教师服务社会的价值,有助于发挥教师服务社会、努力创新的主观能动性。[2]

(二) 开展动态评价

域外政府对高校及其社会服务职能往往会开展动态评价。在此背景下,高校内部也会对教师的社会服务工作开展动态评价。动态评价能够不断督促高校及其教师履行社会服务职责,实现监测与激励的并行。美国的卡内基教学促进基金会于2005年对过去以大学职能、学位层次和学科覆盖度等标准为依据的高等教育机构分类标准进行了重新修订,规定"凡是提交评价申请并通过社会参与分类评价的大学会被认证为'社区参与类院校'",大学在获得"社会服务类院校"之后,还需要进一步分类(结合综合考评和子指标)。从2010年起,该基金会提出要确保对大学社会参与情况进行持续评价。2015年还规定大学在首次认证后,需要定期参与"重新分类"。参评大学需通过评价才可维持"社会服务类院校"的分类,若未参加并需要在下一个评价周期中再进行评价。[3]日本文部科学省从2004年起开始实施国立大学法人评价制度,社会服务评价为重要指标之一。该评价制度规定国立大学必须进行年度评价和"中期目标实现情况评价",即定期对大学的办学情况进行综合评价,综合评价结果是下一年度资金拨付的主要依据。[4]其中,"中期目标实现情况评价"以6年为一个评价周期,委托

---

[1]马星,冯磊. 以评价改革促进高校社会服务的英国实践[J]. 中国高教研究,2021(8):63—70.
[2]张梦琪,刘莉. 新西兰科研绩效拨款(PBRF)计划2018年质量评价项目研究及启示[J]. 世界科技研究与发展,2018,40(2):162—171.
[3]详见:https://www.missouraistate.edu/cce/carnegie.html.
[4]刘路等. 美、澳、日三国评价大学社会服务的经验与启示[J]. 清华大学教育研究,2020(1):134—141.

法人评审委员会及第三方机构进行评估。评审机构依据提交的自评报告,制定出包含相应改进意见的《审议评价报告书草案》。评估不通过的高校需要在三个月内提交详细的改进方案。[1]

第四节 教师评价改革的典型案例

近些年,国内不少高校已经开展了教师评价改革的试点工作,并取得了较好成效,国外一流大学也有相关的经验可供借鉴。本节选取了北京大学、复旦大学、清华大学和浙江大学等四所国内知名高等学府及美国的康奈尔大学,从改革目标、改革举措、改革重点与成效等维度展示案例校在教师评价各条线上的经验特色,并进行案例评析。

一、北京大学:以制度规范推进师德师风评价机制建设

2015 年,北京大学率先在全国高校中成立党委教师工作部,下设师德建设办公室,负责师德师风日常教育、师德师风考核、教职工思想政治和师德师风考察。2018 年,习近平总书记在同北京大学师生座谈时指出:"评价教师队伍素质的第一标准应该是师德师风。师德师风建设应该是每一所学校常抓不懈的工作,既要有严格制度规定,也要有日常教育督导"。[2] 多年来,北京大学党委落实立德树人根本任务,坚持把教师队伍建设作为学校各项事业发展的重中之重,坚持把政治标准和师德师风放在

---

[1] 文部科学省.国立大学法人法(平成十五年法律第百十二号)[EB/OL].(2017-10-01)[2018-11-16].http://www.mext.go.jp/b_menu/houan/an/detail/1384226.htm.

[2] 习近平:在北京大学师生座谈会上的讲话[EB/OL].(2018-05-03)[2021-01-01].http://www.xinhuanet.com/politics/2018-05/03/c_1122774230.htm.

教师队伍建设首位。

（一）改革目标

北京大学师德师风评价改革的目标在于树立正确的价值导向,把师德师风建设和坚持立德树人这一根本任务融合起来,建设一支政治素质过硬、业务能力精湛、育人水平高超的高素质教师队伍,引导广大教师以德立身、以德立学、以德施教。[1]北京大学始终认为,教师是学校培养人才、创新知识、服务社会的核心力量,也是促进学校持续发展的动力源泉。因此,学校明确教师是集学者、师者、雇员三重身份于一身的特殊职业。作为学者,需秉持优良学风,遵循学术道德和规范,守正创新、追求卓越。作为师者,需秉持高尚师风,谨循授业师道和尊严,为人师表、行为世范。作为雇员,需秉持职业忠诚,严守学校规章和制度,明德持矩、求真务实。[2]为帮助教师了解学校在教学、科研和社会服务过程中所倡导的价值观,持续推进师德师风建设,学校通过完善师德考核机制,并同时从健全校级统筹机制、夯实规章制度、建设师德教育体系、加强师德宣传和强化师德监督等多维度、全方面着手,构建完整的师德师风评价机制。

（二）改革举措

一是规范教师职业行为。印发《北京大学教师行为规范》,促进广大教师知责明纪,遵守职业行为准则。《北京大学教师行为规范》的内容包括总则、基本行为规范、违规行为和附则四章十六条。其中,第三章"违规行为"部分又详细列举了教师的哪些行为属于教学、师生关系、学术活动、与同事关系以及与学校关系这五方面的违规行为。

二是制定专门的师德考核实施办法。2016年颁布《北京大学师德考核实施办法》,对标《中华人民共和国教师法》《高校教师职业道德规范》等上位文件,虽然只有短

---

[1] 北京大学.北京大学召开2021年深化全面从严治党暨强化师德师风建设工作会议[EB/OL].(2021-03-03)[2021-05-01]. http://pkunews.pku.edu.cn/xwzh/636c356e54944bcd8a3eb2b74aa81d35.htm.

[2] 北京大学.北大师德建设又有新举措——推出《北京大学教师手册(2018版)》[EB/OL].(2018-04-06)[2021-05-01]. http://pkunews.pku.edu.cn/xwzh/2018-04/06/content_301840.html.

短八条,但却对师德考核工作中的关键性问题作出了规定。如《北京大学师德考核实施办法》第一条明确规定"师德考核结果是教师聘任、晋升、奖惩等人事事项的重要依据",第七条则规定"各二级单位在教师录用、职务(职称)评审、岗位聘用、评优奖励工作中,须对候选人遵守师德情况进行全面核查,实行一票否决"。这些规定说明,北京大学的师德考察不单单是年度师德考核,而是涵盖了从教师入职开始的全过程管理中的各个环节。同时,师德考核的结果与教师的个人成长发展相挂勾,也避免了师德考核考而不用的情况。另外,办法第三条规定,"师德考核每年由各二级单位负责组织实施,作为年度考核的重要组成部分",明确了师德考核的主体单位,压实了二级单位在师德考核中的责任。

2017年,学校出台《北京大学师德"一票否决"实施细则》。细则第一条,再次明确规定:"师德考核贯穿于教师日常教育教学、科学研究和社会服务的全过程"。有教师"实"的行为作为依托,就较好地避免了看似"虚"的师德考核成为"空中楼阁"。同时,细则对校、院两级的责任进行了划分,在职称(职务)评聘、岗位聘用、导师遴选、评优奖励、人才推荐等方面,设立师德师风评估环节,由各基层党委(党工委、党总支、直属党支部)负责考察评估,学校层面的审议评估则由学校教师思想政治和师德师风评估小组负责。

三是将师德评价融入教师管理全过程。如前所述,除年度师德考核这项常规工作外,北京大学还将师德评价融入教师管理全过程,这不仅在专门的《北京大学师德考核实施办法》中可以看到相关规定,还体现在学校其他规章制度的具体条文和日常的管理工作中。如年度考核工作要求,二级单位出具的教师思想政治和师德师风评估报告,要包括教师参加相关的师德教育与培训活动的情况。[1]再比如,《北京大学教学系列职位聘任管理实施细则(试行)》(2018年)第四条规定,教学系列职位招聘程序,候选人要经过院系党委的思想政治和师德师风评估,在学校最终审议前,还要经过学校"教师思想政治和师德师风评估小组"审议。《北京大学研究技术系列职位聘任管理实施细则(试行)》(2018年)第二条,对研究技术系列人员的招聘,在候选人招聘程序

---

[1] 北京大学. 关于做好2020年年度考核工作的通知[EB/OL]. (2020-11-02)[2021-05-01]. https://hr.pku.edu.cn/zxgg/55d22710c2fa490aa1eae41c56fda99c.htm.

中也作了同样的规定。

四是强化师德考核结果的运用。师德考核的结果只有被切实运用到教师管理中才有意义。一方面,学校重视先进典型的示范作用,通过各种渠道宣扬优秀典型的事迹,潜移默化地影响普通教师的师德观及行为。学校认为,北大教师群体整体上是优秀的,既有王选、孟二冬这样耳熟能详的全国师德楷模,更有季羡林、侯仁之等三届"蔡元培奖"获得者这样德高望重的师德典范。此外,每年教师节,北大都会表彰一批师德师风优秀典型。这些典型在广大教职员工中引起比较强烈的反响,对推动师德建设工作有着积极的意义。[1]另一方面,加强对教师违规违纪行为进行警示和惩处,严格执行师德"一票否决"。在已有纪委、监察督查等基础上,建立了教师职业道德和纪律委员会及其调查处理机制,负责对教师在学术道德和职业操守等方面的评价,受理针对师德师风方面的举报投诉,并根据情况开展立案调查和提出处理建议等。该委员会三分之二的成员为本校教授,三分之一成员为学校行政方面的负责人,主要通过专项调查和会议形式开展工作。[2]

(三) 改革重点

一是坚守政治站位。北京大学党委深入学习贯彻习近平总书记关于教育的重要论述,坚持"党管人才"原则,将教师队伍与师德师风建设纳入全面从严治党、从严治校工作体系。北京大学十三次党代会提出,要坚持把政治标准和师德师风放在教师队伍建设首位。学校党委通过健全统筹机制,构建齐抓共管的创新工作格局,持续推动党政领导班子抓师德师风建设机制常态化,并相继出台了一系列规章制度,确保师德建设落地见效。[3]学校在2021年深化全面从严治党暨强化师德师风建设工作会议中提出,把全面从严治党、师德师风建设和坚持立德树人这一根本任务融合起来,树立正

---

[1] 北京大学. 北大师德建设又有新举措——推出《北京大学教师手册(2018版)》[EB/OL].(2018-04-06)[2021-05-01]. http://pkunews.pku.edu.cn/xwzh/2018-04/06/content_301840.html.

[2] 北京大学. 一文了解北京大学教师职业道德和纪律委员会[EB/OL].(2018-04-10)[2021-05-01]. http://pkunews.pku.edu.cn/xwzh/2018-04/10/content_301912.htm.

[3] 安钰峰. 传承北大优良传统 思想铸魂奋进担当[EB/OL]. http://www.jyb.cn/rmtzgjyb/202009/t20200911_357777.html,2020-09-11.

确的价值导向。[1]

二是注重制度建设和制度规范,使师德师风评价工作有据可依、依法开展。这集中体现在《北京大学教师手册》的编写修订工作中。《北京大学教师手册》是北京大学有关师德师风规范的纲领性文件,其修订过程反映该校从制度建设上不断完善师德师风评价机制的进程。2015年,学校启动了《北京大学教师手册》的编写,通过汇集和说明学校制度体系中涉及教师职业活动的相关规则,帮助教师了解学校在教学、科研与社会服务过程中所倡导的价值观,内容包括对教师行为规范、师德师风建设的要求。经过长时间的酝酿、调研、编写和反复修改后,2016年《北京大学教师手册》正式问世。2016版的《手册》总计近26万字,分为正文13章,附录1章,为手册各章节引用文件全文汇总,共计64个文件。2017年根据中央巡视整改意见,北京大学加大制度建设,新增及修订了一系列规章制度,在此基础上形成《北京大学教师手册(2018版)》,收录了修订更新的13个文件,新增8个文件,字数增加3万多字。[2]《北京大学教师手册》的编制是对现有教师管理制度的梳理和总结,也是进一步深化大学教师管理制度体系建设的开始。而且,《北京大学教师手册》会根据形势变化,依照程序,适时进行修订。目前,学校人事部主页可以查询到的手册版本时间已更新为2019年1月。

三是夯实师德教育体系。除了"考"与"评"之外,还注重"育",从源头上引导教师,将师德教育贯穿了教师职业生涯的全过程。学校成立师德工作委员会及其工作机构,负责制定师德教育的总体原则、规划、目标、要求和具体实施,制定了《北京大学师德教育实施办法》,并规定凡是学校教师,都必须参加学校组织的师德教育与培训活动。新任教师在岗前培训中设置师德教育专题,在岗教师重点开展社会主义核心价值观、法律法规教育、师德先进事迹宣讲等。并要求参加师德培训或活动的相关结果记入个人人事档案,作为晋升、奖惩和聘任合同续签的依据。

---

[1] 北京大学.北京大学召开2021年深化全面从严治党暨强化师德师风建设工作会议[EB/OL].(2021-03-03)[2021-05-01].http://pkunews.pku.edu.cn/xwzh/636c356e54944bcd8a3eb2b74aa81d35.htm.

[2] 北京大学.北大师德建设又有新举措——推出《北京大学教师手册(2018版)》[EB/OL].(2018-04-06)[2021-05-01].http://pkunews.pku.edu.cn/xwzh/2018-04/06/content_301840.html.

（四）改革成效

多措并举下，北京大学的师德师风评价机制得到持续完善。如前所述，北京大学建设了一整套的师德师风评价机制，既有《北京大学教师行为规范》作为教师的行为准则，又有《北京大学师德考核实施办法》《北京大学师德"一票否决"实施细则》等有关师德考核评价的专门办法。对于违反师德规范的行为，除纪委、监察督查等以外，还设有专门的机构——教师职业道德和纪律委员会调查处理。对于师德考核特别优秀的教师，二级院系可推荐参与学校有关奖励或荣誉称号的评选。在人才引进、职务（职称）聘用等教师管理的各个环节中，都设有师德考察评价的程序。在考核实施主体方面，通过压实院系的主体责任，充分发挥院系的作用，同时又设有校级"教师思想政治和师德师风评估小组"负责最后审议把关。

（五）案例评析

师德师风建设是教师队伍建设的根本。新时代教师队伍建设，要求我们把师德建设作为教师队伍建设的首要任务。北京大学以制度建设为抓手，坚持把师德师风作为评价教师队伍素质的第一标准，对教师的基本行为准则、个人品行、职业操守、师德教育、师德考核既提出了具体明确的要求，在对北京大学师德建设研究中发现，除了《北京大学教师行为规范》《北京大学师德考核实施办法》等办法外，北京大学还先后出台了《北京大学教师违规违纪调查处理办法》、《北京大学教职工处分暂行规定》、《北京大学师德教育实施办法》等规章制度，其最终目标在于通过规范和评价，积极引导教师做有理想信念、有道德情操、有扎实学识、有仁爱之心的党和人民满意的好教师。

师德师风建设是一个系统工程、长期工程，加强教师师德师风建设，既需要加强对教师日常行为的教育引导，又需要有实际落实的体制、机制与举措；既需要制度规范，更需要文化引领。北京大学从健全校级统筹机制、夯实规章制度、建设师德教育体系、加强师德宣传和强化师德监督等多维度、全方面着手，构建完整的师德评价体系，真正体现了学校师德师风建设的基本原则："关键在严，核心在实，严有规章，实有机制"，值得学习借鉴。

二、厦门大学：以内部教学质量保障机制提升教育教学实效

厦门大学自建校之初，就把创建高质量教育写入《厦门大学校旨》，提出要实现让学生"与世界各国大学受同等之教育"的目标。厦门大学历来重视本科教育教学工作，2005年11月，在接受教育部组织的本科教学评估中，获得19项指标全优的评价。自2006年以来，学校参照教育部的做法，每年在校内坚持开展自我评估，至今已连续实施了15年，取得了突出成效。联合国教科文组织国际教育规划研究所于2014年发起"高等教育内部质量保障的优秀原则和创新实践"项目，并在全球范围内推荐8所高校入选内质量保障优秀案例，厦门大学的内部本科教学质量保障机制便为其中之一。

（一）改革目标

内部质量保障（Internal Quality Assurance，IQA）是高校在学校内部自行开展的一系列检查、评估、审核等过程，以实现高校自身办学质量的持续改进与提高。厦门大学在长期的研究和实践中构建了独特的IQA理论体系，认为IQA是一个动态的可分解、可操作、可控制的闭环管理流程，它通过整合内部各类教学资源、协调教学过程的各个环节，构成一个在教学质量上能够实现自我约束、激励、改进和发展的有效运行机制。从人才培养的整个过程看，IQA需考察培养目标与社会/个体需求的接近度，培养模式与培养目标的匹配度，培养过程和培养模式的吻合度及培养结果与社会/个体需求的适应度（见图2-1）。基于上述理论探究，厦门大学IQA体系在实践中遵从指向性原则（质量核心指向人才培养质量）、整体性原则（教育质量管控从目标设计、模式选择、过程监控和结果输出的综合把握）、阶段性原则（教育质量监控要在人才培养不同阶段的主要矛盾上精准用力）、可控性原则（设定质量标准）和持续性原则（有效且可持续发展）等基本原则，[1]以形塑优良的教育教学质量文化。

---

[1] 郑冕.高校内部质量保障：框架与措施——联合国教科文组织"IQA项目"优秀案例述评[J].中国高教研究，2016，(9)：17—22+76.

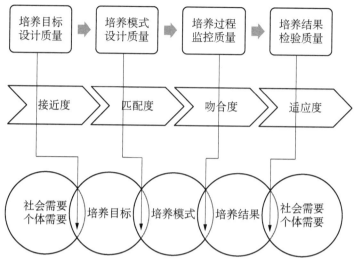

图 2-1 厦门大学本科教学内部质量保障理论系统

(二) 改革举措

一是每年开展有所侧重的本科教学自我评估。厦门大学每年选取若干影响本科教育质量的核心监测指标,在学院全面自查的基础上,以校领导为组长,成立若干评估专家组,对各学院本科教学工作进行检查,评估报告以评估反馈会的形式反馈至各学院及相关单位并督促整改,建立了完善的"自我检查、相互观摩、典型示范、及时整改"的自我评估机制。例如,2007 年,重点开展新建专业和新教师教学能力情况评估;2008 年,重点开展实践实验教学环节评估;2009 年,重点开展质量工程和教学计划运行评估;2010 年,重点开展考试环节以及考风考纪评估;2011 年,重点开展一期质量工程成效及二期建设计划评估;[1]2017 年,重点关注"教书育人"、"网络课程"、"毕业论文(设计)"等三个方面的工作,旨在以评估促进学风建设,调动学生学习积极性,提高本科课堂教学质量,做好毕业论文查重工作。评估分为组织动员、学院自查、学校检查、总结反馈四个环节,其中学院自查和学校检查将历时 7 周。学校组织了由教学委员会成员、教学督导组、教学院长、一线教师组成的 75 名评估专家分四个小组对上述

---

[1] 谭南周. 厦门大学:坚持校内自我评估提升本科教学质量[N]. 中国教育报,2012-6-4(1).

进行重点抽查。[1]

二是进行常态数据监测。学校依托教务管理信息化平台,动态采集教学运行基本状态数据,在对数据统计、分析的基础上监测教学质量的状态与发展,形成每学年的《本科生教务基本情况统计表》和《厦门大学本科教学质量报告》。

三是组织本科课程教学测评。学校每学期以随堂测评的方式开展本科课程教学测评,根据测评结果编制分析报告,并反馈相关学院和任课教师,对测评成绩较低的教师实行约谈、听课制度,帮助教师改进教学。

四是实施学生学习经历调查。学校基于学生学习增值的理念,每年开展新生、毕业生学习经历调查。基于调查结果,每年形成《学生学习经历调查报告》,为进一步改进教学提供实证依据。

五是建立日常质量监督机制。学校建立了包括教学督导制度、党政领导干部听课制度、校长听课日制度、日常教学检查制度等制度,形成利益相关方相互制约、相互监督、共同参与的监督体系。

六是注重教师教学能力发展。学校教师教学发展中心从教学能力提升、咨询服务、改革研究、质量评估、资源共享等方面开展工作,通过搭建教学观摩平台、开展教师教学培训、建立教师教学档案、促进教学资源共享等系列措施,在促进全校教学质量提高等方面取得成效。[2]

(三) 改革重点

厦门大学的内部教学自我评估改革探索,重在逐步形成一个有目标、有标准、有措施、有组织、有反馈的IQA体系。该体系由分管校领导牵头,在运行过程中形成了一个多机构合作、多主体参与、多系统整合的内部教学质量保障机制。厦门大学IQA框架的特色是以内部教学过程评估为"核心",强调学校内部评估是外部评估的重要组成部分,也是外部评估的最终目的;强调学校内部评估须参考外部评估的标准,内部评估

---

[1] 厦门大学.学校召开2017年本科教学评估工作动员会[EB/OL].(2017-11-22)[2021-03-24]. https://jwc.xmu.edu.cn/2017/1122/c2152a318010/page.htm.

[2] 郑觅.高校内部质量保障:框架与措施——联合国教科文组织"IQA项目"优秀案例述评[J].中国高教研究,2016(9):17—22+76.

的改进须有助于完善外部评估;强调学校内部评估的核心是教学过程的评价,教师、学生以及学校行政管理者的两两评价形成了教师、学生以及管理者共同参与的内部质量保障体系(见图2-2)。整个IQA体系的质量持续提升长效机制通过"自我检查—自我诊断—自我反馈—自我整改"4个阶段实现。

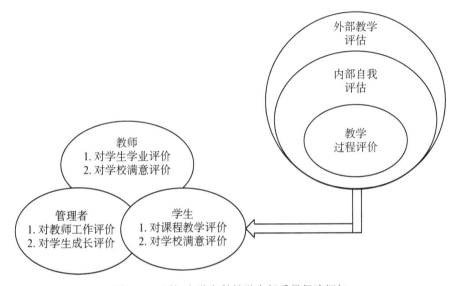

图2-2 厦门大学本科教学内部质量保障框架

基于IQA体系的理念,厦门大学在每年教学评估中,由各学院率先开展自我评估,在此基础上,学校组织评估小组,通过听课、开座谈会、检查试卷和毕业论文等教学档案、实地考察实验室和实习基地等形式开展互查互访,并对每项内容量化打分,评价结果会反馈给各学院。例如,在2019年的本科教学工作评估中,主要针对全校本科专业进行专项评估检查。在学期第11周的动员组织阶段,学校召开2019年度厦门大学本科教学工作评估布置会和评估专家组预备会,启动评估工作。在第11—13周学期的学院自查阶段,各学院根据《2019年度本科教学工作评估方案》,以座谈会、调阅档案、实地检查等形式进行全面自我诊断评估,在此基础上总结工作经验及特色亮点,查找存在的问题,提出下一阶段改革的方向,并完成学院自评报告。在学期第11—16周的学校检查阶段,学校召开学院汇报会,组织专家听取各学院自评汇报。专家组以听取学院汇报、查阅自评报告,必要时结合听课、座谈会、查阅档案等形式进行分组检查,并召开专家组会议形成评估意见。专家组应于 12 月 31 日前完成各项评估内容并提交评估系统。最后,学校召开评估反馈会,反馈专家评估意见,通报评估结果,总结经验及存在的问题,提出今后加强本科教育教学工作的建设性意见。[1]

(四) 改革成效

随着时间的推移,评估的积极作用开始日渐"发酵"。厦门大学通过开展校内自我评估提升本科教学质量,实现了从外部评估向常态化内部评估转变,从规范管理向内涵式发展管理转变,从分项评判向整体综评转变,从以教为中心向以学为中心转变。[2] 这些年来,厦门大学在教学基本建设、教风和学风建设等方面获得了实实在在的加强和促进。时任学校分管本科教学工作的副校长邬大光曾说:"通过这种'自亮家丑、自找软肋'的评估方式,学校找到了一种促进和提高教学质量的重要抓手,教学评估使学校对本科教学状况了然于胸。"不仅如此,经过几年摸索,学校逐步形成了一套反映人才培养规律的监测指标体系,每年通过选择一定的核心指标集中进行校内教学评估,引导各学院关注学校的教学改革方向。而且,随着评估的日益常态化,每年的评估已成为学校师生希望进一步改进教学工作、提高教学质量的一种"期待"。一种重视本科教育、关心本科教学、关爱本科生的教学文化已悄然在学校教职员工心中生根发芽。[3]

(五) 案例评析

高校内部教学质量保障体系主要针对人才培养的关键要素,通过建立适应学校特点的组织机构、标准框架和运行机制,由高校自主开展的一系列教学评估与监控,以实现高校自身质量的持续改进与提高,可谓是高校开展教学评价的主要依托。

作为东北亚地区唯一一所入选联合国首批高校内部质量保障优秀创新实践案例的学校,厦门大学通过加强对本科教育教学工作的自我评估,建立了有效的内部教学

---

[1] 厦门大学. 关于开展 2019 年度厦门大学本科教学工作评估的通知[EB/OL]. (2019 - 11 - 22)[2021 - 03 - 24]. https://jwc.xmu.edu.cn/2019/1125/c2194a388094/page.htm.

[2] 厦门大学. 学校召开 2017 年本科教学评估工作动员会[EB/OL]. (2017 - 11 - 22)[2021 - 03 - 24]. https://jwc.xmu.edu.cn/2017/1122/c2152a318010/page.htm.

[3] 谭南周. 厦门大学:坚持校内自我评估提升本科教学质量[N]. 中国教育报,2012 - 6 - 4(1).

质量保障体系,实现了增强学校发展和质量提升的主体性、培育质量文化的多重目标,注重评估实效,以长效求实效,以实效促长效,使得教学评估真真正正成为了促进和提高教育教学质量的有力抓手,为其他高校如何通过评价来促进自身的发展树立了典范。

三、清华大学:有序推进学术评价机制的系统改革

近年来,清华大学积极贯彻落实习近平总书记关于改革科技评价制度的重要讲话精神和中共中央办公厅、国务院办公厅《关于深化项目评审、人才评价、机构评估改革的意见》《关于分类推进人才评价机制改革的指导意见》等文件精神,结合学校实际,制定了《关于完善学术评价制度的若干意见》《清华大学研究生申请学位创新成果标准规定》《关于进一步加强研究生学位论文质量全过程管理的意见》等文件,全面推进学术评价的改进与完善工作。

(一) 改革目标

学术评价制度建设事关一流人才培养、一流师资队伍建设和一流学术成果产出,是促进优良学风建设的一项关键基础性工作。完善学术评价制度是清华大学进一步提升办学水平,推动学术发展,提升学术研究水平,建设中国特色世界一流大学的一项重要任务。正如清华大学校长邱勇所言:"一流大学要有一流的学术标准和完善的学术评价制度。一流的学术标准体现了大学对学术质量的追求,学术评价制度反映了大学的自身定位和追求"。清华大学致力于建立符合中国特色世界一流大学治理体系和价值追求的学术评价制度,改革目标在于:坚持社会主义办学方向,坚持教书育人是教师的首要职责,以立德树人为根本,以提升学术质量为核心,以服务贡献为重点,完善学术评价制度,形成优良的学术文化;克服学术评价中唯论文、唯帽子、唯职称、唯学历、唯奖项等倾向,建立重师德师风、重真才实学、重质量贡献的评价导向,从而有利于学术水平的提升,有利于产生重大学术成果,有利于学生的学术培养。

(二) 改革举措

清华大学早在2018年初就把完善学术评价制度列为年度重点工作,成立了7个部处共同参与的6个专题工作组,同时成立完善学术评价标准专家组。在一年多的时间里,学校进行了广泛调研、专题讨论、文件起草、意见征求和审议,最终于2019年4月19日发布了该校《关于完善学术评价制度的若干意见》,在评价标准、评价体系、评价主体、学生评价等方面明确提出相应的改革意见。

清华大学明确《关于完善学术评价制度的若干意见》为全校的统领性文件,涉及全校相关制度60多项。为确保文件的落实,清华大学专门成立了完善学术评价制度的领导小组,统筹推进各项工作;同时成立完善学术评价制度工作组,保证相关工作切实执行。学校还同步制定了落实《关于完善学术评价制度的若干意见》的工作方案和工作计划,提出了"七大任务":一是研究制定符合学科特点的分类评价制度;二是建设基于学术责任及成就的教师评价体系;三是完善研究生学位论文的学术评价标准;四是完善大学生荣誉奖励体系;五是完善学校、院系各委员会工作规则;六是改革校内科技奖励制度;七是完善学术诚信教育和惩戒制度。[1]

在推出《关于完善学术评价制度的若干意见》后,清华大学多次研究、部署落实推进学术评价完善相关工作。2020年,在教育部、科技部等部门分别出台相关政策的背景下,清华大学加快推进学术评价的完善工作。2020年3月,清华大学相继发布《清华大学研究生申请学位创新成果标准规定》《关于进一步加强研究生学位论文质量全过程管理的意见》,修订完善《教师聘任管理办法》及执行规范系列文件,进一步回答了"破立"之问,将"立"质量放在建立符合中国特色世界一流大学治理体系和价值追求的学术评价制度的首要地位,并对推进完善学术评价制度和修订学位评定标准工作,提出五点具体工作要求:一是,各单位要按照学校统一部署、全面推进、整体到位,要提高站位,凝聚共识,抓住机遇,借势而为,促进学校办学品位更上台阶。二是,充分认识工作的紧迫性,直面当下问题,认真做好、极力推动、按时完成完善学术评价制度和修

---

[1] 清华大学. 清华大学发布《关于完善学术评价制度的若干意见》[EB/OL]. (2019-04-19)[2021-02-28]. https://news.tsinghua.edu.cn/info/1002/16506.htm.

订学位评定标准相关工作。要在学术评价制度改革中制定一流标准,鼓励青年学者贡献智慧,共同搭建起更好的学术平台,营造优良的学术气氛。三是,在大环境与小环境、质量与数量、学术共同体、教学和师德师风问题上统一认识。要在学术评价制度和学位评定标准修订工作中走在前列,起到标杆旗帜作用,体现清华的价值。相比数量,要更加强调质量,有了质量,学术成果数量才有意义;学校要积极倡导学术共同体建设,学术共同体应有自己的评判标准,并在学术标准制定和学术评价过程中发挥主要作用;要把对学生培养的要求真正落实下去,把教书育人的投入与成效纳入教师学术评价体系,进一步落实对师德师风的考察。四是,在教师学术评价方面,要注意学科方向的引领,结合清华学科布局和研究领域的重要性,引进和留住真正需要的人才;要把国内外同行横向比较和代表作作为评价学术质量的有效方法,学术共同体应把好学者代表作的质量关。最后,对于学者和研究生,均鼓励发表高质量论文,将其作为学术评价和学位评定的支撑材料。

(三) 改革重点

一是在评价标准上,强调实施分类评价,尊重学科差异,根据各学科特点制定相应的学术评价标准;根据学科发展规律、发展目标和发展现状,制定与之相符合的成果认定、人才引进、职务晋升等方面的评价标准;把教书育人的投入与成效纳入教师学术评价体系,明确了"教书育人是教师的第一学术责任"。

二是在评价体系上,建立突出质量贡献的学术评价制度,坚持以能力、质量、贡献评价人才,强调学术水平和实际贡献,突出代表性成果在学术评价中的重要性。鼓励教师以高质量的学术成果服务经济社会发展,支持教师参与解决影响经济社会发展的重大问题并作出实质性贡献。

三是在评价主体上,强调加强学术共同体建设,增强学术共同体的自律,尊重学术共同体的学术判断,发挥学术共同体在学术标准制定和学术评价过程中的作用,完善各类学术组织和学术机构的职责和工作规程。

四是在学生评价上,完善以促进全面发展为目标的学生评价制度,着重培养学生学术志趣、科学精神和学术能力,完善学生评奖评优机制;以提升质量为导向,完善学位论文的学术评价标准,提升学生学术研究的能力,达到与清华学术品位相一致的学术水平。

五是在学术文化建设方面上,要营造宽松包容的学术环境,鼓励师生自由探索;同时坚守学术道德,对学术不端行为零容忍。[1]

(四) 改革成效

清华大学的学术评价改革系列举措大大鼓励了那些敢于啃硬骨头,坚持做基础前沿研究、跨学科研究、冷门研究,继续坐住"冷板凳"、取得突破性进展的研究人员,从而打造具有清华本色的一流学术生态和学术文化,为国家社会的发展作出贡献。而修改完善后的《教师聘任管理办法》,明确要求职级最高的长聘教授需要长期坚持本科生课程讲授,开展高水平的教育教学,在教学学术研究、课程体系建设取得成绩,并在思政教育、本科招生、创新创业、社会实践等方面作出重要贡献,发挥不可替代的作用。

(五) 案例评析

总的来看,清华大学完善学术评价的种种举措,并非仅仅针对教师评价,而是强调"立德树人"、"教书育人"、"科研育人",以教师和学生为主体,聚焦师生学术能力和学术水平的提升,进一步优化学术评价机制,形成一套符合本校实际情况、覆盖所有不同学科和研究领域、认真客观公正的评价机制。其核心要义在于提高对学术研究、学术育人、学术论文的思想认识,激励教师追求学术本真的初心,明晰相关学术评定的多维化、立体化、长效化。

清华大学的学术评价改革,是贯彻落实习近平总书记关于改革科技评价制度的重要讲话精神和中共中央办公厅、国务院办公厅《关于深化项目评审、人才评价、机构评估改革的意见》《关于分类推进人才评价机制改革的指导意见》的具体行动,体现了该校建设一流大学、培养一流人才、产生一流学术成果、建立一流学术品位、对国家经济社会发展提供一流服务支撑的担当。在国家全面推进教育评价改革的背景下,清华大

---

[1] 清华大学. 清华大学发布《关于完善学术评价制度的若干意见》[EB/OL]. (2019-04-19)[2021-02-28]. https://news.tsinghua.edu.cn/info/1002/16506.htm.

学学术评价改革的探索,为今后国内高校在这一方面的改革提供了借鉴。

四、浙江大学：以综合分类评价激发教师社会服务积极性

浙江大学重视社会服务职能的发挥,坚持"以服务为宗旨、在贡献中发展"和"高水平、强辐射"以及"四个转变"的社会服务理念,全校以地方合作处为纽带的地方合作工作体系和"立足浙江、辐射全国、走向世界"的战略布局,产生了广泛的影响,被教育部领导称赞为高校服务社会的"浙江大学模式"。[1]这一模式的形成,离不开浙大构建的有效的社会服务评价机制的助力。

(一) 改革目标

社会服务一直是浙江大学良好的传统延承和鲜明办学特色之一,也是学校建设世界一流大学的重要抓手和战略举措之一。为了不断加大为国家、区域和行业发展服务的力度,明确社会服务理念、战略布局和工作思路,不断探索地方合作体制机制改革,形成全方位的社会服务新体系,浙江大学实施教师岗位分类管理、推动干部人才的交流合作、建设现代农业技术推广队伍和现代工业技术推广队伍等多种措施,并建立相应的激励机制,出台系列文件,在资产、人事、社会保障等方面不断完善推动广大教师参与社会服务的相关配套政策。[2]其中,浙江大学专门设立社会服务与技术推广岗,并不断完善各类教师的社会服务评价机制,目的在于建立与社会服务专兼职队伍定位相适应的晋升和评价体系,使所有教师乐于服务社会,并使社会服务与技术推广类教师安于从事社会服务工作,从而鼎力支持学校层面的社会服务发展战略。

(二) 改革举措

在中国高校的社会服务建设与创新中,"浙大模式"是典型的模式之一,其举措和

---

[1] 童金皓.浙江大学社会服务工作体系概述[J].科教导刊,2012,(22):192+241.
[2] 童金皓.浙江大学社会服务工作体系概述[J].科教导刊,2012(22):192+241.

创举具有重要的参考价值。[1]在社会服务评价机制上,浙江大学从2005年10月起结合"浙大模式"酝酿进行教师岗位分类管理,开始进行摸底调研。在2008年深入学习实践科学发展观活动试点工作中,学校凝炼提出今后要重点抓好的"八大行动计划"和20件实事,改革教师考核评价机制、实施岗位分类管理就是其中之一。2010年5月,学校发布了《浙江大学教师岗位分类管理实施意见(试行)》,标志着浙江大学教师岗位分类管理与评价改革全面启动。在此次改革中,浙江大学把教师岗位分为教学科研并重岗、研究为主岗、教学为主岗、社会服务与技术推广岗、团队科研/教学岗等。其中,社会服务与技术推广岗主要承担农业与工业技术推广、公共政策与其他科技咨询、医疗服务及教育培训等社会服务工作,分为Ⅰ类岗和Ⅱ类岗。Ⅰ类岗由学校设置,Ⅱ类岗由学部或学院(系)设置。[2]

浙江大学推行教师分类改革方案的最初设想是:各学院内大约30%的教师将被"分流"到社会服务类岗位,告别学生和学术。[3]但在初始阶段,社会及浙大校内不少人士对改革并非持乐观态度,认为服务社会是缺乏意义的,浙大于2010年进行的"一刀切"式的改革也多少有些急功近利。但在后续的措施中,浙江大学结合了本校的具体情况和社会需求,逐步完善了改革方案。例如,在2017年,学校设置教学科研、卫生技术及(学校运转所需的)服务支撑三大类专业技术岗位,并在教学科研大类下,设立:教学科研并重岗;研究为主岗;教学为主岗/团队教学岗;工程教育创新岗;社会服务与技术推广岗(Ⅱ类)、团队科研岗教师、专职科研人员以及其他从事技术研发、成果转化的科研人员,评聘技术研发及知识转化研究员、副研究员(或高级工程师)职务;从事国防技术研究工作的先进技术研究院专业技术人员;社会服务与技术推广岗(Ⅰ类)教师,评聘农业推广研究员、副研究员职务。浙江大学在多个具体类别中都提出了社

---

[1] 吴朝晖.浙江大学顶天立地　高强辐射　服务经济转型升级.[EB/OL].(2017-11-09)[2021-04-24].http://old.moe.gov.cn//publicfiles/business/htmlfiles/moe/moe_2729/200904/46615.html.
[2] 中共浙江大学委员会.浙江大学关于印发《浙江大学教师岗位分类管理实施意见(试行)》的通知[EB/OL].http://www.ziint.zju.edu.cn/ueditor/php/upload/file/20180123/1516672632129125.pdf.
[3] 樊丽萍.浙大推行"教师岗位分类管理"30%教师转岗社会服务[EB/OL].(2010-12-03)[2021-05-24].http://news.sciencenet.cn/htmlnews/2010/12/241028-1.shtm.

会服务的明确要求,详见表2-2。三大类的岗位设置仍沿用至今。

表2-2 浙江大学专业技术评聘中的社会服务要求

教师的不同类别	对社会服务的具体要求
教师任职基本条件	院系(单位)根据学科特点制定社会服务方面的具体要求,主要应包括校内外社会公共服务工作的要求,特别是第二、三、四课堂教学的具体要求等内容。
工程教育创新岗高级职务任职基本条件	申报人员应根据自身专业特长,结合学校事业发展及师生教学科研工作的需要,承担社会服务工作。完成所在单位相关公共服务事务、社会服务要求(需提供具体实例)。积极参与行业发展,提升浙江大学在相应行业地位,担任具有影响力的社会学术兼职。
技术研发及知识转化岗高级职务任职基本条件	积极参与行业发展,提升浙江大学在相关行业的地位,承担学校相关派出任务(如科技特派员等),担任具有影响力的社会学术兼职。在重要媒体或平台上发出浙江大学声音,引导社会舆论,传承中华文化,影响政府决策,提升学校在国内外的声誉。
医学院附属医院卫生技术岗高级职务任职基本条件	(一)申报人员应根据自身专业特长,结合浙江省深化医药卫生体制改革和学校事业发展的需要,积极承担实质性的社会服务工作,承担具有影响力的社会学术兼职。 (二)积极响应浙江省委、省政府"双下沉、两提升"工作要求,积极参与各地市与浙江大学构建高水平的医疗联合体工作。根据《浙江省城市医生晋升职称前到基层服务实施办法(试行)》规定,完成下基层要求。

(资料来源:浙江大学印发的《浙江大学专业技术职务评聘实施办法》的通知(浙大发人〔2017〕52号))

(三) 改革重点

一是建立专门的社会服务师资队伍,建立分类评价机制。为了推进社会服务,浙江大学专门设立了社会服务与技术推广岗,同时团队科研岗教师、专职科研人员以及其他从事技术研发、成果转化的科研人员的岗位职责也以技术研发及知识转化为主。例如,浙江大学的专职科研人员大致可以分为两类:一类在科研团队中从事基础或工程应用研究工作,着眼于学校的科研创新工作;一类在社会服务平台中从事技术转移和产业化工作,着眼于学校的社会服务工作。浙江大学按照不同的职责对专职科研岗位进行分类,并根据不同类型岗位的特点,设计分类考核与评价办法。其中,基础研究类人员考核指标设计侧重于学术类指标;技术推广及产业化类人员主要承担聘用单位下设研究中心（平台）运作、高技术成果推广及科技型企业孵化工作,考核指标侧重于应用类指标。

二是建立针对性的社会服务综合评价体系。学校建立了一套与社会服务师资队伍建设目标相适应的考核和评聘机制,注重专职科研人员重大项目研究、高技术成果推广的质量以及所产生的经济社会效益。主要考核在研究开发、技术创新方面取得的成果;成果转化后形成的社会经济效益等;研究开发、技术创新、技术咨询与服务、工程设计、技术管理、企业管理、成果转化与技术推广方面取得的成果;为政府和社会提供良好的政策咨询和人才培训服务的社会效益等。考核指标包括横向课题数量、科研经费数、成果转化后产值、利润和具体经济社会效益体现等。[1]

（四）改革成效

第一,注重教师队伍结构的优化和人才的培养,形成了完善的组织体系和人才联动体系。在教师原有专业技术岗位分级聘任、分级岗位津贴等制度基础上有所拓宽和延伸,丰富了岗位制度的分类维度,显著改善了教学科研人员结构和层次。各职业通道的完善,使不同教师明确自身发展定位,并发挥所长,有力支持了学校各项事业的发展。[2]

第二,引导所有教师注重履行社会服务职能,同时引导有特长的教师以所学所能专心、全力地服务社会需求,使学校社会服务工作取得了显著的成果和鲜明的特色,助力学校形成了"立足浙江、服务西部、面向全国、走向世界"的格局,并积极主动介入相关行业发展调整之中,如电力、能源、环保、制药等,在国家重点行业和领域中抢占制高点,有力地推动了地方经济和社会发展。例如,2007—2011年,学校到款横向科研经费从6.9亿元增加到11.17亿元,增长61.9%,技术转移额位居全国高校第一位。以杭州为例,当地重大科技创新计划项目、高新技术开发区信息技术龙头骨干企业、农业龙头企业、农业科技项目等,浙大教师参与的都分别占到80%以上,杭州市获得授权的发明专利,与浙大有关的占65%。[3]

---

[1] 马晨华,褚超孚,赵雪珍.研究型大学高水平专职科研队伍构建机制研究——基于浙江大学的探索与实践[J].科技进步与对策,2014(9):152—156.

[2] 朱晓芸,徐晓忠.实施教师岗位分类管理,推动教师职业分类发展——以浙江大学教师岗位分类管理改革实践为例[J].中国高校师资研究,2012(4):1—4.

[3] 童金皓.浙江大学社会服务工作体系概述[J].科教导刊,2012(22):192+241.

（五）案例评析

作为浙江"智慧引擎"的领头羊和主力军，其推行社会服务新模式的时间较早，社会服务评价标准注重参考标准的多元化和实质化，对脱离"五唯"困境有很好的借鉴价值。在广阔的天地间，在伟大的新时代，浙江大学"以服务为宗旨，在贡献中发展"，不断构建完善社会服务体系和多元服务平台，推动其进一步打造世界一流大学的高水平社会服务模式和评价体系。[1]

浙大不断完善教师参与社会服务的政策引导机制，提高教师参与社会服务的积极性，适度发展壮大社会服务队伍规模。在全校范围内树立起发表高水平论文、取得重大科研奖项是贡献，转化科研成果、帮助亿万农户致富同样是贡献的新的学术价值观。形成把论文写在希望的大地上是大学教师光荣使命、打造全面服务大学是浙江大学的社会担当的全体共识。对社会服务工作做得特别好的，学校要激励他们把自己得心应手的工作做得更好，根据教师的工作侧重点和个性差异，实行人员分类管理和相应的有差别的分类考核评价，按科学发展观的要求，促进广大教师实现多轨发展。此外，还要积极帮助教师解决在服务社会中遇到的困难和问题，让他们在车间、田头专心从事服务工作而没有后顾之忧，[2]形成了完善的组织体系和人才联动体系。而新时代的"浙大模式"可基于杭州的地理位置以及互联网优势，进一步落实改革成效，同时评价标准将更注重文理科的特点，使标准细致化。

五、康奈尔大学：多元教学评价为高质量教育护航

康奈尔大学（Cornell University）是世界顶级研究型大学。作为著名的美国"常春藤盟校"的成员之一，康奈尔大学在教师的教学评价领域也颇有建树。康奈尔大学以

---

[1] 浙大新闻办.砥砺奋进的五年：浙江大学社会服务回顾[EB/OL].(2017-11-24)[2021-10-02]. https://www.zju.edu.cn/2017/1124/c32862a700923/page.htm.
[2] 邹晓东,李铭霞,刘继荣.顶天与立地结合,全方位打造服务社会新体系——浙江大学的综合案例[J].高等工程教育研究,2009(6):52.

第三方外部评估为镜鉴开展自我评估,评估指标、内容、形式多参照外部专业评估认证机构的要求,逐步推进内部评价改革,最终形成了较为科学、全面的教育教学评价机制。

(一) 改革目标

在竞争激烈的美国高等教育界,教学评价结果关系到各大学的社会声誉,影响到生源的数量和质量、社会各界的捐款以及政府提供的财政拨款等,因而受到所有大学的高度重视,以致美国高等教育发展之路同时是教学评价改革之路。[1]作为象征美国高等教育最高水平的"常春藤盟校"成员,康奈尔大学教学评价改革的根本动因也源于对高质量教育的孜孜以求。康奈尔大学强调高水平教学是全体教师的使命,康奈尔既需立足于科研前列,也应处于教学前线。为保证教学质量,康奈尔大学不断推行各类教学评价。

(二) 改革举措

为了提升教学质量、助力人才培养,康奈尔大学结合自身实践,通过多种手段探索出一套行之有效的多元教学评价体系。其次,从多个维度综合评价教师的教学成效。康奈尔大学从课堂教学活动组织、课程教学内容、学生学习情况监测、课程教学目标、教学方法和课后作业6个方面设置了相应的评价标准,对教师教学实践活动的质量和成效进行科学合理的衡量,具体见表2-3[2]。

表2-3 康奈尔大学教学与课程材料评价标准

维度	评 价 标 准
课程组织	课程目标是否与学院课程设置相符 课程目标是否明确 教学大纲中是否陈述了教学重点 课程大纲是否与课程概要一致 课程概要是否有逻辑性 课程的难易程度是否适中

---

[1] 谢健.高校复合应用型人才培养模式研究[M].北京:经济科学出版社,2019:33.
[2] 赵丽文.康奈尔大学教学评价体系探析[J].现代教育科学,2020(1):145—149.

续表

维度	评价标准
	课程内容安排的时间是否充分 该课程是否能为其他课程作必要的准备 教学大纲中是否囊括了教学要求
课程内容	课程阅读清单中是否包括知名学者的作品 课程任务是否能够满足学生的需要 如果有实验,实验与课程是否吻合 课程任务对学生来说是否具有一定的挑战性 课程内容是否与时俱进 教师在课程容的时间安排上是否均等 是否有不一致的观点呈现 课程的深度和广度是否适中 教师是否对授课的重点有很好的掌握
学生学习情况	课程大纲中是否明确说明打分标准 布置的课程任务是否能够反映课程目标 考试内容是否能够较好地代表课程内容和课程目标 考试的题目是否经过良好的设计和选择 作业量与课程学分是否一致 考试是否与课程内容和目的相吻合 测验的分数是否及时反馈 学生能否理解评分标准 试卷的问题是否清晰 对考试和课程任务是否能够及时反馈 成绩评定是否公正合理 试卷和论文是否及时反馈给学生 是否给学生充足的时间来完成作业 评分等级是否与课程水平相适应 学生在更高阶的课程中表现如何 学生在论文或作业中能否运用课程所学的内容 作业的总体质量如何
课程目标	是否清晰地将教学目标告知学生 课程目标是否与学院的总体教学目标相一致 该课程是否能为学生学习更高级别的课程作充分的准备
教学方法	教学形式(讲座、讨论、电影、实践等)是否与课程目标相适应 教学进度是否合理 学生是否运用图书馆资源来进行课程的学习 一些多媒体技术是否有助于课程更好地开展

续表

维度	评价标准
课后作业	作业是否对课堂讲解和课上讨论起到补充作用 布置的任务是否反映了相应的课程目标 布置的阅读书目是否与课程目标或学院教学目标相一致 布置的任务是否与课程等级相适应

其次,建立多主体共同参与的评价体系。康奈尔大学构建了包括学生、同行、教师和毕业生校友在内的多元主体评价体系,其中以同行评价结果所占权重最大,为60%。学生评价则占据30%的权重,教师自我评价占据10%的权重,校友评价结果则不纳入总体得分,详见表2-4[1]。在设计评价问卷时,针对不同评价主体,评价内容也各有侧重。[2]例如,同行主要负责对教学内容的专业性作出评价,其中教师在"教学实践的改进"中占20%的权重,占据主导地位。学院组织相关校内外教师组成的特设委员会负责对教师的教学设计技能进行评价,学生则主要负责对教师的讲授技能和教学设计技能进行评价。

表2-4 康奈尔大学教学评价中不同信息来源所占权重

评价信息来源		占总评价的百分比(%)
学生对课堂活动的评价		30
同行对课程设计的评价	条理性、组织性	5
	目标	5
	教学材料	5
	评估方法	5
同行对教学质量的评价	学术的广度	5
	教学投入程度	5
	教学实践的改进	20

---

[1] 赵丽文.康奈尔大学教学评价体系探析[J].现代教育科学,2020(1):145—149.
[2] 李虔,阮守华.康奈尔大学教学评估体系的内容及特点[J].大学(学术版),2010(4):65—71.

续表

评价信息来源	占总评价的百分比(%)
同行对学生成就的评价	10
教师对教学有效性和进步的自评	10

最后,专门设置了"服务型"的校内评价机构——教学创新中心。康奈尔大学的教师教学评价活动由教学创新中心(Center for Teaching Innovation)主导,由各下属院系根据各自的学科专业、课程特征及实际需要,自主设计相关调查问卷,开展教学评价。[1]教学创新中心为康奈尔大学各类课程提供全方位的调研服务和数据收集分析服务,主要从以下四个维度为教师教学工作提供参考:[2]一为提供"课堂观察",经教师申请,教学创新中心会安排相应教学支持人员前往课堂进行观察并给予教师反馈;二为在学期中提供收集学生反馈的相应信息渠道,帮助教师在学期中——这一仍可对课程进行调整和改进的时刻——获取学生对课程的反馈;三为提供相应教学记录工具,教师可使用教学档案袋持续记录教学信息,以进行自我反思和改进;四为组织同行教学评审,为教师们提供互相观察、学习的机会。

(三) 改革重点

一是明确教学评价的内容与标准。康奈尔大学的教学评价体系主要考察以下三个方面:一为教师教学内容的专业性,主要结合教师的教育背景和研究专长等开展调查;二为教师课堂设计的技能,主要包括教师进行课程设计、安排课程进度、课程考试设计以及学生学业评价等方面的能力和水平;三为教师教学授课的技能,主要包括与学生在课堂上的互动、在课堂外对学生的指导以及与学生开展沟通交流的能力等。针对三大评价内容,康奈尔大学细化了上述具体的评价标准,从而深入、全面地掌握教师教学的质量与成效。

---

[1] 赵丽文.康奈尔大学教学评价体系探析[J].现代教育科学,2020(1):145—149.
[2] Center for Teaching Innovation. Assessment & Evaluation [EB/OL]. (2021-03-19) [2021-05-02]. https://teaching.cornell.edu/spring-teaching-resources/assessment-evaluation.

二是多形式判断教师的专业能力与教学技能。不同评价主体采取的评价方式有所差异。同行评价主要以听课的方式进行,通常分为四个步骤:听课前的会面交流、课堂观察与记录、听课后沟通反馈以及书面听课报告的撰写。学生评价则围绕以下六项核心指标开展:一为教师是否为课程作了充分准备;二为教师是否具备扎实的专业知识;三为教师是否很好地讲授课程;四为教师是否激发了学生对课程学习的兴趣;五为教师是否对学生表现出良好的态度;六为教师是否在教学时表现出热情。校友评价主要围绕其在校期间学习的整体情况开展,不会调查其对于某一门具体课程的评价。教师则对自身教学实践进行反思性陈述,从而能够以不同于同行和学生的视角向人们展示教学全貌。此外,教师以文字的形式记录下自己的教学经验和授课情况,也有利于其自身教学技能的提升。[1]

(四) 改革成效

康奈尔大学对教师教学成效的评价是以《教学评价手册》为依托,并形成了一套完备的评价体系,从而保障了教学评价活动的有效开展。

第一,在评价理念上关注教师的可持续成长,康奈尔大学的教学档案袋通过记录一段时期内教师教学的状态,巧妙地把总结性评价和形成性评价相连接,纵向监测教师教学情况,教学陈述中涉及教师为改进教学所作的努力,使教师全面把控自己的教学发展状态,激发其教学改善的积极性。

第二,评价主体和方式强调多元化,康奈尔大学设置了教学档案袋以帮助教师明确自己的教学理念,把握自己的教学动态,利用在校生与毕业生两类学生群体对教师的教学准备、课上时间把控、课程的有效性等方面进行评价以维持其精确、科学。通过同行评价,有效集合众多专业人士的智慧,帮助教师完善自己的教学方法,有一定导向性和针对性。通过各评价主体的相互配合,各类信息的相互补充有效保障了评价信息的多样化和评价结果的公正。

第三,评价内容兼顾教师的教与学生的学,重视学生最终的学习结果,并将学生对教学的切身体验视为衡量教师教学水平的关键要素,并非单方面的对"教"的评价。

---

[1] 赵丽文.康奈尔大学教学评价体系探析[J].现代教育科学,2020(1):145—149.

第四,评价指标上注重标准化与个性化相结合。康奈尔大学设置了教学评价的一级和二级指标,每个学院可结合自身需要灵活进行增加。[1]

(五) 案例评析

康奈尔大学通过制定一系列教学评价政策,探索出了一套行之有效的教学评价体系,不仅有利于其自身的发展,也为全球高等教育破解所面临的共同问题和普遍性难题提供借鉴。康奈尔大学的教学评价改革成果至少可以为我国教学评价改革提供四个方面的借鉴。

首先,康奈尔大学中主导教学评价的"教学创新中心"扮演的是服务型角色,其角色定位是为教师提升课堂质量提供帮助,这在一定程度上转变了评价机构与被评价对象之间冰冷无情的考核关系,给予教师对自己课堂的掌控度,使教师能以更积极的心态面对教学评价。

其次,康奈尔大学积极组织学生进行期中教学评价,这对于师生双方都大有裨益:对教师而言,在期中接受学生反馈,便可据此调整课堂内容,这远比学期结束后方得知学生对自己课堂的评价更具有教学上的指导性;对学生而言,及时反馈有助于提升课堂质量,可以丰富自身所学。

再次,康奈尔大学制定了多维度的评价标准和丰富的教学评价指标,从多角度衡量教师教学水平和能力,避免了单一主体、单一角度评价带来的僵硬性,使得整体评价结果更为有效。

最后,与我国以学生评价为主的教学评价体系不同,康奈尔大学高度重视在教学评价中引入同行评价,这使得教学评价得以从更客观且更长远的角度展开,同时促进了教师之间的互相学习。

---

[1] 张漫.美国高校教师教学评价研究[D].黑龙江大学硕士论文,2019:36—44.

第三章
学生评价的问题反思与改革探索

  人才培养是大学的基本职能和中心任务。学生的全面发展是一所大学教育质量与成效的重要体现。习近平总书记多次强调,"必须坚持以人民为中心的发展思想,不断促进人的全面发展"。对于高校来说,就是要落实到办学实践中,促进大学生的全面发展。面向大学生的评价机制科学与否,直接关系到高校培养德智体美劳全面发展的社会主义建设者和接班人这一使命的达成度。因此,深入研究大学生评价改革的策略,坚持以问题反思为出发点,以促进全面发展为目标,以构建"以学生为中心"的大学生评价机制为落脚点,促进高校人才培养更加符合教育规律和国家、社会需求,是十分必要的。

第一节 学生评价的问题反思

2019年,河南两位考生在国家专项计划中被北京大学提档录取后又遭遇该校三次退档,退档理由为高考成绩太差,完成北京大学学业的可能性甚微。虽然最终北京大学招生委员会作出了按程序申请补录这两位考生的决定,但该事件折射了高考分数在高校生源选拔中的核心地位。一些司法案件也暴露了有关学生评价中的评价程序或标准问题,比如,在何小强诉华中科技大学拒绝授予学位案中,华中科技大学因何小强在本科学习期间未通过全国英语四级考试而未授予其学士学位;在于艳茹诉北京大学撤销博士学位案中,北京大学因于艳茹存在学术论文严重抄袭行为而撤销其博士学位。事实上,以往我国高校在学生评价上"唯分数""唯知识""唯证书"等倾向比较明显,在入口的招生录取环节,培养过程中的学业考评环节和评奖评优环节,以及出口的培养质量评价环节,重智育轻德育、体育、美育、劳动教育和重结果轻过程等现象普遍存在,与高等教育助力大学生全面发展与可持续发展的育人本原与教育初心有所背离。

一、招生录取环节:注重以分选人

我国高校的本科或研究生招生制度长期存在"见分不见人"的问题,考试分数是决定招生的硬指标,而学生的道德品质、兴趣特长、专业素养被严重忽视。这是对全面发展教育目的的根本性偏离,并逐渐诱发评价育人目的的异化、评价多维指标的简单化、评价发展功能的遮蔽化和评价实施操作的绝对化等现象。[1]

(一) 评价导向重淘汰轻育人

由于考生均须通过全国统一高考或全国硕士研究生统一招生考试的路径入学,我国传统的本科生或研究生招生制度可以被概括为"统考制"。在博士生招生阶段,2003年以前,高校自身举办的博士生入学统一考试一直是我国高校面向社会公开选拔博士生的唯一方式。尽管如今"双一流"建设高校基本均采用了国际通行的申请审核制招收博士生,但仍有不少地方高校采用入学统一考试方式。这种方式虽然是由高校单独实施录取,但也是一种"统考制",其以考试分数为基础与核心,以统一性和严格性为基本特点,即高校在报名时间、考试考核方式、录取标准等方面有统一的要求,对不能达到最低分数要求的考生一律不予入围复试或录取,形成严格的分数筛选机制。不管是本研招生阶段还是博士生招生阶段的"统考制",评价导向实质上是淘汰而非接纳和育人:刚性量化的考试分数由于简单、可比、易操作的优点成为淘汰众多考生的利器;高校主要使用评价的鉴定与诊断功能,依据冰冷的分数自动筛选生源、为分高者提供一席之地,甚少考虑考生的多元智能与未来发展潜力,比如,是否能胜任大学学业、是否能为社会做出贡献,更遑论思考如何向各类有不同才能的青年人打开大门。

在本科招生阶段,统一高考成为中小学办学的指挥棒,评价的育人导向与激励功能,忽视引导各级学校实施素质教育、激发与维持学生全面发展的动力。高利害、功利化的淘汰评价导向将"分数"的重要性和唯一性无限推高,"统考统招制"逐步异化为"唯分数"论,学生全面发展的教育目的被异化为对分数的狂热追逐,中小学对学生进行全面培养的教育责任被严重削弱。换言之,在"淘汰"和"唯分数"的评价导向下,基础教育领域以简单的分数管理代替科学管理,教育者为分数而教,学习者为分数而学,分数成为教育的重中之重,如何考出高分化为众多利益相关者的共同追求,死记硬背、"机械刷题"也就成为通往高分的不二法则,严重破坏了教育生态。

---

[1] 刘志军,徐彬.综合素质评价:破除"唯分数"评价的关键与路径[J].教育研究,2020(2):95—96.

（二）评价机制重单一轻多元

  由于教育活动的复杂性、教育目标的复合性和人的多样性，高校选拔生源的应然状态应该是使用涵盖综合、多维的考察内容与评价方式的多元录取机制，而非依赖某一种因素或手段的单一评价机制，这也是我国建立中国特色现代教育考试招生制度的定位和要求。然而，实然状态下，在各类统考制度中，囿于招生自主权有限、招生能力不足、国情文化约束等各种主客观原因，高校深陷复杂情况简单化处理的思维。一方面，在考察内容上，在本研统考统招制中，考试分数是唯一的评判指标，也是作为"人"的考生的唯一指代。且不论考试分数对于揭示学业成就的准确度与对于大学学业表现的预测效度如何，考生的个性发展、兴趣特长、人格养成、社会关怀等难以测评的内容被直接架空虚置，更遑论对创新意识和实践能力的考察。[1]值得指出的是，尽管许多高水平大学较早在自主招生类的试点项目中突破了"唯分数"论，开展了综合评价探索，但仍然有许多高校要么不认为自身能胜任下放的自主权，选拔匹配生源的内生性动力不足，要么囿于专业能力的缺乏，而实质上或倾向以看分为主。在博士生统考机制中，对科研创新能力的考察不得不让位于考试分数，研究兴趣的考察更是基本缺位。事实上，考察求学动机是否出于研究兴趣颇为重要，因为在博士阶段开展学术研究需要以专心学问为旨趣，以取得具有创新性的高质量成果为目标。这一旨趣和目标的实现要求博士生付出很多时间、精力和努力，如果不具备浓厚的研究兴趣，则很难保证其产出成果、尤其是博士论文的质量。

  另一方面，在评价方式上，本研统考统招制中，纸笔考试成为唯一的手段，没有面试，更不涉及运用个人陈述、推荐信、实验操作等多元手段对考生素质进行甄别。"唯分数"式招考结合的制度设计和实施，使本该多元的评价机制变得单一化和绝对化，更衍生出"分分计较"的录取规则。高校将考生按照考试分数进行依次排序录取，考生相差1分可能就面临着录取与落榜两种截然不同的命运，"招生办"实沦为"接生办"。尽管博士生统考机制中有初试和复试两个环节的设计，但仍然具备单一特征，评价手段

---

[1] 张会杰.考试招生"唯分数"的两难困境：观念及制度的根源[J].中国考试，2019(1)：10—14+39.

不够多元。在初试环节,考试是唯一的考核形式,高校只实施外语测试、思想政治素质测试和有关专业知识的纸笔考试,基本不会对考生基本背景与相关情况进行调查。考试分数没达到要求者无法进入复试,而且初试成绩在总成绩中的占比一般不少于60%,导致以考试为主的量化评价仍然占据主导地位。博士生复试资格常常被初试外语成绩"一票否决"的现象屡见不鲜,不少学术能力或潜质不错的考生,因外语成绩未达线而无法入围复试。在复试环节,招生专家组基本依据考生面试中的研究汇报表现来打分,对发表论文、推荐信、个人陈述、简历等质性评价材料要么忽视要么不够信任,也没有要求提交研究计划。缺乏多元的评价形式,考生的科研创新能力也就难以得到交叉验证。

需要说明的是,根据测量学原理,唯分录取的单一评价机制不能保证评价结果的准确性。尽管考试分数为标准化的信息,对考试分数的解读不应该太精确。所有的考试分数,从定义上讲,存在测量标准误差,它显示达到的分数反映学生真实分数的范围。例如,美国的大学委员会指出,"某学生的SAT数学分数为580,对该分数的解读应该为该生的真实分数为550—610之间,因为SAT数学部分的测量标准误差为30分。同时,评价者还应理解差异标准误差的概念,是关于两位不同考生的考试分数是否揭示了真正的能力差异的测量指标。如果要真正反映能力的差异,两个分数的差异必须超过其差异标准误差的1.5倍。比如,物理学科测验的差异标准误差是40分,意味着考分为600的学生与考分为640的学生实际上拥有相同水平的物理科目成就"。[1]概言之,考试分数在一定范围内的差异并不具有统计学意义,仅仅依赖片面的一次性的考试分数进行录取不具有技术合理性。同时,单一评价机制难以准确测出学生的非智力特质和考察学生的认知结构差异,不利于科学、公平地选拔人才。

二、学业考评环节:重结果轻过程

课程教学是高校对大学生进行智育的主阵地。开展学业考评是对大学生在接受

---

[1] Rigol G. W. Selection through individualized review: A report on Phase IV of the admissions models project [R]. New York, NY: College Entrance Examination Board, 2004: 12.

各门课程教学后或者完成实习实训后认知行为上的积极变化或知识能力增长水平进行价值判断的过程。在很长一段时间内,我国高校的学业考评机制单一、宽松特征明显,普遍存在重结果轻过程的取向。具体而言,大部分高校实施的课程考核模式,主要依靠期末期间举行的纸笔测验的成绩或提交的论文等定论,简单用统一的结论效标来衡量学生的学习结果,并没有建立起严格的对学习过程的监测、评估与反馈机制。虽然教师会考查学生的课堂参与情况和课堂纪律,但主要是起警示作用,基本不真正成为学习成绩的一部分。而且,教师很少在学期过程中开展阶段性的测试,也较少利用公开汇报、小组合作、实践操作等多元形式来判断学生的知识与能力增长程度,更没有对学生学习进展的及时反馈。学习过程化考核的缺失,与沿用多年的传统学习评价方式以及人们的思维习惯密不可分,也反映了高校学业考评制度的建设还不够完善。虽然部分高校率先开展了过程化考核的尝试,一些具体措施亦在推动中,但仍普遍缺乏细化、明确的实践指导规则和操作方案。

过程化考核被忽视,产生了一些不良后果。首先,传统的结果评价模式,难以全面、准确地评价学生的学习成效。例如,于课程结束后举行考试来作为对学生课程学习效果的检验,是结果评价模式的主要实施方式。考卷主要由任课教师自行设计和实施,并由行政人员进行形式检查。考试命题标准化、试卷评阅规范化、试卷分析精细化、资料归档统一化等已经形成了成熟制度,有利于学校教务部门对考试时间、考试形式、考试过程、考试评卷、资料归档等进行严格管理。但是,考试内容、题型、难易程度、评分标准等多以"教材、教师、课堂"为中心,考查学生对知识点的识记、理解与应用情况。限于考试题量要求,考查内容对课程知识点的覆盖率有限。题目和题型通常与学生平时的练习题或者课本上的例题类似,考核重点多集中在理论知识方面,对学生的实践能力和创新能力的考查普遍不足。换言之,结果评价模式偏简单,无法综合多方面因素开展灵活、多面、多样的评价,更不能了解学生学习过程的真实状态。而且,为获得积极的学生评教结果,不少教师在结果评价中有放水的嫌疑。

过程化考核被忽视,其次导致了学生缺乏参与评价的积极性。教学和考核是相互依存的两个方面,教学是考核的对象,考核是提升教学质量的手段。学业考评机制设计与实施的首要目的,是为了促进学生学习。而且,与传统的结果评价在理念上有较大的不同,过程评价的最终目的在于不断改进学生的学习过程,提高学习收获,促进可持续发展。然而,以往大部分的课程考核,因为以考试作为唯一的评价方式,使得本来可以作为评价主体之一的学生始终处于被动地位,教师则成为唯一的评价主体,对学生进行观察与评价,掌握评定学生学业优劣的决定权。在该情势下,师生两方都把对方视为评价体系中存在的问题,这种关系使评价体系中的双方产生了消极的体验:学生感受到被控制和无助,甚至产生反抗的态度和行为;教师抱怨学生的学习不够主动、积极,影响自身教学质量。因此,单向度的结果评价模式,忽视了学生作为学习主体的主观能动性和个性化发展需求,没有发挥学习评价的及时性和激励性功能,没有引导学生加强对自我学习过程的关注,没有使学生及时了解自己的不足和进步,也就很难促进学生的自主学习和全面发展。

三、评奖评优环节:综合素养考察不到位

评奖评优环节是大学生评价体系中的重要组成部分。高校根据学生教育成长的特点、学生发展的方向、自身办学的实际情况、社会捐赠情况等设置评奖评优的奖励种类,同时接受如国家奖学金等各类政府层面推出的奖学金,但大体可分为单项奖学金、学业奖学金、三好学生、优秀毕业生、优秀学生干部五类。其中,单项奖学金主要鼓励学生在科技创新、文艺体育、知识竞赛等某方面突出的表现,学业奖学金一般是对学生学习成绩的肯定与鼓励,三好学生和优秀毕业生是对学生综合素质的整体评价,优秀学生干部则重在鼓励学生努力做好学生工作,以在分担管理事务的同时锻炼提高个人的领导能力。[1] 囿于不科学的教育评价导向,我国高校的评奖评优工作体系仍然不够科学化、规范化、系统化,尤其是未与助力学生全面发展的人才培养目标有机结合。

(一)评价活动重事务性轻教育性

教育部发布的《高校思想政治工作质量提升工程实施纲要》中明确将资助育人列为"十大育人"体系之一。作为高校学生奖助体系的重要组成部分,评奖评优不仅是大

---

[1] 王璇.高校奖惩制度对大学生教育教学的影响[J].科技视界,2020(29):110—112.

学教育管理工作的日常内容,更是育人的重要激励手段,是高校选树典型、发挥榜样育人功能的有效媒介,在促进大学生全面发展、科学发展中扮演着重要的指引角色。然而,由于评奖评优涉及学生切身利益、受关注度高,在评价活动的具体实施时,高校普遍设置严密、繁杂的评奖过程,工作量大且时间紧凑,致使负责评奖的辅导员或教师容易陷入至事务性工作中且产生完成工作的应付心态,既无暇发现并纠正学生在评奖过程中可能出现的侥幸心态和功利行为,也无暇对软性、质性的综合素质表现进行深入考察,从而忽略了对青年学生的思想教育和素质教育引导。[1]因此,高校的评奖评优工作也就远离了应然状态,事务性特征日益增强,教育性特征日渐式微。

评奖评优工作事务性大于教育性的第二个表现,在于目前评奖评优的评价体系中,缺乏对学生日常性、常态化、全方位的记录与评估,也忽视了不同学生的差异性特长,评价结果无法实现正向激励效应和警示提醒作用。换言之,高校的综合素质评价体系尚不完善,评价参数不够精准,过程考核手段缺失,让学校管理者无法把综合素质评价指标作为学生日常管理抓手,无法借助现代大数据和人工智能技术,在学生的思想政治教育、学业教育管理、日常生活管理、心理健康教育、社会实践、社团活动等多方面形成学生综合素质画像,也就难以形成有效的评价结果。从奖项的设置和评选条件中不难发现,一方面,各类评优评先和推优发展主要以"打分""绩点""奖项"为判断依据,采用结果性选拔的方式依据学习或实践的阶段性成果进行评选,对于考评对象的"过程评价台账"做的远远不够。也就是说,评价者没有结合学生的日常表现进行考察,而是依赖最终印象,采用了"重结果、轻过程甚至无过程"的评价方式。另一方面,高校设置的单项奖类型偏单一,没有鼓励学生特长和个性的多元化发展,比如,学习进步奖的体现、过程性评价的奖项也甚少。而且,不少奖学金评选紧密相连、环环相扣,致使荣誉向少部分学生集中。例如,国家奖学金、省政府奖学金获得者往往与校级或院级奖学金获得者重合。另外,许多高校的评奖评优活动止于各类奖助学金的发放及荣誉称号的授予事务,并未开展获选优秀学子的风采展示宣传,使得后续导向教育缺失,弱化了其教育功能。

---

[1]李济沅,翁亮,董萌.高校评奖评优育人工作的效应省思与理路优化[J].黑龙江教育(高教研究与评估),2020(4):64—66.

(二) 评价内容重成就轻素质

在多数高校的评奖评优实施方案中,评价内容并未覆盖德智体美劳的多维度动态评价。诸如三好学生、优秀毕业生等非学业类的评奖评优应是对大学生在校期间思想品德、专业知识、实践创新能力、文化体育素质、劳动修养等方面的综合评价,并按照综合评价结果排名确定,而且不同维度都应制定相应的评价标准与规则。然而,在现实中,受到"学业优则一切皆有"的传统文化理念影响,重智育轻全育的惯性思维长期存在于大学的教育教学活动中,以往德育、体育、美育、劳育并不受重视便为例证。从现有的测评体系看,智育测评内容较为完善,基本以学业成绩、学科竞赛获奖、论文发表等有关专业成就的量化可显指标为测量依据,但德育、体育、美育的内容指向和指标设定较为简单空泛,劳育测评起步则更晚,导致高校在课程设置和综合素质评价体系指标赋值上随之倾斜。大部分奖项的评选过程所设置的评价内容与标准如出一辙,基本均以学业成就为核心,无法充分发挥综合测评的导向作用,没有真正从"人"的发展的角度加强对学生的积极鼓励与正向引导。

当然,评奖评优的评价内容重成就轻素质,也与德体美劳素养难以被测量有关。在实践操作中,学生的综合素质和实践拓展等方面虽然重要,但却属于主观评价的柔性指标,很难被量化和细分,需要评价专家委员会的人为评价并通过打分或投票等方式进行排序,不仅耗时耗力,而且也容易遭到质疑,进而产生更大的工作量甚至是舆情事件。因此,针对无法科学量化的内容,高校往往采用最简单的方式,通过收集和翻阅个人证明材料,以此作为辅助参考意见,但最终仍以刚性指标作为最重要的评定标准,[1]与柔性指标有关的评价往往也就被空置。虽然如此操作方式看似公平和高效,但是却不一定具备高信度和效度。例如,机械僵化地依赖量化指标选拔出的奖学金获得者往往是"数据最优者",而非真正全面发展的榜样。而且,如果不能站在树立育人榜样的立场上,在量化考核评价的基础上进一步对学生的综合素质进行甄选,势必难以得出科学而全面的评价结果,[2]也就造成了激励失效。更为严重的是,片面、

---

[1] 张蔚.探究高校评奖评优工作中的马太效应[J].教育现代化,2019(90):188—189.
[2] 李济沅,翁亮,董萌.高校评奖评优育人工作的效应省思与理路优化[J].黑龙江教育(高教研究与评估),2020(4):64—66.

不健全的综合素质评价体系和评奖评优体系,可能使得学生群体出现功利化倾向,"一心只读圣贤书",把提升道德修养、养成良好锻炼习惯和健康生活方式、锤炼坚强意志、培养合作精神、增强艺术修养、积极参加社会公益劳动等置于可有可无的地位。不科学的评价机制导致了教育实践活动与教育目的的偏离甚至是违背。

四、培养质量评价环节:实效被忽视

人才培养质量是高校赖以生存和发展的生命线,也是高校办学质量的首要体现。对人才培养质量的评价,既包括高校在内部开展的自查,可称之为"内检",又包括校外用人单位的反馈,可称之为"外检"。在"内检"中,高校一般通过学情调查等手段了解学生各方面的成长情况,同时通过学位论文这一反映人才培养质量的终端载体来判断学生的专业发展程度。而一直以来,在宽出理念的影响下,我国高校对学位论文的质量把关颇受诟病,主要体现为更多注重规范要求而忽视质量要求,进而实效偏微。在"外检"中,高校通常会对用人单位开展毕业生发展状况调查,但遗憾的是,许多高校往往止于调查本身,并未充分发挥和挖掘调查的实效与价值。

(一)内检重规范轻质量

在本科阶段,本科生的毕业论文(设计)(以下简称"毕业论文")被广泛流传为"鸡肋",成因与其评价实施不严格不无相关。具体而言,我国高校的本科生毕业论文、特别是狭义概念中的学术类论文问题不少,流于形式颇多,导致质量泡沫涌现。以学术论文为例,问题表现为选题宽泛或不符合专业培养要求、文题不一、论文架构及逻辑混乱、字数拼凑注水多、图文格式不规范、过于依赖网络文本等,逻辑性、规范性以及学术诚信堪忧。诊断本科生毕业论文问题频发的症结,需要从学生、指导教师和制度三个层面切入。首先,学生在观念上本身对毕业论文就缺乏足够的重视,同时大四往往忙于求职或考研等,对毕业论文不仅无所助益,而且更分散学生的时间和精力。在现实压力下,许多学生即使有心"做好最后一张试卷",也往往无力为之,沦为敷衍、了事。其次,指导教师因生师比高和教学、科研工作量负荷大而疲于指导或指导投入不足,放任自流或"放水"现象并非个别。第三,制度成因不少,涵盖高校相关管理制度失于严格执行,毕业论文管理方案难以激发学生争优意识。相较于重视就业,不少高校对毕业论文工作的实质重视不足。写作类课程设置无法满足学生写作能力培养需求,毕业论文实施安排与学生个人发展时间存在冲突,等等。概言之,本科生毕业论文质量泡沫的形成,是学生求通过、教师投入不足、制度弱化几方面共同作用的产物,而评价者降低质量要求的归因首当其冲。

相较本科阶段,研究生学位论文的质量更受重视,但也存在评价标准不严、过程监控不力等问题,同时受到发期刊论文要求的影响。在评价标准上,重复率和学术规范成为评价学位论文是否合格的重要标准,而非仅是底线标准。高校均很重视查重和学位论文各构成要素是否齐全合规等规范要求,却忽视了对研究生学位论文的学术性和创新性要求。在过程监控上,常见的问题主要有:一是学位论文开题把关不严。研究生管理部门对论文开题环节不够重视,开题报告会程序执行不严,有的甚至只有导师参加;研究生开题报告质量不尽人意,研究基础、文献综述、研究设计等缺乏明确的思路;学位论文的写作缺乏计划性,开题时的学位论文题目很可能被更改,随意性较大。二是中期检查环节要么缺失,要么流于形式,并未真正对学位论文的中期进展情况进行核查。三是外审和答辩环节存在人情阻碍。导师多邀请与自己熟悉的校外同行担任外审专家或答辩委员会成员。碍于情面,不少专家对相熟导师指导的研究生的学位论文放松要求或给出超出实际水平的评价结果,答辩也沦为走过场和例行公事。四是导师指导不力。不少导师忙于自身的科研与事务性工作,在研究生学位论文指导上精力和时间投入不够,疏于监管;有些导师或知识结构老化,或研究能力不足,无法给出高质量的学位论文指导。另外,由于过去我国高校普遍对研究生有在读期间需发表期刊论文的要求,从而分散了用于学位论文这一系统研究上的时间和精力。例如,对于博士生,不少高校要求其在读期间至少发表 2 篇核心期刊论文方可申请毕业,有些高校甚至要求论文发表数量需达到 5 篇,对于硕士生一般也有 1—2 篇普通期刊论文的发表要求。

(二) 外检重评价轻改进

社会用人制度对教育有着重要的导向作用。[1]高校培养的学生一般最终会进

---

[1] 顾明远.中国教育路在何方——教育漫谈[J].课程·教材·教法,2015,35(3):3—16.

入劳动力市场就业,因而用人单位对于人才培养质量毋庸置疑具有发言权和评价权。但是,用人单位的"外检"在我国高校或未得到合理的运用,或本身存在错误导向。一方面,我国高校对于用人单位给出的评价反馈并不是很重视。有些高校会通过走访企业等非科学调研途径,获取其关于人才培养质量的一些非正式反馈,但并未实施正规、有计划的用人单位评价活动。有些高校可能会委托麦可思公司等第三方机构向毕业生发放问卷,了解其各方面的发展情况,但却没有邀请毕业生所在单位予以评价。还有些高校尽管通过发放问卷、访谈、小组座谈等调研手段,开展了正式的用人单位评价活动,但用人单位反馈的毕业生能力短板和对人才培养的需求与期待等评价结果往往未被充分用于人才培养方案和实践的改进中。例如,不少用人单位的一个普遍反馈,是许多大学生走上工作岗位后,工作表现欠佳甚至出现"高分低能"的情况,与岗位用人需求不吻合。但高校对于这一重要反馈深刻反思系统解决的动力和举措都相对欠缺。

另一方面,受陈旧的人才观影响,加上高校与用人单位之间人才培养合作平台有限,用人单位通过设置学历门槛来彰显企业形象的诉求比较常见,在选人用人时对大学生进行德智体美劳和职业技能的考察不全面深入,而主要通过"学历""文凭""证书""成绩"来作为人才评价的主要标准,忽视了招聘岗位的实际能力要求,进而导致用人"唯名校""唯学历""唯文凭""唯成绩"的做法屡见不鲜。例如,部分地方选调生、公务员招录、事业单位和国有企业在内的公有制单位招聘时,在招聘简章中会列明与其专业对口的高校名单,其中"双一流"建设高校和"985"高校等重点高校占据了名单的绝大部分甚至是全部,造成学历歧视现象愈演愈烈。而用人单位招聘时的不良评价导向,更是助长了学生片面追求成绩、"为了考证而考证"、"为了就业而就业",忽视了对知识技能的真正掌握和运用,更忽视了全面发展和长远职业发展。[1]

---

[1] 宋乃庆,肖林,罗士琰.破解"五唯"顽疾,构建我国新时代教育评价观——基于学生发展的视角[J].教育与教学研究,2018(11):3.

第二节 学生评价改革的国内探索

高校对大学生评价体系的改革,应该贯穿招生、培养、就业全过程,覆盖教育内容包括德智体美劳的全要素。改革开放以来,学生评价改革渐次推进,特别是党的十八大以来,学生评价改革的实践探索有力推进高等教育高质量发展。

一、不唯分数,构建多元录取机制

2014年我国启动了考试招生制度改革试点,经2017年全面推进,2020年基本建立了中国特色现代教育考试招生制度,形成了分类考试、综合评价、多元录取的考试招生模式。其中,高校改革自身在本科阶段的招生录取机制成为高考综合改革试点任务中的重要部署。同时,在提升研究生培养质量、响应政策号召等内外因的共同作用下,我国高校近年来对研究生招生录取机制也进行了力度不小的改革。尽管教育阶段不同、选拔目的存异,但不唯分数、构建多元录取机制是共同的改革取向,并呈现出以下共性特征。

(一) 确立评价育人导向

2014年发布的《国务院关于深化考试招生制度改革的实施意见》就深化我国考试招生制度改革的基本原则,开宗明义提出"坚持育人为本,遵循教育规律。把促进学生健康成长成才作为改革的出发点和落脚点,扭转片面应试教育倾向,坚持正确育人导向,践行社会主义核心价值观,深入推进素质教育,培养德智体美全面发展的社会主建设者和接班人"。[1] 这一阐述确立了后续高等教育系统开展招生改革的基本导向,也是对评价育人导向的生动诠释。在政策引领推动下,以学生为本的评价育人导向在近年来的高校招生改革探索中得以落实并日益受到重视,其核心体现如下:在本科阶段,基于统一高考和高中学业水平考试成绩、参考综合素质评价(简称"两依据一参考")的多元录取机制在高等教育系统得到全面推广,高校不再以单一的高考分数评价考生,而是根据自身办学定位和专业培养目标,提出对考生高中学业水平考试科目的报考要求和综合素质评价使用办法;在研究生阶段,通过国家或高校层面举办的硕士研究生、博士研究生入学统一考试入学的考试入学制日益式微,使用综合评价、多元录取的研究生考试招生制度体系(例如,使用申请审核制招收博士生)的高校不断增加,更加凸显了硕士生源、博士生源科研创新能力和实践能力的重要性。因此,评价育人导向的确立,使得高校的招生制度能够引导学生健康成长和全面发展,营造教育系统的良性生态,推进各级学校素质教育的实施,从而适应经济社会发展对多样化高素质人才的需要。这既是对国家政策的响应,更是对教育本原的回归。

为了突出评价育人导向,一些高水平大学更是积极行动,在制定招生政策和设计招生机制时,不止于考虑如何发挥鉴定和淘汰功能,亦会思考如何发挥教育功能,让生源评价服务于立德树人的根本任务。同济大学和清华大学将大中学衔接培养人才项目与招生机制联动的相关设计是最好的例证。同济大学于2011年开始探索实施"苗圃计划",该校教授从高一开始进入"苗圃基地"育苗,举办各类讲座,指导中学生开展研究性学习,引导其兴趣特长发展。中学生利用假期来到同济大学,参加苗圃夏令营等各类学科活动。经过为期两年半的"过程培养",该校对每一位苗圃学生进行"过程+结果"的全面评价。2019年,该校发布"苗圃计划2.0",在对每一个苗圃学生进行全过程培育、记录、评价的基础上,符合同济大学培养目标的学生可获结业证书,表现优秀者可获"优秀学员"称号并有机会优先进入卓越人才培养计划和基础学科拔尖人才培养计划或优先选择与苗圃阶段的培养具有相互衔接关系的专业方向。[2] 清华

---

[1] 国务院. 国务院关于深化考试招生制度改革的实施意见[EB/OL]. (2014-09-04)[2021-04-04]. http://www.gov.cn/zhengce/content/2014-09/04/content_9065.htm.

[2] 同济大学. 同济大学推出"苗圃计划2.0",探索大中小学贯通培养新模式[EB/OL]. (2019-11-19)[2021-03-08]. https://news.tongji.edu.cn/info/1002/6207.htm.

大学于2020年正式启动基础学科拔尖创新人才大中学衔接培养基地建设,以期涵养拔尖创新人才的"蓄水池"。拔尖基地将落实强基计划,探索综合评价,搭建综合素质档案系统,重视考查学生综合能力素质并记录学生学习成长过程,纳入综合素质考核评价体系。[1]从两校的操作可以看出,高校通过直接考核中学生的成长过程和综合素质,不仅可为招生提供可靠的依据,更可发挥评价指挥棒的正向育人功能,助力学生成长成才。

(二) 增加观测维度

在评价育人导向下,高校在招生机制改革中增加了对生源资质的观测维度,不再局限于以分数论英雄。研究生招生中的相应改革,主要表现为加强对科研创新能力和实践能力的考查,同时对考生考试成绩、专业素养、一贯学业表现、研究兴趣、研究经历、已有成果等进行综合观测与评价,择优录取。相比之下,本科招生机制在观测维度上的变革可能更为显著,这一点无论是在宏观的政府政策层面还是在中观的高校探索层面都有所体现。在宏观层面,国家整体推进的新高考方案中,"两依据一参考"多元录取机制统一加入了对高中学业水平考试成绩和高中综合素质评价档案的考察。其中,高中学业水平考试科目由高校自行指定,以了解学生的学科兴趣和特长。高中综合素质评价档案包含的多元观测维度有:品德发展与公民素养,主要反映学生在践行社会主义核心价值观、弘扬中华优秀传统文化等方面的情况;修习课程与学业成绩,主要反映学生各门课程知识和技能掌握情况以及运用知识解决问题的能力等;身心健康与艺术素养,主要反映学生的健康生活方式、体育锻炼习惯、身体机能、运动技能和心理素质,对艺术的审美感受、理解、鉴赏和表现的能力;创新精神与实践能力,主要反映学生的创新思维、调查研究能力、动手操作能力和实践体验经历等。高校招生部门通过查看高中提供的综合素质评价档案,可以了解到考生的全面发展情况和个性特长。例如,上海、浙江等高考改革省份的高校已经就使用高中综合素质评价档案形成普遍共识,华东政法大学自2017年起便在春考校测考核环节中将高中学生综合素质评价

---

[1] 清华大学.清华大学基础学科拔尖创新人才大学中学衔接培养基地申报通知[EB/OL].(2020-12-14)[2021-08-19]. https://join-tsinghua.edu.cn/info/1033/1375.htm.

信息与评价结果硬性挂钩。

在中观层面,部分高水平大学先行先试,不仅拓宽了人才选拔的视野,而且率先拓展了对考生水平的观测维度,依据考试成绩但不"唯分数",面向考生的长远发展而不局限于现有水平,立足于对考生的内在特质进行全面、综合、深入的考查而不仅仅倚重外显指标。从2003年清华大学、北京大学等高校启动自主招生以选拔具有创新潜质和学科特长的学生开始,到2006年中南大学率先试点综合评价方案,2011年南方科技大学实施"高考成绩、高中学业成绩和高校自主能力测试成绩"三位一体的综合评价体系,再到2015年上海交通大学、复旦大学先行实施"依据统一高考成绩、高中学业水平考试成绩,参考高中学生综合素质评价信息"的"两依据一参考"综合评价,等等,均突破了传统高招制度以分取人的局限性,纳入了学业和个人维度的考察,考量因素涉及高中学业水平考试、高中课程成绩或排名、大学自主笔试成绩、面试表现、推荐信、个人自述、课外活动、科研经验、才能、个人品质等。

值得一提的是,2020年,36所"一流大学"建设高校开展"强基计划"招生试点,意在招收综合素质优秀或在基础学科领域具有突出才能的学生,兼顾对接学科拔尖人才成长所需的智育标准和德体美劳全面发展的素质标准与时代标准,为国家重大战略领域输送后备人才。专业素养,即从事基础学科和关键领域研究需要的必备品格和关键能力,而非泛化的综合素质,成为这类计划有别于"高校专项计划""三位一体"综合评价等试点项目录取标准的突出特征。在内涵层面,专业素养的观测维度,包括跨越专业差异的共性素养,如分析解决问题的能力、创新思维、主动性、独立思考等,以及聚焦具体专业的个性素养,比如生物科学强调生命观念,历史学强调大历史观。在要素层面,专业素养的观测维度,包括主观的"志趣"和客观的"禀赋":志趣是志向与兴趣的组合,前者指向具有诸如解决重大疾病防治问题的服务国家战略的抱负和使命感,后者指向对所选专业的热爱、专注和探究欲;禀赋是已有成就和发展潜力的组合,前者为在具体专业上展示出的水平和取得的成绩,后者为进入学科拔尖人才培养体系后能够蓬勃发展,获得学业成功和个人成功,毕业后对学科发展作出贡献。当然,除了专业素养,考生在德体美劳方面的素养也要达到基本要求。例如,清华大学自2021年开始实施的"丘成桐数学科学领军人才培养计划"中面向全球招收优秀中学生,其观测维度包括崇尚科学、身心健康、成绩优秀、具有突出数学潜质和特长并有志于终身从事科学研究事业。

（三）丰富选拔手段

随着观测维度的增加，高校的选拔手段也相应变得更加丰富。在研究生招生录取层面：第一，博士研究生招生推行本科直博、硕博连读、申请考核制选拔方式，改变了考试制的传统方式；第二，在硕士层面持续扩大推免生招生比例，作为摆脱研究生"唯分数"评价的有效方式，直接对具有推免资格的考生进行复试，免去笔试环节，增加对考生综合素质和发展潜力的科学评价设置，如北京大学、复旦大学等高校推免生的招生比例已超过50％；第三，通过举办暑期招生夏令营，对研究生生源提前介入进行考核评价，很多高校都积极开展暑期招生夏令营，吸引优秀生源充分了解学校招生政策，开展招生考核，给予优秀考生优惠录取条件，取得了积极效果；第四，进一步强化复试考核、优化复试方法，实行"双盲"复试，增强二级学院在复试工作中的主体地位，强化现代教育测量理论和手段在复试中的应用，避免复试工作主观化倾向，发挥复试对考生专业能力和能力倾向、创新精神和创新能力以及综合素质等方面的引导作用，确保复试公开、公平、公正；第五，开展优秀生源储备库计划，通过提前介入评价、扩大奖学金比例及名额、加大招生宣传等方式，选拔潜在优秀生源。

在本科招生录取层面，许多高水平大学出于细筛部分优秀生源的目的，在综合评价、高校专项计划、强基计划等试点项目中构建了基于高考成绩＋高校综合考核结果（简称为"校测"）＋综合素质评价情况的多维度考核机制，其中校测环节中使用的选拔手段颇为多元。学科基础素质测试、综合素质面试和体育测试三种手段几乎是高水平大学通用的手段，旨在对学生的学科基础、综合素质和身体素质进行综合考核。有些高校还引入了创新能力测试、心理测试、实践操作、专家集体评议评价档案材料等多种形式，以增强选才的科学性。例如，上海交通大学的综合面试环节包含科研潜质及创新素养评估，每名考生要经过两组专家的面试，专家组与考生组将采用"双随机"抽签的方式。清华大学的"丘成桐数学科学领军人才培养计划"在招生中开辟了多元轨道，既包括面向通过高考可被清华录取的学生开展综合选拔，也包括突破高考分数要求，通过材料初审、综合校测、预科培养考察相结合的手段来面向境内外招收优秀在读高中生。首先，专家组对学生所提交材料进行逐一审查，重点对数学特长、学术能力、平时表现、创新潜质等方面进行综合评审，初评结果分为优秀、通过、不通过三档。曾入选数学和物理奥林匹克国家集训队成员,并经专家组考察表现优异者可获评"优秀"评级,优秀评级可直接获得入围认定。其次,在校测中,专业测试环节包括学科能力测试(包括数学一试和数学二试)、心理测试和面试,体质测试项目包括身高、体重、肺活量、台阶运动试验、坐位体前屈、立定跳远。评价委员会将综合材料评审及测试环节的结果综合评定给出入围认定建议。最后,获得入围认定的学生需于春季学期到校接受预科培养,预科期间将考察学生对大学学习的适应能力,考察合格方可办理录取手续。预科的具体考核要求另定。[1]

为了提高对拔尖人才评价的信效度,北京大学、清华大学等具备较丰富综合评价经验的顶尖大学往往会综合运用多种手段考察生源的实力与发展潜力。例如,在考察专业志趣是否坚定上,评价者会综合查看课外活动和社会实践经历。如果考生主动利用各种机会积极、深入且持续地参与了与专业相关的活动,如学科夏令营、社团、田野调查、利用专业知识开展志愿服务、进入大学实验室实习等,往往表明对专业具有内发的热情和发展志向,入学后通常能够继续保持志趣。在测量专业禀赋是否优异上,评价者会结合使用量化与质性评价手段进行交叉验证。一方面,对照高考、高中学业水平考试、高校自行组织的入学考试(包括纸笔测验和实践操作测验)、社会化的权威学科竞赛(如奥林匹克竞赛)等各类标准化或非标准化专业测验的成绩,通过量化的数字指标,识别考生的专业实力。其中,高考和高中学业水平考试主要反映考生对专业基础知识的掌握程度,高校入学考试和社会化学科竞赛则重在考察对专业高阶知识的了解与应用程度,从而帮助选拔者有效区分众多有着相似学业成就和高考成绩的考生,提高筛选精准度。而且,综合使用多种测验成绩,可以更好地判断发展潜力,提高对大学成功和胜任强基体系培养的预测效度。另一方面,通过综合素质评价档案、面试表现等质性的非数字因素,全面、深入地了解专业共性与个性素养及潜力。评价者会细致查看高中综合素质评价档案中记录的描述性信息,包括考生修读相关课程的门数、难度、内容、学习表现、成绩变化趋势、研究性学习、创新成果,以及社会实践中形成的作品、调查报告等,并根据过去的表现判断未来的潜力。

---

[1] 清华大学. 清华大学 2022 年丘成桐数学科学领军人才培养计划招生办法[EB/OL]. (2021-08-04)[2021-08-19]. https://join-tsinghua.edu.cn/info/1033/1518.htm.

二、不唯结果,开展学习过程考核

在学业评价的优化探索中,国内高校不再局限于结果评价,而是加强学习过程管理和过程化考核,同时不再局限于对掌握知识和学习效果的考核,也注重对其能力发展和素质态度的考核,以引导学生树立良好的学风。

(一) 过程考核模式多样化

我国高校实施的学业过程考核在探索中形成了多样化的模式,其中一种为小组考核"连坐"制模式。为了让学生在课程学习中体验团队合作精神,并形成互助互学的学习氛围,课程组在部分考核环节(主要包括实践、问答、讨论等环节)中实施小组考核"连坐"制,即在每个单次的考核小项中,一位组成员将代表全组承担该次考核任务,该组员的表现也将代表全组的水平,计入小组得分。虽然小组中成员的能力有差异,但是每个成员都有可能成为某一考核环节的主角,因此成员间必须互相帮助、合作,为获得理想的小组得分而共同努力。小组考核"连坐"制提高了同学们的团队意识,小组成员参与任务的积极性提高。为了进一步帮助小组形成互帮互助的氛围,教师可以加入一些类似游戏规则的细节设计。以课堂提问环节为例,大班上课情境中:学生人数众多,一学期中教师很难为每位同学提供发言机会。采用小组制后,教师对学生 A 发起提问后,其回答情况决定这次考核任务中的小组得分,若回答情况不佳,可有一次求助机会将问题转给本组的同学 B,以争取得分。而回答不佳的学生均被拉入重点提问对象名单中,以后教师将优先选择这些同学发言,以督促他们端正学习态度,认真学习。例如,西安邮电大学网络工程专业还进行了以下改革:采取了小组考核"连坐"制,将出勤率作为单项或多项考核成绩的影响因子,理论课出勤率和实践出勤率分别作为课堂相关考核(课堂发言、课堂讨论、作业等)及实验考核的影响因子;平时考核形式多样化,实验考核实施答辩制;知识点考核替代期中考试。[1]

---

[1] 赵婧如.高校课程考核改革探索与实践[J].教育现代化,2018,5(9):91—92+97.

学业过程考核的实施模式二为设置丰富的附加分项目。在强调素质教育的今天,加强高校考试的评定性功能的同时,不能一味弱化高校考试的区分性功能。运用各种附加分机制,鼓励有能力、有意愿的同学进行能力拓展,尤其多鼓励学生在实践环节获取附加分,比如让学生录制实验微课,请优秀的学生充当助教,帮助能力不足的同学,等等。为学生提供运用所学的知识、技能与他人互动的机会——这是一种强化知识理解、提升自身能力的有效方法。例如,东北电力大学土力学课程采用多元化的考核方法,并将期末考核成绩比重降低,加大平时课堂学习及作业等考核成绩的比重,增设了对课后作业、小组讨论、综合创新性实验或论文的考核。增设考核内容后的课程考核总评比重为课后作业成绩占10%、小组讨论成绩占5%、基础性实验成绩占20%、综合创新性实验或论文成绩占5%及期末考试成绩占60%。多样化的考核评价模式对激发学生的学习积极性,调动教师的教学积极性,以及推动教学内容、教学方法及教材的改革等都有积极的促进作用。[1]

学业过程考核的实施模式三为过程化考核与翻转课堂教学模式相结合。翻转课堂的教学模式可以让学生在课下利用互联网进行自主学习,教师再利用课堂上的时间通过师生互动、生生互动等形式,解答学生提出的问题,评价学生作出的讨论,总结知识要点,升华讨论主题,进而帮助学生达到较好的学习效果。在这一过程中,教师可以应用课堂教学辅助APP,如雨课堂等小程序,来实时记录学生的课前学习情况、课中回答问题与讨论情况等,并及时对此作出评价,作为该门课程过程化考核的一部分。翻转课堂的教学模式可以将授课内容最大限度地扩充,而学生在过程化考核的约束下,能够产生自主学习的压力和动力,不仅摆脱了课堂学习的限制,收获了更多的知识,也更好地激发了学生自主学习的能力。例如,内蒙古科技大学理学院公共数学教研室针对工科专业进行了大学数学类课程过程化考核改革。首先,过程化考核内容的设计除了继续使用出勤(5%)、作业(10%)、期末考试模块(50%)外,又引入在线学习(10%)、在线测试(20%)、课堂互动(5%)考核模块。其次,课堂教学考核模式改变为利用雨课堂APP进行签到,上传课程资源,进行课堂互动。同时,学校购买了数苑在

---

[1] 郝冬雪,等.土力学课程教学过程化考核的实践与探索[J].高等建筑教育,2016,25(1):105—108.

线考试平台,涉及平台资源建设和题库建设。经过三个学期的时间,学生的学习态度得到了极大的改观,更大地发挥了教师的创造性。[1]

(二) 能力与知识考核并重

对学业的过程考核评价不仅可以分阶段考核学生对知识的掌握程度,更关注学生能力的成长程度,呵护学生个性与能力发展。各门课程性质不同,考核方法各异;各位学生能力不同,具有不同的个性特点,可以设计出不同的考核方法。即使是同一门课程同一专业的学生,随着时间推移,该专业理论与实际的发展,考核方法也不宜一成不变,而应与时俱进,适时改变,采用最合适的考核方法。从课程的角度来说,学生个性各异,既需要因材施教,也需要因材施"考"。例如,考试紧张型的学生,可以给予更多的过程性考核机会,在学习兴趣浓厚的情况下完成难度较大的论文、设计、项目等;背诵困难型的学生,可以不用条条框框的试卷进行记忆能力考核,而专注于其对相关概念的理解和应用;缺乏实践能力,偏向应试的学生,也需要更多地培养实践能力,降低期末考试比例,促进其主动地参与实践学习。上海应用技术大学电气与电子工程学院PLC控制系统课程就进行了过程化考核,不仅注重理论知识的考核,更增加了各种能力的考核,比如,课堂表现(听课、发言等)、单元测验、实验能力(预习、操作及报告)、PLC控制系统设计大作业、职业素质等方面的考核。[2]宁波诺丁汉大学的学业评价体系遵循"以生为本",充分关注学生综合能力的全面提升,并将考察重点放在口头表达能力、批判思维能力、团队合作能力三个维度。以该校某化学课程的一堂讨论课为例,汇报占该门课程模块总分的10%,且是一次团体的作业。任课教师要求每个小组的学生成员人数为4~5名。各小组需要实现给全班同学呈现一个主题报告,且将目标听众定位为不具有相关理论背景的群体的目标。同时,任课教师明确了口头汇报时在时限、汇报形式等方面的四个具体要求。[3]

---

[1] 唐俊.大学数学过程化考核探索与实践——以内蒙古科技大学为例[J].轻纺工业与技术,2020,49(6):173—174.

[2] 卢建宁,等.S7-1200PLC控制系统课程过程化考核教学实践[J].科教导刊(下旬),2018(11):98—99.

[3] 赵风波,沈伟其.构建学业评价体系:跨境高等教育发展的关键——基于宁波诺丁汉大学的案例[J].黄河科技大学学报,2014(5):93—98.

教师通过在课堂外给学生布置调研作业,在课堂内设置情景模拟和实操训练,将课本上的知识点与社会中实际需要的工作能力对应起来,不仅能够加深学生对理论知识的理解,也能有效培养学生的实践能力,同时通过学生间不同思维方式和行为表现的差异碰撞,也能激发学生的头脑风暴。在这一过程中,教师根据学生收集整理资料的能力、分析解决问题的能力、表达展示的能力、团队合作的能力、创新变通的能力等作出评价,将各环节表现作为课程过程化考核的一部分。这样,学生在获得学分的同时,也一定程度上培养和锻炼了实践创新能力。例如,上海应用技术学院非专业程序设计语言(VB.NET)公共基础课首先在考核时间上设置3个里程碑,包括三种程序结构、数组和过程、课程全部结束。过程化考核的形式设置了常规实验、综合实验、实践应用和程序设计理论四种方式。成绩积分规则的设置则是总成绩＝平时绩效积分＋常规实验积分＋综合实验积分＋实践应用积分＋论文写作积分。过程化考核实施后,达到了重学习过程轻考试促进学生学习积极性,促进学生综合能力培养的效果。[1]

案例教学作为翻转课堂模式的一种具体形式,也是过程化考核实现的重要路径,对于培养与考核学生的多种能力颇为有效。案例教学模式要求学生在课前自主阅读教师提供的案例,课上教师组织学生展开讨论或辩论,最后由教师引出理论知识并作出总结,达到启迪学生思维的目的。在开始讨论前,教师可以请学生对课下阅读的案例做简单复述,这样既能检测学生是否真正提前学习了案例,又能通过复述帮助其他同学尽快熟悉和梳理案例的具体内容。随后,教师要求所有同学针对案例分组展开讨论,并进行小组发言,组与组之间也可以展开辩论。各组将学习、讨论的过程与结论形成报告上交教师,教师根据学生课堂表现情况与报告质量进行评价,作为该门课程过程化考核的一部分,激发学生分析问题、解决问题的能力。以上海财经大学金融学科为例,在进行证券投资学、金融市场学、金融工程、金融衍生品、投资银行学等投资相关的课程教学的同时,老师引导对投资方向有兴趣的同学,在各门课程的过程性评价教学中,逐步培养学生资料收集、数据查询、数据分析等研究能力,与此同时,学生选择的课程论文的题目,可以进一步成为学年论文或者短学期教学的研究话题,乃至成为毕

---

[1] 王志敏,李文举.程序设计语言类公共基础课程过程化考核方案的探索与实施[J].软件工程,2016,19(1):16—18.

业论文的选题。

(三) 开展学习过程质量监控

对学习过程的质量监控与考核评价具有重要的意义,可以直接带来高校实践行动的改进。例如,让高校了解到自身所提供的学习资源、平台和活动是否能够满足学生的需要,从而辅助管理层作出有效决策,并反哺学生的学习过程与成效。国内不少高校都意识到这一点,纷纷采取相关举措。例如,宁波诺丁汉大学引入英国诺丁汉大学的质量手册,为学生的学习过程和学业评价设定了明确的质量标准和评价细则。该校在入学阶段就会给每位学生发放一本《课程指导手册》,清晰告知课程模块的学术标准和基本要求。每位学生需要根据培养计划来学习相应的课程模块,且只有顺利通过每学年的课程模块,才能顺利进入下一学年的学习。也就是说,大一的学业表现直接关乎能否继续学习大二的专业课程,大二的学业表现又直接关乎出国交换的诸多机会,大三、大四的学业表现直接决定着学位等第,其中大四的学业表现占总评的60%~70%。这种严格的年度升学制不仅可以培养学生认真主动学习的态度,而且能够有效监督并引领其调整学习节奏、方法和行动。为了有效确保学业评价体系的科学性,该校会接受国际质量机构的定期评估,并参与国际认可的各种行业认证。[1]

学情调查是实施学习过程质量监控的重要手段。目前,国内不少高校都开展了学情调查,且以引入外部专业研究团队开发的学情调查项目来获取本校本科生的各方面学习状态为主流形式。清华大学教育研究院史静寰教授领衔的"中国大学生学习与发展追踪研究调查项目(CCSS)"、厦门大学教育研究院史秋衡教授领衔的"国家大学生学情调查项目(NCSS)"是我国较有代表性的知名度较高的两个学情调查项目。例如,CCSS的指标体系涵盖综合分析指标、教育过程诊断指标、学习诊断指标、社会称许性四个维度,其中综合分析指标包括学业挑战度、主动合作学习水平、生师互动、教育经验的丰富程度、校园环境的支持度5类,教育过程诊断指标包括课程认知目标、课程要求严格程度、课程学习行为、课外拓展性学习行为、向学/厌学、支持性环境、自我报告

---

[1] 赵风波,沈伟其.构建学业评价体系:跨境高等教育发展的关键——基于宁波诺丁汉大学的案例[J].黄河科技大学学报,2014(5):93—98.

的教育收获、就业力、在校满意度、有效教学实践10类,学习诊断指标包括高阶认知行为、学习策略、多元学习3类。参与高校可以通过在标准化的学情问卷调查中获取的结果,来全面了解学校本科生学习性投入情况,包括不同年级、不同学院、不同性别学生的学情差异,以及学校整体与全国院校等在各指标、各题项的对比分析,进而基于调查结果反思教育教学质量。当然,也有些高校会选择自行开发校本学情调查问卷。

三、不唯奖励,发挥评奖评优的发展功能

结合全国教育大会、全国高校思想政治工作会议精神,不少高校对评奖评优体系进行了优化,特别是设置特色奖和开展综合评价,以促进学生的多元化发展和全面发展。

(一) 设置特色奖激励学生多元化发展

目前我国人才培养模式较为单一,交叉结构人才发展缓慢,国际化、复合型人才更是处于紧缺状态,因此许多高校积极转变人才观念,营造树立正确的人才评价观,对于不同类型的学生开展有区分的学业评价,允许学生在某些方面有偏差,倡导"人人皆可成才、人人尽展其才"。当前政府和高校不断通过优化政府奖助学金、校设奖助学金的评选条件对在思想品德、学业成绩、科技创造、体育竞赛、文艺活动、志愿服务及社会实践等方面表现突出的学生,给予表彰和奖励。奖助学金制度的设立是为了对各方面表现优秀的学生进行奖励或者资助,鼓励和帮助学生继续刻苦学习,促进学生全面发展。各高校也结合自身特点,积极吸纳社会资源设置各类社会奖助学金,让更多需要奖助的学生受益。

综合类奖项的设定是为了发挥马太效应的积极作用,通过树立优秀学生的榜样来引导广大学生的共同进步。然而,学校也应积极设立单项奖,激励学生多元化的发展。北京大学就在"五·四"奖章、三好学生标兵、三好学生、优秀学生干部、学习优秀奖、优秀毕业生等常规奖励之外,特别设立了红楼艺术奖、"五·四"体育奖、社会工作奖,更单独设立了"创新奖",着重奖励在学术、社会活动、文艺和体育方面取得

优异成绩的个人。[1]浙江万里学院特此设立了"万里之星"奖项,分为"实践之星""文体之星""公益之星""自强之星""创新之星""励志之星"。获得者应该在相应奖的范围中有突出的令人信服的成绩,并要有对学院或班级或相关集体等的优良奉献精神。[2]南昌大学则每年开展"南昌大学十大学生魅力人物"的特色评选活动,评选标准强调"勇于创新、事迹突出、在一个或多个方面有特长或突出表现"等要求,受到了全校师生乃至当地社会各界的广泛关注。[3]

(二) 实施综合评价促进学生全面发展

较之以前,各高校更加重视学生在校期间的德智体美劳全面发展,对学生的综合素质评价被纳入各类奖项、荣誉的评选中。不少高校构建了一整套的学生评价制度体系,并对本校的学生综合素质测评办法、学生奖励办法、优秀学生评选办法等定期修订。这些规章制度也成为大学生在校期间参加各项评奖评优工作的依据。例如,湖南科技大学制定了专门的学生综合素质办法,规定将学生综合素质分为基本素质、知识与学习能力、创新与实践能力3个方面:基本素质指学生在思想道德品质、日常行为表现等方面的基本品质,其测评采取个人小结和师生民主评议形式按百分制进行评价;知识与学习能力主要指向学生的课程学习成绩,其评价主要依据课程的学分和成绩;创新与实践能力则指学生在课堂学习和课外活动中所表现出的创新素养和实践,其评价主要是在学院对学生提供的信息(证书、奖励、著作论文、发明专利等)的认定基础上,根据计分标准,对考核项目进行加分考核。该校综合素质评价的设计坚持了学生全面发展和个性发展相结合、定量评价和定性评价相结合的原则。[4]

国内高校优化评奖评优体系的探索,涉及评价的主体、内容、方式、功能等方面的升级。在评价主体上,有些高校改变了当前以高校管理者、教师为评价活动主体的局

---

[1] 刘洪翔.促进创造力培养的大学生学业评价研究[D].湖南师范大学博士论文,2019:90.

[2] 张蔚.探究高校评奖评优工作中的马太效应[J].教育现代化,2019(90):188—189.

[3] 刘洪翔.促进创造力培养的大学生学业评价研究[D].湖南师范大学博士论文,2019:101.

[4] 尹风雨,吴大平.高等学校学生综合素质评价实践研究——以湖南科技大学为例[J].当代教育理论与实践,2017,9(10):88—92.

面,引入了学生及其他利益相关者的共同参与。例如,在湖南科技大学的学生综合素质评价中,基本素质的考核成绩先后经由学生自评、互评和教师评价得出,[1]并非简单由教师或管理者认定。在评价内容上,由重视专业成就向关注综合素质转变是普遍趋势。在评价方式上,摒弃了单一的量化评价方式,加强对学生的质性评价,如课内外综合表现等。不少高校以细化测评指标为抓手,科学设置综合素质评价体系,灵活运用多元指标,坚持定量评测与定性评价相结合、纪实评价与民主评议相结合,合理反映学生的实际素质变化状况。在评价功能上,不止于鉴定或奖惩功能,而是追求发挥对学生的激励与促进作用。换言之,评价不只是为了分配奖励资源,而是引导学生得到更好的发展,追求实现更好的自我。

尤其值得一提的是,在评奖评优工作中评价标准的制定上,许多高校不局限于条条框框,而是从多元角度出发,细分指标、科学量化,建立品德、知识、能力三位一体的综合评价体系。例如,在北京大学,该校工学院对于评奖评优制定了综合测评办法,其中学习成绩占80%,基本素质则占20%,从思想修养、学习态度、身心健康、文明行为和实践活动五方面进行考察,每项4分,基本分2分,按五级计分制(4分、3.5分、3分、2.5分、2分五个等级),由学生民主评议打分取平均分得出。另外,创新能力测评属于直接进行加分的项目,从学术科研、学科竞赛、社会服务和文体竞赛等四个方面进行评分,各个加分项目比较细化。[2]浙江万里学院外语学院的评奖评优机制从德育规范X1、成绩排名X2、荣誉奖项X3、干部经历X4以及志愿事迹X5五个方面入手。在评奖评优时,这五类指标并非固定,而是根据每个奖项的侧重点,合理分配权重,使评奖评优的结果有理有据。例如,该校"十佳学生"这一奖项注重学生的全面发展,尤其在学科竞赛以及社会贡献的要求较高,因此要加重个人荣誉和事迹模块的权重。而省政府奖学金更加重视学生的品行和成绩,因此在"德、智"相关模块要提升比重。[3]南昌大学在学生综合素质考评办法中,确定了考评内容主要由思想道德素质评分(占15%)、专业与文化素质评分(占70%)、社会实践与创新素质评分(占10%)及人格与

---

[1] 尹风雨,吴大平.高等学校学生综合素质评价实践研究——以湖南科技大学为例[J].当代教育理论与实践,2017,9(10):88—92.
[2] 刘洪翔.促进创造力培养的大学生学业评价研究[D].长沙:湖南师范大学,2019:90.
[3] 张蔚.探究高校评奖评优工作中的马太效应[J].教育现代化,2019(90):188—189.

身心素质评分(占5%)四部分组成。[1]

四、不唯文凭,完善培养质量评价

当前我国已建成全球规模最大的高等教育体系。在规模扩大的同时,提升质量一直是我国高等教育发展的关键词和重要任务。因此不少高校纷纷完善自身的培养质量评价体系,形成大学生评价体系的有效闭环,解决在"出口"环节中的"唯文凭""唯学历"等困局。

(一)加强学位论文的质量把关

学位论文是研究生为取得博士学位或硕士学位而撰写的结业论文,是学校评价研究生学业水平的最终方面,也是研究生展示自身研究生阶段学习水平的重要标志。就国内高校实践而言,基本建立起了从开题报告制度、预答辩制度、学位论文评阅制度、答辩制度、学位论文抽检制度为主要内容的研究生学位论文评价体系。从学位论文质量评价方面来说,国内高校一般都是从评价主体、评价内容、评价形式、评价程序等方面予以规范,主要做法如下。

一是加强研究生学位论文评价机构建设。为规范学位授予工作,保证学位授予质量,促进学位与学科建设管理,目前国内高校普遍建立校院两级学位评定委员会作为学校学位工作的评定机构,行使学位授予及学位制度的建立、指导、检查、监督及评估等职权。同时,规范研究生学位论文答辩委员会组成,如《北京大学学位授予工作细则》规定:"硕士学位论文答辩委员会至少应由三人组成,指导教师如果参加答辩委员会,答辩委员会至少由四人组成,答辩委员会应以校内专家为主。答辩委员会主席应由副教授以上或相当职称的专家担任。答辩委员会名单由学位评定分委员会审查。指导教师不得担任答辩委员会主席。"

二是推进研究生学位论文盲审制度。盲审作为研究生学位论文的主要审查方式

---

[1] 刘洪翔.促进创造力培养的大学生学业评价研究[D].湖南师范大学博士论文,2019:99.

之一,因其有利于提高论文质量和评审客观性,优化学术环境,创造风清气正的学术氛围,而为目前高校研究生学位论文评价机制一致使用。例如,《中国政法大学学位授予办法》规定:"硕士学位论文实行双向匿名评审制。评阅人名单及相关工作方式,由二级培养单位根据公正、诚信和保密的原则确定。"

三是逐步推行研究生学位论文预答辩制度。研究生学位论文预答辩制度也是目前国内高校为进一步加强研究生培养过程管理,提高学位论文质量,不断健全和完善研究生培养质量保证体系而逐步采取的评价方式之一。例如,《吉林大学研究生学位论文预答辩管理办法》规定:"博士研究生必须进行预答辩,硕士研究生是否进行预答辩由各研究生培养单位根据自身学科特点自定""研究生学位论文预答辩时间安排在学位论文工作基本完成后,专家通讯评审前,一般距正式答辩时间3个月""研究生学位论文预答辩的申请由研究生本人提出,经指导教师同意后,方可进行""研究生学位论文预答辩由研究生培养单位组织实施,研究生院负责研究生学位论文预答辩的宏观管理和监督检查"。

四是加大研究生学位论文学术不端的惩戒力度。目前,随着研究生培养规模的逐年扩大,对研究生学位论文把关,突出学术诚信审核,坚决抵制学术不端、学位论文作假行为,加强防范、加大查处力度,已成为国内高校加强学位论文质量评价的突出方面。高校采取的通行做法:一是推行研究生学位论文不端检测制度,如《西南政法大学研究生学位论文学术不端行为认定与处理办法》规定:"研究生学位论文检测工作,由研究生院和各学院在校学位评定委员会领导下共同组织实施""合格的博士学位论文和硕士学位论文,总文字复制比均不得超过20%。优秀学位论文的总文字复制比不得超过10%""对于复制比达标的学位论文,发现有抄袭、剽窃等情况的,按照《西南政法大学学位论文作假行为处理实施细则》办理"。二是开展研究生学位论文抽检工作,国务院学位委员会、教育部印发了《博士硕士学位论文抽检办法》,每年对上一学年度全国授予博士、硕士学位的论文进行抽检。抽检结果将作为学位授权点合格评估重要指标,对"存在问题学位论文"比例较高或篇数较多的学位授予单位,责令限期整改。经整改仍无法达到要求者,视为不能保证所授学位的学术水平,将撤销学位授权。

五是随着破"五唯"改革的推进,学术评价体系的革新成为全面提高研究生培养质量的重要抓手,其中一些高校先后取消博士生发文要求的改革举措更是受到了广泛关注。在学术评价不唯数量不唯论文的政策导向下,清华大学、北京航空航天大学、华东师范大学等"双一流"建设高校率先取消了博士生毕业发文的硬性要求,而是以博士论文作为学位评定的依据,并不再以论文发表情况作为评价其学术水平的唯一依据。这是一个可喜的方向,取消发文数量的限制性条件可以引导博士生安心接受系统的科研训练和打下扎实的研究基础,并专心产出高质量的博士论文,不必为发表多篇小论文而分心和焦虑。[1]

(二) 发挥外检的以评促改价值

"高校毕业生就业质量是人才培养质量的核心内容,是检验高等教育改革发展成果的重要指标。毕业生就业状况跟踪调查,是综合评价高校毕业生就业质量的重要举措,是我国高等教育人才培养质量保障体系的重要组成部分。"[2]为了做好毕业生就业状况跟踪调查工作,有些高校同时开展了毕业生调查和用人单位调查,并将调查结果用于改进教育教学活动。面向本校毕业生的调查一般采用全样本通讯调查方式,旨在了解毕业生对学校总体情况、培养效果以及自身就业状况、职业发展与成长等方面的评价情况,即毕业生职业发展的成长度。面向招聘主管和毕业生业务主管的用人单位调查主要采用抽样调查,但调查形式更为多样,包括问卷、信函、电子邮件、电话、座谈会、单位走访和校园招聘会现场评价等等,旨在了解用人单位对高校毕业生政治思想与道德品质、职业素养、专业水平、职业能力、发挥作用等方面的评价情况,即用人单位的满意度。其中,用人单位座谈会、单位走访和校园招聘会等"面对面"形式的评价调研,可以帮助高校深入了解用人单位的招聘现状和人才需求等情况,以及对毕业生的知识水平、专业能力等方面的评价和要求。因此,用人单位评价的实质,是高校与用人单位之间关于人才培养的一种交流互动。[3]

---

[1] 万圆.取消发论文要求后,博士生培养质量怎么保证[N].中国科学报,2021-05-25(7).

[2] 中华人民共和国教育部.教育部办公厅关于开展高校毕业生就业状况追踪调查的通知[EB/OL].(2020-09-18)[2021-07-13]. http://www.moe.gov.cn/srcsite/A15/s3265/202009/t20200927_491672.html.

[3] 陆勇.供给侧改革视角下的高校毕业生就业跟踪机制研究[J].中国青年研究,2017(5):97—105.

有些高校选择自行开展毕业生追踪调查，也有很多高校委托麦可思等社会专业机构来实施。高等教育第三方评价[1]，是指由独立于高校和教育管理机构之外的具有教育评估资质的第三方组织和机构对高校教学科研质量、专业课程及人才培养模式等方面进行针对性评价的活动。[2]高等教育第三方评价具有客观性和专业性的特点。高校引入外部力量，借助社会机构研发的标准化问卷对毕业生或用人单位进行调查，即属于第三方评价。当然，不管采取哪种调查形式，高校通过获取有关用人单位满意度及其对毕业生表现的反馈、毕业生群体对学校的看法等信息，可以更好地反思并提升自身的人才培养实践。特别是来自用人单位的评价，有利于高校以市场需求为导向调整人才培养方案和培养目标。上海大学就将第三方评价结果融入至《毕业生就业质量报告》和《本科教育白皮书》的撰写中，全面、客观地反映毕业生就业质量和本科生教育质量，提高社会公信力。上海对外经贸大学将第三方评价反馈与教学管理提升相结合，教务处、就业部门等多部门共同协作，实现招生、培养和就业改进的联动。华东政法大学则充分利用校园招聘会，现场开展用人单位调研，及时掌握用人单位的人才需求和毕业生工作情况反馈，形成《华东政法大学秋季校园招聘会用人单位调研报告》，有效指导了学校就业工作的开展。

第三节 学生评价改革的国际经验

对学生进行科学和高质量的评价，并以此为基础促进学生的可持续发展，是域外一流大学的共识。在学生评价改革方面，可供我国借鉴的具体经验不少，以下三点颇

---

[1] 目前，我国高等教育已经形成的比较完备的评价体系主要属于内部评价体系，主要包括第一方评价体系和第二方评价体系，前者是以高等学校的自身评价为主，属横向评价体系；后者是由高等教育行政管理部门组织评价的纵向评价。

[2] 夏宇敬,张莉,赵仙花.地方应用型高校教学质量第三方评价机制研究[J].河北农机，2020(12)：65-66.

有价值。

一、运用整体评价选拔适切生源

目前国外一流大学本、研阶段都普遍采取"整体评价"(Holistic Review)模式来选拔适切生源。作为综合评价的2.0版本,该模式秉持"整体观"理念,全面、整体地考虑与申请者有关的学术和非学术方面的所有信息,而非只关注某一维度,以分数或数字来片面地定义学生;将取得的成就置于学生的成长经历或教育背景中解读,而非割裂、碎片化地看待不同维度的信息;以非公式化、非量化、具体情况具体分析的方式开展细致、灵活的综合评价,而非以一刀切的方式评价所有申请者。[1]

(一)紧扣培养目标实施综合评价

在评价标准上,"整体评价"模式紧扣学校对各级学生的培养目标,综合考察生源资质后予以择优录取。在本科招生阶段,鉴于竞争的激烈性和以产出有参与精神和社会责任感的世界公民与公民领导者为人才培养目标,域外、特别是美英一流大学秉承择优录取的原则,使用成功潜能、贡献潜能以及获益潜能三个标准选拔优秀生源。[2] 成功潜能指录取的学生能否在本校持续学习(不转学不辍学)并顺利毕业、获得学位,以及能否积极融入校园生活并从中获得蓬勃发展(比如,成长为社团领导者)。贡献潜能则关注生源能够给高校带来的贡献,包括对师生课内外的学识交流等学业方面的贡献,也包括对校园生活、社团活动等文化方面的贡献,还包括对满足高校各项利益的贡献。当然,高校最重视的是申请者能够带来的有意义的、独特的贡献,特别是能够填补高校在某方面的不足或空缺。获益潜能强调申请者能否从高校提供的各类资源和平台中受益,是否与高校教育风格、理念及特色匹配。虽然匹配指向的是

---

[1] 万圆.个体化审阅与美国名校生源选拔[J].华中师范大学学报(人文社会科学版),2019,58(1):167—176.
[2] 万圆.美国精英高校录取决策机制研究:一个多重逻辑作用模型的建构[D].厦门:厦门大学,2017.

涵盖文化、个性、学业等维度的全方位匹配,满足所有标准的生源才是匹配的生源,但学生是否有获益潜能这一标准尤为关键,最为凸显高校与学生双向匹配的理念。一方面,高校特别看重申请者是否具备利用所处环境提供的机会发展自己的能力,因为这样的学生入校后可以最大程度地利用大学教育资源取得成功,并对所在领域和社会发展做出有价值的或者显著的贡献。另一方面,不同申请者的学业兴趣、个人兴趣、个人特长等存在差异,而不同高校提供的教育项目、学业资源和社团活动等也有所差异,特别是私立高校由于办学风格、定位和传统的缘故,特色往往更为鲜明。在三个标准中,成功潜能可以说是录取决策的基本考量,是底线录取标准;贡献潜能和获益潜能则是竞争性的录取标准,可以帮助学业表现达到录取要求的候选者胜出。

在研究生招生阶段,录取标准同样是基于对硕士、博士培养目标的理解作出的。例如,哲学博士项目以培养学者为己任,攻读者需要聪明且有创造性,在学科知识方面具备深厚基础与研究能力;专业学位申请者则通常没有研究倾向而有职业兴趣,并具备从事专业所需要的专门技能。[1]因此招生官往往根据不同项目的内在逻辑要求,对申请者各方面的表现进行综合考察,考察维度可归为六类:第一,创造性。这是最关键的考察因素,也是最难测量的因素。第二,研究能力,包括通用研究能力和专业研究能力。前者为开展各学科研究均须具备的基本能力,如行文写作能力、问题分析和解决能力、逻辑推导能力等。后者则为具备特定研究领域所需要的专业技能,比如,在一些工程或建筑专业,学生必须能够用手操作和具有立体感。第三,关于学科内容的知识基础,也包括通用知识基础和专业知识基础。前者指对不同学科而言均适用的知识基础,后者指具备专业领域的基本知识以及具备一定量的广阔专业信息。第四,研究兴趣(求学动机),即申请者要了解自己为什么要这样做和希望做什么,这同样是关键性的考察因素。因为成功拿到硕博士学位、特别是博士学位需要付出很多时间、精力和努力,如果不以浓厚的研究兴趣为求学动机,很难保证顺利完成学业。同时,申请者的研究兴趣与院系教师研究方向的契合程度也需要考虑,因为研究是针对某一特定领域的,研究能否成功完成有赖于教师及学院能否提供相关的资源。第五,个人品质,

---

[1] 北京师范大学外国教育研究所.美国和日本的研究生入学考试[M].北京:北京师范大学出版社,1987:22—26.

包括人际交往能力、领导能力、性格等。其中人际交往能力和性格中的毅力较为受到招生者的重视,因为研究过程往往需要团队合作,申请者应该具备友好合作的态度以及与他人沟通合作的能力,毅力强则往往被视为有助于提高学业完成率。第六,个人经历,包括学习经历、工作经历和生活经历等。对学术型研究生申请者而言,学习经历的多元化更受重视,因为跨学科知识的学习和跨专业研究的训练往往有助于培养学生的创新思维;对专业型研究生申请者而言,工作经历非常重要。当然,不同专业在决定录取学生时,对不同因素各有侧重。总体而言,创造力、知识基础等认知变量作为开展研究生阶段学习的必备要素,在招生中必然会得到考虑,而作为非认知变量的研究兴趣、个人品质等则与学业完成率在一定程度上有更强的联系,纳入这些方面的考虑可以提升招生质量。[1]

(二) 使用多元指标交叉验证生源资质

在评价方式上,"整体评价"模式使用多元指标交叉验证生源的学术资质和综合素质。在本科招生阶段,国外一般结合使用入学考试、过往学业记录、写作来考核学术资质:(非语言类的学术性)入学考试包括社会机构或专业协会组织的标准化学力考试,如用于本科招生的 SAT 或 ACT 考试(不过由于疫情和存在公平质疑等原因该类考试在不少高校成为可选项),以及高校自行组织的各类单科性测验或跨学科性测验,如牛津大学数学学院自行组织的测试;包括学业严格度、GPA、课程修读情况、成绩发展趋势、年级排名等指标在内的高中学业记录,是体现过往学业成就的最重要信息;过往的写作样本或高校命题作文、个人陈述等写作任务中体现出的表达和文字组织能力,也是判断学术资质的重要依据。其中,在美国,指向修读了多少可供选择的大学预备课程的学业严格度是评价高中学业成就的最重要的单个指标,考试分数、写作、推荐信等其他学业指标反映的学业能力则是重要参考。不过,由于操作的便利性,体现了学业严格度的高中 GPA 和考试分数成为最常用的揭示生源优秀程度的传统指标。考察综合素质的指标同样有很多:个人品质和才能因素是直接体现综合素质的重要指标;面试、推荐信、课外活动、志愿服务和工作经历则是反映个人综合素质的测量指标;家庭

---

[1] 万圆.美国博士生招生制度的特点及启示[J].研究生教育研究,2014(4):90—95.

的社会经济地位、族裔身份、高中教育资源等,则被用来判断本科申请者的努力程度和对可获取机会的利用程度。在美国精英高校,招生官主要通过查看申请者在高中和所在社区的活动经历及其折射出的品质修养来甄别未来取得个人成功的潜能。基于贡献的广泛内涵,招生官对作出外在贡献潜能的甄别是通过对所有因素的考量而实现的。例如,具备批判性思维、领导力、公民素质、坚毅等个人品质的申请者可以作出的外在贡献,包括成为对大学校园学业和文化生活的贡献者,也包括成为毕业后继续有益于社会发展的贡献者。获益潜能则主要通过坚毅、求知欲等个人品质和写作、推荐信、面试等个人成就的测量指标来甄别。[1]

在研究生招生阶段,域外高校同样注重运用多样化的测量技术细化考察申请者的各项素质。第一,创造性由招生者尽可能通过考察推荐信、已有研究成果以及与相关者沟通等途径反映出的相关信息来作出判断。GRE学能测验中的分析写作项目也试图测量申请者分析信息的能力(同样由于疫情等原因该类考试在不少高校成为可选项),这与创造性亦息息相关。个人简历中反映的专业背景是否多元化,同样有助于对其创造性的判断。第二,研究能力的测量主要借助于研究成果或作品、GRE学能测验或相关专业标准化测验和推荐信,其中研究成果或作品最为重要,特别是某些特殊专业需要申请者提供一些作品以证明其能力,如申请学建筑的学生可以提交一张设计图纸,学音乐的学生可以寄来一盘录有个人创作或演奏的曲子的磁带等。第三,申请者的知识基础主要通过以往修读课程及所获得的成绩、大学本科学院的质量、GRE分数以及推荐人的陈述来判断。第四,研究兴趣可通过个人自述和推荐信中的推荐人陈述加以了解。有时候招生官也会打电话给申请者以往就读学校的教师询问关于学生对于所做工作的兴趣和愿望,注重吸引正确的申请者,以提高学业完成率。第五,个人品质通过推荐信、与相关者沟通以及面试中均可以考察,而个人经历则可以透过简历了解。由于质性评价手段没有刚性标准,为尽可能提高预测效度,招生官往往对质性材料作出尽可能细致的规定。例如,个人陈述需明确阐述研究动机、研究问题和目的,体现出申请者有效地表达和清晰地思考的能力。[2]

---

[1] 万圆.美国精英高校录取决策机制研究:一个多重逻辑作用模型的建构[D].厦门:厦门大学,2017.
[2] 万圆.美国博士生招生制度的特点及启示[J].研究生教育研究,2014(4):90—95.

二、通过增值评价测量学生进步空间

国际上比较流行运用增值评价的理念,来测量大学生接受高校教育后的成长程度和进步空间。根据学者的定义,增值评价指通过对学生在整个就读期间或某个阶段的成长过程、成长结果的分析,来描述学生进步或发展的"增量",这个"增量"可被视为教育质量提升的结果。[1]与传统的总结性评价、形成性评价相比,增值评价是一种发展性评价方法,其显著特点在于它对学生成长起点、过程与结果的多重关注,重在测量大学教育能够给学生带来的"增值"。[2]

(一) 学习成效评价维度引入能力增值

美国是较早开展学习成效增值评价的国家。21世纪以前,增值评价主要在K-12阶段的教育评估中发挥突出的作用。从2000年兰德公司提出"增值评价倡议"(VAAI)开始,人们对将K-12增值模型的工具和技术引入高等教育评估产生了越来越大的兴趣。与K-12教育类似,学生的课程学习成效是高校内部开展增值评价关注的重点领域,而且已经从单纯关注学生学科知识的增长,转向了语言表达、批判思维、分析推理、问题解决与创新创造等高阶思维能力的增值与反馈的评估。[3]"本科学生学习有效评估"(VALUE)项目、"大学生学习成效评估+"(CLA+)项目等都是目前美国高校流行的测量能力增值的标准化评价工具,已经被超过700所美国高校使用。例如,"本科学生学习有效评估"项目应用于美国多所高校,在具体操作上它以教师协作设计的课程作业为有效载体,包括论文、报告、案例研究、小组项目、实验、展品、艺术成果、社区服务工作等,并基于作业质量来评估学生在不同学习途径和机构中的真实

---

[1] Taylor T. A value-added student assessment model: Northeast Missouri State University [J]. Economics of Education Review, 1985, 4(4): 341-350.

[2] 刘海燕. 美国高等教育增值评价模式的兴起与应用[J]. 高等教育研究,2021(5):96—101.

[3] 杨启光,唐慧慧. 从CLA到CLA+:美国高等教育高阶思维能力增值评估模式论析[J]. 现代教育管理,2019(2):119—124.

学习和工作,以确定学生是否和如何达到本科毕业水平的学习成果,以及雇主和教师都认为必不可少的成就。VALUE评估标准设计了16个关键性指标,其内容包括批判性思维、创造性思维、书面交流、口头交流、量化素养等。每个标准都附有明确的定义、细致的框架性内容和相关术语诠释,可操作性很强。[1]

韩国等一些国家近年来也在高等教育评估领域引入了增值评价。在韩国,大学开始重视大学生核心能力的契机是政府财政援助实施的学院教育先导大学事业(Advancement of College Education,简称 ACE)。各大学在实施 ACE 事业过程中,从韩国职业能力开发院开发的大学生核心能力评价(Korea Collegiate Essential Skills Assessment,简称 K-CESA)体系中选择符合 ACE 事业成果的指标作为"大学生核心能力达成度"的成果指标,以此衡量大学教育教学质量。不过,韩国各大学在提高大学生核心能力的具体措施上,是根据本学校的理念和培养目标,确定大学生核心能力要素,开发了提升大学生核心能力的教学援助系统。以韩国国立全北大学的核心能力为中心的教育系统为例,该校从2011年被选为ACE大学后就开始研究大学生核心能力问题。经过多年的努力,全北大学已形成涵盖四个环节的较完整的提升大学生核心能力援助体系:一是构建与大学人才培养目标相联系的核心能力要素体系;二是将大学生核心能力要素融入教学课程和非教学活动内容中;三是教学供给方、教学需求方、外部机构评价方式结合起来评价大学生核心能力达成度;四是采取切实可行的管理措施,保证大学生核心能力援助体系持续、有效地运行。其中,在第二个环节,首先会确定通识课程、专业课程和非教学活动与六大核心能力的相关度。例如,通识课程与沟通能力的相关度最高,专业教学与创新能力相关度最高,而非教学活动与仁性能力、文化能力和实务能力的相关度最高等。其次,在每门通识课程和专业课程中,明示六大核心能力反映的比例,以此清晰地反映教学内容与六大核心能力的关系。例如,在古典诗词欣赏课中,六大核心能力所占的比重分别确定为:实务能力5%、文化能力10%、沟通能力60%、仁性能力10%、创新能力10%和冒险能力5%。最后,在非教学活动中也按六大核心能力明确其活动内容,并确定每项活动能提升核心能力达成度的

---

[1] 李晓虹,朴雪涛. 聚焦直接证据的美国本科学生学习成果评估——以美国大学联合会"VALUE项目"为例[J]. 外国教育研究,2019(9):116—128.

分数。[1]

(二) 开展人才培养成效增值评价

除了课程学习的增值评价,此外还通过比较毕业生的薪水、从事有意义工作的意识、学科技能与通用技能的掌握程度,来评价高校的人才培养成效和学生接受大学教育后的进步空间。例如,经合组织OECD实施了国际上第一个评估接受高等教育的学生在毕业时掌握的知识及拥有能力的研究,即高等教育学习成果评价(the Assessment of Higher Education Learning Outcomes,AHELO)。AHELO专门研发了标准化的测试问卷,测试在学生即将获得学士学位时进行,测试其在各个领域都需要具备的通用技能,和各个学科领域学生具备的学科专业技能,比如工程学测试关注的学习成果包括工程学的共通能力、工程学的基础知识、工程分析能力、工程设计能力、工程实践能力五个方面。[2]概言之,如果学生在大学期间知识、能力、素质等各方面的实际进步越多,则高校对学生发展的影响越大,其人才培养的质量也就越高。如果进步有限甚至没有进步,则说明人才培养模式存在一定的缺陷,高校应该进行相应的调整,从自身条件出发,寻求解决方案。

在这一方面,增值评价的具体实施,有直接法、间接法和事后法三种操作方案。直接法指运用侧重测量通用核心认知能力的诸如CLA+的标准化测试工具来开展增值评价,可以每年面向在校大一新生和大四毕业生同时施测一次,对不同批学生的培养质量进行横向比较,也可以大一入学时测一次、大四离校时分别施测一次,对同一批学生进行纵向追踪。间接法指运用侧重测量非认知能力的自陈式量表或问卷调查来开展增值评价,以学生自我报告为主,调查内容涵盖大学就读期间几乎所有课内外学习行为的改进程度,包括课程学习、与教师的互动、同学之间的交往、社团参与、如何利用教学条件和各种资源等。适用于所有大学的"全美学生学习投入调查"(NSSE)、针对研究型大学的"加州大学本科生就读经历调查问卷"(UCUES)是这一方面典型的调查

---

[1] 朴京玉,徐程成.韩国和日本大学生职业核心能力提升援助体系研究[J].外国教育研究,2018,45(11):84—98.
[2] 中华人民共和国教育部考试中心.高等教育学习成果评价(OECD-AHELO)的介绍[EB/OL].(2012-10-11)[2017-11-07].http://www.neea.edu.cn/html1/report/1210/6-1.htm.

工具。事后法指测量毕业生职业成就与大学教育的关联,或通过校友访谈,了解大学教育经历对工作和事业成功的增值影响,或通过雇主访谈,了解学生是否在大学期间习得了工作所需要的知识和技能。例如,美国国家中学后教学改进中心设计的"大学就读成果调查"(CRS),对大学毕业后6~9年的学生进行访谈,让他们评价就读高校在多大程度上满足了胜任工作所需的能力培养需求。不管使用哪种方法,高校都可以基于增值评价结果来判断人才培养成效,进而改进人才培养质量。

三、注重过程评价促进学生自主发展

目前学界普遍认同,形成性评价(Formative Evaluation)是1967年由英国的评价学专家斯克里芬(M. Scriven)提出、后被美国的教育学家布卢姆(B. S. Bloom)引进教学领域的,指在教学过程中为了解学生的学习情况,及时发现教学中的问题而进行的评价。[1]过程评价以形成性评价思想为理论指导,但又不同于目标性取向的形成性评价,是一个促进学习者自主发展的过程,遵循过程性与目标性并重的取向。过程评价已经成为世界一流大学在学生评价、特别是学业评价上通用且重视的评价手段之一。

(一) 突出学生的评价主体地位

随着现代教育理念从以教为中心逐步转向以学为中心,评价中教师角色的相对性隐退,学生角色的相对性凸显,促使学生成为学习活动的主体,域外的过程评价于是从以传统师评为中心,逐渐转变为以学生自评为主、他人评价为辅,形成以师评为线、生评为面的新型评价机制。而且,过程评价被视为一个对学习过程的价值进行建构的过程。它不可能通过一次评价完成,而是强调过程的价值,注意到学习的过程也是反映学习质量水平的重要方面,强调学习者适当的主体参与,评价在学习过程中完成。在评价的功能上,与形成性评价注重评价的诊断作用不同,过程评价全面重视评价的功

---

[1] 莫雷.教育心理学[M].北京:教育科学出版社,2007.

能,包括确认学习质量、进行诊断导向和学会评价等三个方面。过程评价主张评价主体和客体的整合,学生并非只是被评价的被动客体,而是评价的主体和积极参与者,与教师共同协商判断渗透于学习过程中的成果价值,共同建构对评价的理解和把握。因此,过程评价以每位学生发展的内在需要为出发点,突出学生在评价中的主体地位,充分重视不同学生之间的个体发展需求差异,实现学生的基本发展与自我实现相统一。[1]

在过程评价中,学生的自我评价包括借助教师提供的评价方式进行自我测评,也包括学习过程中的自我反思、自我修正。从教学评价标准依照的参照系来看,过程评价属于个体内差异评价,是一种把学生自身的过去与现在进行对比从而得到结论的评价方法,旨在及时反映学习中的真实情况,促使学生总结经验、纠正不足。同时,学生被引导关注学习态度和学习方式的转变,变被动式学习为自主式、探究式学习,以促进自身的持续成长。为了实施好过程评价,域外高校往往进行教、学、评一体化设计:在进行课程设计的同时考虑学习过程评价的设计,将学习过程评价按模块进行适当分解,分布于课程的阶段性内容中,并与学生的学习日志或学习记录档案袋结合起来,使学生在学习过程中,选择性地进入必要的诊断、评估、反馈、修正环节并获得提高。如此一来,可以真正地关注学生的学习过程,更好地发挥出学习评价对于学习过程的诊断、监控、反馈作用。另外,为了帮助学生作好自我评价,包括英国开放大学在内的不少高校制定了《学生考核手册》,把课程考核规范化、制度化[2],并促进学生在课程教学过程和评价过程中的积极性与主观能动性。

(二) 考核形式灵活多样

过程评价主张凡是具有教育价值的结果,都应当受到评价的支持与肯定,主张对学习的动机态度、过程和效果进行三位一体的评价,这种理念由于采用灵活多样的考核形式而得到落实。也就是说,过程评价不仅关注学生的学习能力发展过程,而且关注学生的学习态度以及在学习过程中的成果。因此过程评价既支持从外部对

---

[1] 张红梅. 美国高校学生评价方法研究[D]. 上海:华东师范大学,2005.
[2] 张胜利. 英国开放大学课程考核制度探析——基于对《学生考核手册》的分析[J]. 当代继续教育,2014,32(3):72—76,88.

学习成果实施"量化"测量,更倡导和重视"质性"方法,强调内部、开放的评价过程,将评价贯穿于教学过程的始终,包含了灵活多样的考核形式。事实上,自20世纪90年代以来,质性评价逐渐在美国高校的学生学业评价中占据主导地位,且惯用的质性评价侧重于全程性评价,评价内容的覆盖范围较为广泛,评价主体呈现多元化。当然,过程评价并没有完全摒弃量化评价的方式,而是将量化评价与质性评价充分结合。[1]

在具体实施上,过程评价在各种传统标准化测验手段的基础之上,采用灵活多元的形式来考察学生学习的动机态度、过程和效果。例如,通过分组、讨论、记录、展示,让学生完成作品或任务、团体合作、口头演说、辩论、展示、实验、调查问卷等多种方式进行,而非以单一选择的方法;从广泛的过程背景中,收集体现学生学习情况和多种能力的信息,而不只依靠单一的考试背景。因此,国外高校的课程成绩构成,平时成绩占比不小,几乎所有的专业课都有期中考试和平时作业,而且作业量相当大。许多课程还设置研究项目的考核任务,多数需要提交长达20—30页的项目论文或研究报告。例如,在美国的德州农工大学核工程专业,"辐射探测与测量"和"核工程实验"两门课程设有实验教学环节,考核形式除作业、期中考试、期末考试外,还包括实验笔记、实验报告和其他形式。有些课程还加入了出勤率、学期报告和口试的考核。其中,口试除了可以考察对知识的掌握能力,还能反映学生的语言表达技巧和沟通能力,并杜绝笔试中可能出现的作弊现象。[2] 在加拿大布兰登大学的"微积分"课程教学中,成绩由平时成绩(55%)和期末闭卷考试成绩(45%)组成,其中平时成绩为三次测验加上作业表现。每次作业和测试由老师或助教批改给出分数,并按比例记录到学生成绩系统。[3]

---

[1] 齐天.高校学生质性学业评价研究[D].石家庄:河北师范大学,2013.

[2] 王庆宇,彭帮保,李忠宇.基于过程性考核的专业课教学方法研究[J].黑龙江科学,2018,9(8):19—21.

[3] 王红丽,John CHEN.注重学习过程考核的加拿大微积分课程教学——布兰登大学的微积分课程教学给我们的启示[J].大连大学学报,2019,40(6):129—132.

第四节 学生评价改革的典型案例

学生培养质量是衡量一所学校最重要的标准,近年来很多国内高校在学生评价改革方面进行了大胆的探索,并取得了一定的宝贵经验,国外一流大学也积累了丰富的实践成果可供借鉴。根据改革措施的代表性、学校的代表性和改革效应的代表性等因素,选取了复旦大学、苏州大学、中南民族大学、中国政法大学等四所国内知名高等学府及美国威斯康星大学麦迪逊分校作为典型案例,从创新人才选拔制度改革、学业过程化考核评价改革、学生综合素质评价探索、研究生学位论文评价改革等角度,分析学生评价改革的经验和启示。

一、复旦大学:不断健全生源综合评价机制

复旦大学从 2006 年至今,结合"人文情怀、科学精神、专业素养、国际视野"人才培养理念的内在要求,探索科学选拔创新人才的途径,一方面试图克服片面的"唯分数论"应试教育的弊端,另一方面不断探索根据学生综合素质评价选才的切实可行的办法。经过多年探索,复旦大学创立了一套"笔试+入学申请+面试"的选才模式。这一模式在一定范围内的推广,通过学生在校的实际表现证明了其方法的科学性和有效性,推动了本科教育教学改革,同时还在培育素质教育观、全面发展的育人观等方面引领了社会价值取向。

(一) 改革目标

复旦大学人才选拔制度改革的目标是,根据育人要求和特色科学选拔具有创新发

展潜质、符合复旦大学人才培养理念、契合大学自身育人定位和特色的学生。复旦大学在开展人才选拔制度改革探索上,确立了三大原则:1)招生要体现学校人才培养理念。招收更多符合培养理念、具有培养潜质的学生。2)选拔要展现学校学术与文化内涵。充分依靠教授的学识与风貌,展现学校学术与文化内涵,科学选拔创新人才。3)大学要有引领社会进步的职责。应试是必要的,但是要以积极倡导素质教育来"冲击"片面应试教育,这是大学不可推卸的社会责任。[1]

(二) 改革举措

复旦大学依据其人才培养理念,坚持人才选拔方式改革既定的理念和思路,主要从以下四个方面采取措施推进改革。

第一,倡导素质教育和全面发展的理念。复旦大学在广泛的招生选拔中对学生提出综合素质、全面发展的要求,倡导科学发展理念的社会导向,这也与复旦本科通识教育理念一脉相承。

第二,确立了全面的学生考察评价标准。在课程知识水平外,还对学生的思想品德、社会责任感、理想信念、发展潜质和其他专长与天赋各方面的综合素质有所评价,选拔与复旦理念相符合的优秀人才,以便在高等教育的第一阶段即最大程度实现选拔与培养的对接。

第三,建立科学评判机制和专家面试队伍。复旦大学充分依靠教授资源,建立了一套体现教授治学、展现学校学术与文化特点的评判机制和专家面试队伍。教授在面试中使用自主命题并科学评判,以此考察无法通过笔试反映出的学生素养。

第四,严格的选拔办法与实施制度作保障。学校制定了一套既基于高考又体现高校自主性的严密的选拔办法,并严格实施。复旦大学在具体实践操作中立足三点:其一,坚持高考的主体地位不动摇;其二,积极配合政府的整体布局;其三,根据教育现状和条件及时调整选拔方式。在严格的制度保障下,以高考为基础,学校自主确定标准、设计程序、实施选拔,创设"笔试+入学申请+面试"模式,兼顾自主性、

---

[1] 游畅等.科学选拔创新人才的理念、方法与成效——2006—2017复旦大学改革探索综述[J].华东师范大学学报(教育科学版),2018,36(3):117—124,170.

科学性与公平性。[1]

(三) 改革重点

复旦大学科学选拔创新人才的探索分为两个阶段：2006至2014年的"自主选拔录取改革试验"，2015年至今的"综合评价录取改革试点"，形成了"笔试＋入学申请＋面试"模式。

笔试环节。在自主选拔录取改革试验阶段，推出"复旦大学优秀高中毕业生文化水平测试"，内容涵盖高中语文、数学、英语、政治、历史、地理、物理、化学、生物和计算机10个科目，满分为1000分，最终以标准化分数的形式公布成绩。此项测试主要用于对学生基本学业情况的综合考量，同时用于划定入围面试分数线。综合评价录取改革试点阶段，直接采用统一高考成绩作为笔试成绩，高考成绩既是入围面试的分数线，也是综合总分的一部分。

入学申请环节。笔试成绩达线或由中学校长直接推荐且公示无异议的优秀考生（综合评价录取改革试点阶段取消直接推荐）可以自主提出入学申请，并提交《入学申请手册》。学校组织专家审核申请者提交的材料，审核通过者进入面试选拔。

专家面试环节。挑选250—300位在该校工作6年以上的教授参与专家面试。所有教授在面试前均接受学校组织的统一培训。面试教授分成50—60个专家组，每组5名专家，在考虑其面试经验、学科、性别等因素后由电脑随机分组。考生根据笔试成绩以组间无差异原则随机分组，每组10人。面试当日专家组与考生组在现场抽签配对，每名考生分别面对5位专家，依次接受一对一的面试，每位专家面试一名考生的时间为15分钟。面试主要通过沟通、提问等形式来考查考生的综合素质。面试结束后专家独立评判互不影响。最后综合5位专家的评分成绩进行排名（不足10人的考生组线性折算），从高到低择优给予考生优惠政策。综合评价录取改革阶段，考生面试成绩依据规则折算为具体分值。以2017年为例，根据《复旦大学2017年上海市综合评价录取改革试点招生简章》规定，面试成绩折算公式如下：面试成绩 = ∑［(31 − 每位专

---

[1] 游畅等.科学选拔创新人才的理念、方法与成效——2006—2017复旦大学改革探索综述[J].华东师范大学学报(教育科学版),2018,36(3):117.

家排名)×2]。

录取环节。自主选拔录取改革试验阶段初期,考生通过面试,即可根据招生计划择优录取。2011年后要求考生高考成绩达到当地第一批本科录取控制分数线。综合评价录取改革试点阶段,根据"两依据一参考"原则,作为录取依据的综合总分由三部分组成,其中高考成绩占60%,面试成绩占30%,高中学业水平考试成绩占10%。高中学业水平考试成绩经过换算计入作为录取依据的综合总分。以2017年上海高考为例,上海(2017)高中学业水平合格性考试折算如下10门科目成绩:语文、数学、外语、思想政治、历史、地理、物理、化学、生物、信息科技。合格科目的分数折算为100分,不合格或无成绩科目的分数折算为0分。高中学业水平合格性考试成绩满分折算为100分。折算公式为:上海高中学业水平合格性考试成绩 = $\sum$(各科折算成绩÷10)。[1]

(四) 改革成效

第一,探索出具有科学性、示范作用且可推广的人才选拔办法。复旦大学人才选拔的基础(高考、高中学业水平考试)、方式(笔试+面试)、途径(入学申请+面试)既具有科学性,又具有广泛的社会基础,得到政府主管部门的认可。2017年开始在上海的综合评价录取改革试点中使用的《上海市普通高中学生综合素质纪实报告》主要内容与复旦大学长期使用的《入学申请手册》内容大体对应。而复旦大学科学选拔创新人才的第二阶段,即综合评价录取改革试点,本身也是因为复旦大学十多年改革探索积累了丰富的经验,打下了坚实的基础,才能在《国务院关于深化考试招生制度改革的实施意见》发布后,首批获准开启新一轮探索。复旦大学科学选拔创新人才的原则和办法,也得到众多兄弟高校的认可,并在自己的改革探索中引用或借鉴或受到启发。

第二,保证了一流生源,彰显了复旦人才选拔方法的科学性。通过确立基于人才培养理念的评判标准,一大批综合素质优秀的学生被录取,带动了学生整体层次的提升,学校的人才培养质量也随之显著提高。从学校的相关调研来看,通过自主选拔(综合评价)录取学生的高考成绩虽然普遍低于高考统招录取分数,但他们进校后的学习

---

[1] 游畅等.科学选拔创新人才的理念、方法与成效——2006—2017复旦大学改革探索综述[J].华东师范大学学报(教育科学版),2018,36(3):118—119.

成绩却是名列前茅;并且不仅在课程学习方面,获得奖学金的人次、参与本科生学术研究的积极性、出国出境交流深造比例,以及就业创业等多方面,自主选拔(综合评价)录取的学生都展现出了他们的优秀特质。这些一方面证明了复旦大学通过这样的人才选拔方法确实招收到了一批最适合自己培养的优秀学生,另一方面也坚定了复旦大学坚持招生改革探索、推进选才方法创新的信心。

第三,良性循环助力本科教育教学改革。人才选拔工作促成全校一系列工作合力推进。复旦大学每年300多位教授直接参与本科招生选拔,得益于教授们对于学校人才选拔和培养的高度重视与付出,也得益于学校本科教育教学改革的整体部署,促进了招生与教学有机联动。通过邀请大批一线教授参与人才选拔,各院系在制订培养方案、设计课程内容时更了解学生的特点、需求,将学校人才培养理念融入其中,从而推动本科教育教学改革。从更长远的视角来看,人才培养目标的提升反映了人才培养质量的提升,而人才培养质量的提升,正是包括人才选拔在内的上述一系列联动活动的最终成果。

第四,以素质教育理念、全面发展育人观正向引领基础教育和社会价值取向。通过综合评价考查的内容和要求,复旦大学向社会传递了大学需要综合素质高、全面发展的学生的信息,引导中学实施素质教育,使其开始注重提高学生的综合素质,起到了"指挥棒"的作用。同时,复旦大学在人才选拔中坚持的基本原则和严密而规范的实施制度,在海量的媒体报道和社会舆论中,始终占据正向位置,增强了社会大众对素质教育的信心,起到了"定心丸"的作用。另外,面对境外大学以自由灵活的选拔方式吸引了众多优秀学子,复旦大学倡导的育人观掀起了全社会更大范围、更深程度的对于我国创新人才、高端人才乃至"创新高地""全球化智库"现状的关注和讨论,使更多民众意识到我国高校现有人才选拔制度与世界一流大学之间的差距,也意识到未来的人才竞争不仅仅是国内的竞争,更是世界舞台上的竞争,起到了"警示灯"的作用。[1]

(五) 案例评析

复旦大学的招生改革较有代表性。目前较为完备可用且被社会普遍接受的高中

---

[1] 游畅等.科学选拔创新人才的理念、方法与成效——2006—2017复旦大学改革探索综述[J].华东师范大学学报(教育科学版),2018,36(3):120—122.

学生综合素质评价材料只有上海市的相关材料,这也是复旦大学仅在上海综合评价录取改革试点中实际使用高中学生综合素质评价材料的原因。上海探索的这套记录办法也还需要继续完善。比如,《上海市普通高中学生综合素质评价实施办法(试行)》(上海市教委,2015)在"记录方法与程序"部分规定,"以高中学校为记录主体,采用客观数据导入、高中学校和社会机构统一录入,学生提交实证材料相结合的方式,客观记录学生的学习成长经历",其中有权导入数据的社会机构实际就是学生"有效"参与课外活动或实践的机构。这类机构是否有明确的更新、淘汰的机制尚不明确。学生可以记入系统的活动固然需要遴选,但如果学生必须参加某些机构的活动才可以被录入系统,那么这些机构是否会在新的选拔体制中形成"优越性"?

另外,如何为面试选拔提供更好的参考值得思考。复旦大学通过教授面试的方式选拔人才,学校通过面试前统一培训来对选拔标准进行宏观规范。个别教授判断的自然浮动或个性化特点,并不影响整个群体的选拔标准。然而,在实际选拔中,学校也确实发现与大多数教授相比,个别教授的判断差异明显,这种差异掩盖在整体的统计数据中,但在个体评价时,个别教授的评判可能会对某位学生的录取产生重大影响。从面试的标准化角度出发,这种"异常值"应该被去除,在下一次的面试中不再邀请这位教授是一种解决办法,当然,这种异常值可能具有一定的偶然性,可能代表着某种偏好或独特视角。此外,也还可能存在没有发现的"异常值"。

二、苏州大学:以学生发展为中心推进课程过程化考核改革

苏州大学自2013年起推行课程过程化考核改革试点工作,已形成较为完善和典型的课程过程化考核的经验。

(一) 改革目标

苏州大学是国内较早确立以"课程建设与改革"为核心、全面提升人才培养质量作为基本战略方针的学校,学校通过颁布规章制度、设置目标导向、增加助教岗位、灵活考核时间、多样化考核方式等举措,在深入调研和论证的基础上扎实推进课程过程化

考核改革试点工作。经过三年六个学期的试点,课程过程化改革已经全面覆盖24个学院的380余门课程,涵盖了公共必修、专业必修、专业选修等多个性质课程,改革试点已初显成效,学业考核的重点从关注学生的学习绩效转移到学生的学习过程上来,有助于提升学生课程满意度和教师教学改革的实效性。

苏州大学先后制定了一系列实施方案,如《苏州大学本科课程考核管理办法(试行)》《苏州大学本科课程考核管理办法(2017年修订)》和《苏州大学学生助教工作实施细则(试行)》等,为过程化考核的改革奠定了完善的政策体系。苏州大学2013年首次试点课程范围涉及全校19个学院(部),共计80门次课程。课程主要包括三类,一是前期已在学院(部、单位)层面开展过程化考核改革试点的课程;二是部分通识教育课程;三是国家特色专业、江苏省重点建设专业(类)中的部分核心课程。[1] 2016年时,则已全面覆盖了24个学院的380余门课。[2] 2019年的第一学期课程过程化考核改革试点工作中把试点课程范围划为"通识教育课程、大类基础课程以及专业必修课程,重点是面向专业数、学生数较多的公共基础课程"。苏州大学对于不同类型的本科生课程过程性考核体系有着不同的考核标准。可见苏州大学过程化考核体系的设计较为完善,不仅考虑到考核体系的可操作性,而且从多个方面开展了改革,多举并施。

(二) 改革举措

第一,考核方式多样化。过程化考核和以往传统的集中采用笔试的单一方式不同,主要在以往笔试的考核方法基础上增加课堂表现、随堂检测、小论文、讨论会报、在线学习等多种灵活的考核方式,不同的考核方式所占的成绩比例不同,有效地补充了考核方式的多样性,提升学生的学习兴趣和主动性,也促进了教师对学生评估结果的全面化和合理性。

第二,考核时间更灵活。传统的考核时间固定在期中期末考试阶段,教学活动行

---

[1] 严宏伟.高校教学过程化考核管理的实践与构想[J].科技创新导报,2013(25):111—112.

[2] 许凯.高校课程过程化考核的改革与实践——以苏州大学为例[J].科教文汇(中旬刊),2016(7):2.

将结束,不便于考察学生对于知识的掌握程度。而苏州大学的课程改革,将考试时间与教师讲授课程的进展相结合,分阶段进行考核,教师能够及时了解教学效果进而调整教学计划。例如,苏州大学电工电子实验教学中心对部分软件应用类、基础实验类的课程实施的过程化考核[1],考核点分为5个内容,而考核的时间段分为6阶段,1—3周是实验室安全与实验规范的笔试考试,占成绩的10%;4—6周是通过面试考察常用仪器设备使用,成绩占10%;第8—10周,则是考察焊接能力与技巧,占20%的分值;其中第7、11、17周分别开展汇报交流,占20%的成绩比例,第12—16周则是电子产品装配和调试,占据了30%,最后第18周则是占10%成绩的实验报告。这门课程根据不同的考核点,采用了多种教学方式和考试形式,提高了学生的动手能力,加深了学生对知识的掌握程度。

第三,增加学生助教岗位。苏州大学为每位担任过程化考核课程的教师聘请学生助教,协助其完成课程教学工作。根据苏州大学学生助教实施细则[2]规定,助教的岗位职责包括课前准备,课堂教学辅助,答疑与辅导环节,实验实践辅助指导,网络教学辅助和教师发展中心安排的相关工作和主讲教师的布置的工作。岗位的聘任要求包括硕士研究生,应届本科生及特别优秀的高年级本科生,教务部教师教学发展中心向全校发布助教岗位后即可申请,之后组织安排面试工作,聘请后则安排岗位培训,相应的还有岗位的管理和考核制度。学生助教聘期为一学期,并且还能获得岗位津贴。这意味着学生不再处于被动的地位,能够更主动地参与到课堂中来,深度参与课堂的互动环节,构建平等的师生关系。同时助教还能够架设教师和学生沟通的桥梁,为学生提供更多学习上的便捷。

第四,设置目标导向。从改革的角度看,实施过程化考核的目标就是要改变学生的学习习惯,树立正确的学习态度和方式以提高学术的学习成绩。在苏州大学的考核机制建设中强调了以目标作为导向,从学院到班级到学生,都需要制定一定程度的教学或学习目标,并且将其作为评价项目。

---

[1] 方二喜等.以目标驱动为支撑的课程过程化考核探索与实践[J].实验科学与技术,2016,14(4):136—138.
[2] 苏州大学学生助教工作实施细则(试行)[EB/OL]. http://ysxy.suda.edu.cn/dd/70/c5213a56688/page.html.

第五，引入适当的激励机制。苏州大学的改革考核监督组提出要在学生的日常考核当中，通过考勤奖励管理、教学活动策划以及成绩综合评估等方式，调动学生的学习积极性。在教师的考核管理方面，抛弃了传统监督机制给教师增加过大压力的模式，而是在宣传过程化考核管理改革的必要性和重要意义的同时，针对教师的教学管理建立了科学的激励机制，特别是对教师的教学工作量以及教学质量进行更加科学的核算，让重视学生多方面能力培养、教学质量提升以及过程化考核管理机制执行得更好的老师得到应有的回报。

（三）改革重点

第一，引导学生学习能力的提升。苏州大学的过程化考核带来的考核时间、考核方法、考核参与的变化，使得考核的重点已经从关注学生的学习绩效转移到学生的学习过程上来，突出了学生在考核中的主体地位。通过实施过程化考核，提高学生发现并分析解决问题的能力和组织能力、表达能力等，是苏州大学改革的重点目标。同时，通过多样化的过程化评价手段，来引导学生进行自我评估，学会自我监督、反思和调整，进而全面提高学习成绩，养成良好学风。

第二，激励教师教学积极性。苏州大学的课程改革对传统单一的考核评价机制进行了创新和优化，也破除了传统考核机制中的桎梏，不仅旨在促进学生的学习热情、提高学习效果，也意在充分调动教师的主观能动性，使得从上至下形成重视过程和全面发展的教学评价思维，为培养现代化的高素质人才夯实基础。

（四）改革成效

苏州大学通过改革，构建了一套以学生发展为中心的过程化考核体系，对于提升和加强学生的学习绩效产生明显成效。在苏州大学针对本科生课程过程性考核的调研中[1]，发现有46.67%的人对于过程化考核是满意的，并且认为过程性考核可以"调动学习风气"、督促学生及时掌握专业知识、反映出学生的学习态度等。在苏州大

---

[1] 徐芳，贺亚娟，马丽.本科生课程过程性考核现状调查与分析：以苏州大学为例[J].忻州师范学院学报，2020，36(2)：106—110.

学某一课程的总评成绩中,成绩合理分布,并且当年的评教分数92.82比往年提高了2.88分,上升了一个等级,说明过程化改革得到了学生的肯定和支持。有学者总结,过程化考核改革小组的实践显现出,过程化考核除了督促学生自主学习的功能外,还发挥出科学考核结构,优化教师团队工作模式等作用。[1]

(五)案例评析

苏州大学的课程过程化考核经过8年的运行,从顶层设计、制度保障、实施方案、考核评价方面都建立了较为完善的评估制度,得到了师生的肯定。尤其考虑到考核改革是一件长期系统的工作,考核的结果需要经过长时间的检验和不断修订,才能逐渐达到最优效果。苏州大学的课程过程化考核经过了时间的检验,是一个完整的样本案例,具有参考借鉴价值。

一是要更加注重课程差异化考核。虽然过程化考核采用多种考核方式,但不同性质的课程差异大,不同专业的课程差异更大,只采用统一的评价标准必将影响到过程化考核的结果。苏州大学的过程化考核保留了终结性考核的统一性,标准化的特定,强调学习的过程,在不同课程的基础上,还需考虑到基础不同的学生,布置个性化、研究型、开放性的考核内容。

二是要进一步强化教学反馈功能。在教学评估中应该从学生自评、学生互评、教师评价学生、教务部门评价教师和学生等多方面综合考虑,才能够得到全面客观的教学评价成果。但是过程化考核仅仅是教师评价学生,对学生学习状态的反馈有限,可能无法充分发挥课程化改革作用。

三、中南民族大学:定量定性评价相结合考察学生综合素质

中南民族大学注重培养学生的责任感、创新精神和实践能力,并以综合素质评价改革为抓手实现以评促发展。

---

[1] 缪俞蓉.高校教学过程化考核管理探究[J].中外企业家,2019(24):165—166.

（一）改革目标

中南民族大学围绕建设特色鲜明、人民更加满意的高水平民族大学的目标，通过整合原有相关奖学金评选细则和办法，统筹规划，修订新的奖学金评选办法，旨在贴合学生培养目标的新变化，更加注重对在德智体美劳等方面全面发展或者在思想品德、学业成绩、科技创造、体育竞赛、文艺活动、志愿服务及社会实践等方面表现突出的学生给予表彰和鼓励，实行学生自我管理、自我服务、自我教育、自我监督，培养具有"独立思考、善于沟通、勇于担当、自然宽和、家国情怀、国际视野"特质的中国特色社会主义事业合格建设者和可靠接班人。

（二）改革举措

2019年，中南民族大学修订《中南民族大学学生奖学金评选办法》和《中南民族大学学生综合素质测评办法》开启学生综合素质测评改革。充分发挥学生综合素质测评体系的作用，通过对教育管理学生环节的动态过程纪实性记录来全面评价教育效果。

在奖学金评选基本条件中，不仅注重体育锻炼、社会实践、志愿公益及各类活动，而且充分调动广大学生的学习积极性，激发刻苦学习热情，不断浓厚学习氛围。在奖学金种类设定方面，主要分设政府奖学金、校设奖学金和社会奖学金三大类。政府奖学金分为国家奖学金、国家励志奖学金，用于奖励特别优秀的及资助品学兼优的家庭经济困难学生。校设奖学金分为校长特别奖学金、吴泽霖奖学金、优秀学生奖学金、学习进步奖学金、单项奖学金。社会奖学金的评选对象、评选条件、评选名额、奖励标准由学校与社会捐资方所签订的协议内容确定。

在综合素质评价内容设置及运用方面，首先，学校规定学生综合素质测评由德育测评（A1）、智育测评（A2）、体育测评（A3）和发展素质测评（A4）四部分组成，测评成绩按照百分制计算。其次，德育测评主要考查学生的思想政治表现、道德品质修养、身心健康素质、组织纪律观念及宿舍行为表现；智育测评主要考查学生课程学习绩效，采用百分制；体育测评根据"大学生体质健康测试"成绩计算；发展素质测评主要考查学生在科技创造、体育竞赛、文艺活动、志愿服务、社会实践等方面表现。

（三）改革重点

第一，注重奖项设置全面化。学校在评选不同奖项时，根据奖项设立的侧重点，采用不同的评价模块和分值比例，最大程度地发挥奖项的激励和引领作用。

第二，注重评选指标合理化。学校将学生综合素质测评加减分标准分为10大类共177项，最大限度地涵盖学生在校期间思想、学习、课外活动及生活相关要素。根据科学开展综合素质评测工作的需要，每学年可修改一次学生综合素质评测加减分标准，并于每学年初发布。

第三，注重评选过程科学化。奖项评选坚持定量评测与定性评价相结合、纪实评价与民主评议相结合，合理地反映学生的实际素质变化状况。

第四，设定学习进步单项奖，用于奖励学习进步较大的学生，依据"综合素质排名进步百分比"排名确定学习进步奖学金获奖学生，并且规定"学习进步奖"不与优秀学生奖学金、民族类专业奖学金、校友奖学金、各类社会团体资助设立的奖学金兼得。

（四）改革成效

中南民族大学的奖学金评选办法促进了学生在思想品德、学业成绩、科技创造、体育竞赛、文艺活动、志愿服务及社会实践等方面全面发展，坚持定量测评与定性评价相结合、纪实评价与民主评议相结合，根据学生综合素质评价办法，确定获奖的种类和等级，把测评指标既作为评价学生的基本依据，又作为学生发展的目标导向，提高了评价内容的全面性，提升了评价指标的合理性，增强了评价过程的科学性，提升了评价对象的积极性（比如，设立学习进步奖），真正起到了以评促建的作用。

（五）案例评析

中南民族大学坚持把铸牢中华民族共同体意识作为新时代民族院校办学治校工作主线，围绕立德树人的根本任务，结合自身生源的特点，以制度建设为抓手，科学设置综合素质评价体系，灵活运用综合素质指标，把学生综合素质评价作为衡量和记录学生全面发展的助推剂，通过设立不同的奖励机制，鼓励学生全面可持续发展。

该校在奖学金评审小组成员设置上也有亮点，例如，在国家奖学金评审组成员中有二级教授代表参与,在社会奖学金评审组成员中有校友与基金工作办公室参与,在学院奖学金评审组成员中有学院学生会主要负责人参与。这种做法大大增强了奖项评定的合理性及权威性。在优秀学生奖学金的评选比例上对于民族类专业学生有所倾斜,在奖学金奖项设置上还增加了学习进步奖,这说明中南民族大学立足学校校情,从学生的实际情况出发,真正做到以生为本。这种灵活运用和全面考查的做法目前走在国内高校的前列,具有一定的借鉴意义。

四、中国政法大学:多管齐下多维评价提升研究生学位论文质量

中国政法大学重视提升研究生学位论文质量,大力推进评价改革。

(一) 改革目标

中国政法大学于2013年制定《中国政法大学学位授予办法》,2016年进行了修订。以此办法为基础,学校制定了一系列的配套办法,如《中国政法大学学位论文形式要求》《中国政法大学学位论文答辩委员会工作要求及答辩会程序》《中国政法大学研究生学位档案管理规定》《中国政法大学博士学位论文预答辩管理办法》《中国政法大学学位论文学术规范审查办法》《中国政法大学优秀学位论文评选办法(修订稿)》等,构建起了学校研究生学位论文评价改革的框架,以期通过制度建设达到以评促建的目标。

(二) 改革举措

第一,分类制定研究生学位论文评价标准。学校根据研究生的学历层次,分为博士研究生、学术型硕士研究生、专业学位研究生,分类制定学位论文评价标准。其一,申请博士学位的学位论文应当对所研究的课题有创造性的见解,在理论或实践上对社会主义建设或本门学科发展有较大的意义,表明作者在本门学科上已经掌握坚实宽广的基础理论和系统深入的专业知识,具有独立从事科学研究工作的能力,在科学或专门技术领域作出创造性的成果。具体标准有:选题新颖,观点创新;论述充分,论证有力;资料翔实、广泛,表明申请人充分掌握学术界对本题目的研究现状;结构合理,层次

清晰,逻辑严密,语言流畅;写作及引文、资料标注符合学术规范等。申请硕士学位的基本标准为:从事科学研究,并独立撰写的具有创造性的学术成果,应当在理论或实践上对社会主义建设或本门学科发展有一定的意义,表明作者在本门学科上掌握坚实的基础理论和系统的专业知识,具有从事科学研究工作或独立担负专门技术工作的能力。其中,学术学位研究生学位论文须是一篇系统而完整的学术论文,应当对所研究的课题有新的见解;专业学位研究生学位论文应当反映研究生综合运用知识技能解决实际问题的能力和水平,可以将研究报告、案例分析等作为主要内容,以论文形式表现。具体评价标准包括:论文的选题意义;作者对本研究领域文献资料掌握的程度及所用资料与计算数据的可靠性;作者通过论文所反映出的基础理论与专业知识的水平程度;论文的独到之处及有否创造性的科研成果或实际应用价值;论文写作的规范性及语言的逻辑性等。

第二,严格学位论文评价程序。学校制定学位论文答辩委员会的工作要求,主要内容有:坚持标准,保证质量,严格把关,维护学位声誉,不得降格以求;发扬民主,在学术观点上可以各抒己见;答辩会一般以公开方式举行,校内外有关人员可以列席旁听;学位论文答辩应当逐一进行,逐一作出决议。同时,科学制定学位论文答辩会程序,确定了九大程序要求,规范的答辩程序确保了研究生学位论文评价的公正性和科学性。

第三,严惩学位论文作假。学校不定期开展研究生学位论文学术规范审查工作,确定以下情形属于学位论文作假行为:(1)购买、出售学位论文或者组织学位论文代写;(2)由他人代写、为他人代写学位论文或者组织学位论文代写;(3)剽窃他人作品和学术成果。对学位论文作假行为,规定了严厉的处理标准,包括:(1)抄袭、剽窃情节轻微的(不超过论文全文的10%),根据抄袭、剽窃的性质,酌情给予申请人责令修改论文1周后答辩或修改论文半年后1年内答辩的处理;(2)抄袭、剽窃情节较为严重的(占论文全文的10%—20%),根据抄袭、剽窃的性质,酌情给予申请人责令修改论文半年后1年内答辩或取消其学位申请资格的处理;(3)抄袭、剽窃情节严重的(超过论文全文20%),以及购买或由他人代写学位论文的,取消申请人学位申请资格;(4)以提交不同版本的学位论文文稿等方式,意图规避学术规范审查者,一经发现,一律半年后1年内重新提交学位论文并申请学位;(5)因抄袭、剽窃行为被责令修改论文1年内答辩,在第二次申请过程中再次有抄袭、剽窃行为且内容超过5%者,一律取消其学位申请资格;(6)因抄袭、剽窃情节严重被取消学位申请资格的学历教育研究生,所在二级培养单位视其情节严重程度,提出是否准予毕业的意见,报请学校审定;(7)已经授予学位的,学位论文作假行为经查证属实,撤销其学位,并注销学位证书;(8)取消学位申请资格或者撤销学位的处理决定,从作出处理决定之日起至少3年内,不再接受其学位申请。申请人为在职人员的,通知其所在单位;(9)为他人代写学位论文、出售学位论文,或者组织学位论文买卖、代写的在读学生,给予开除学籍处分。

第四,奖励优秀研究生学位论文,对研究生学位论文进行正面评价。为激励研究生更好地继承学术传统,发扬创新精神,鼓励产生具有重大理论价值和社会应用价值的原创性成果,加强高层次创新人才的培养,学校开展优秀学位论文评选工作。学校制定了优秀博士学位论文的评选条件,包括有:(1)选题为本学科前沿,具有重要的理论意义和现实意义,能够全面反映学科相关领域的发展状况;(2)在理论上具有创新性,能够填补人文社会科学理论研究的空白,在本学科领域达到国内领先水平或接近国际先进水平,或者能够运用新视角、新方法进行探索、研究,有独到见解和创新观点,并在相应领域取得突破性成果,在学术上产生重大影响或对传承人类优秀文化有重大贡献,或者对国家法制与经济建设、政府宏观决策有重要的实用价值;(3)符合学术规范,材料丰富、翔实,结构严谨,推理严密,逻辑性强,分析方法科学,研究难度大且研究深入,体现出作者具有很强的独立从事科学研究的能力;(4)导师推荐为优秀博士学位论文;(5)论文评阅人对于论文评价的优秀率达到总人数的三分之二以上;(6)论文答辩获答辩委员会全票通过,且答辩委员会三分之二以上成员同意评为优秀博士学位论文。优秀硕士学位论文的评选条件则包括:(1)选题具有一定的理论和现实意义,能够反映本学科相关领域的发展状况;(2)在研究方法和实际应用上有所创新,具有一定的学术价值;(3)符合学术规范,材料充分,结构严谨,推理严密,表达准确,文笔流畅,层次分明,反映作者在本学科掌握了坚实的理论基础和系统的专门知识,从事科学研究工作的能力较强;(4)导师推荐为优秀硕士学位论文;(5)论文评阅人对论文评价的优秀率达到总人数的三分之二;(6)论文答辩获答辩委员会全票通过,且答辩委员会三分之二以上成员同意评为优秀硕士学位论文。

第五,引入预答辩,对博士研究生学位论文进行二次评价。为进一步健全学校博士学位论文质量保障体系,加强过程管理,提高博士学位论文水平,保证博士学位授予质量,学校于2019年制定《中国政法大学博士学位论文预答辩管理办法》,对博士学位论文开展预答辩。博士学位论文预答辩是博士研究生在完成学位论文撰写、即将提交论文送审前的论文质量过程控制环节,旨在判定学位论文是否达到基本要求,及时发现存在的问题和不足,以便博士研究生进一步修改和完善学位论文的一种举措,预答辩制度进一步加强了对研究生学位论文的评价功能。

(三) 改革重点

中国政法大学研究生学位论文评价制度的改革重点有三:一是既保证了学生学位论文评价的结果达到学位标准和要求,又对接了社会需求,满足了社会对专门人才培养的评价标准;二是既完善了基本的研究生学位论文评价体系标准,又通过奖励和惩罚两方面,进一步强化对研究生学位论文的评价功能;三是研究生学位论文评价设计的最终目标都是旨在提升研究生培养质量,提高研究生的社会竞争力,满足国家建设要求。

(四) 改革成效

研究生学位论文评价制度在研究生成长成才过程中扮演着重要的角色。中国政法大学通过不断完善制度,改进程序,加强研究生学位论文评价工作,在学位论文指导、学术规范性审查、论文评阅、论文答辩等环节严格把关,不断强化规则意识、底线意识,有效地解决了目前研究生培养单位普遍存在的研究生学位论文标准不明、研究生学术不端行为、研究生学术论文写作训练欠缺等问题。另一方面,通过对各层次研究生学位申请总数和硕士学位、博士学位授予比例情况也可以看出,淘汰率逐年提高,学位论文质量逐年提升,有效地改变了以往研究生"严进宽出"的状态,在学生群体中营造出了学习的紧张氛围,冲击、消解了过去研究生较为懒散的学习状态,加强了对研究生学术能力的全面培养,激发了教育活力,提高了培养质量。

(五) 案例评析

对研究生学位论文进行评价,是培养研究生学术能力的重要手段,是检验研究生学术水平的重要标志。教育部 国家发展改革委 财政部《关于加快新时代研究生教育改革发展的意见》指出:培养单位要完善质量控制和保证制度,抓住课程学习、实习实践、学位论文开题、中期考核、论文评阅和答辩、学位评定等关键环节,落实全过程管理责任,细化强化导师、学位论文答辩委员会和学位评定委员会权责,杜绝学位"注水"。意见将研究生学位论文评价放在了一个前所未有的高度。

中国政法大学依据教育部、国务院学位委员会等部门制定的相关文件,在制度上制定一系列规章制度,在措施上全力推行学位论文评阅制度、预答辩制度、答辩制度、学位论文学术规范审查制度、优秀学位论文奖励制度等,全面构建起了一套行之有效的学位论文评价体系,在国内政法院校中是走在前列的。研究生学位论文评价的"标准化""科学性"也确保了评价工作的公开、公平和公正,对研究生成长成才具有指引作用,具有一定的典范意义。

五、威斯康星大学麦迪逊分校:扎根证据多层面开展学习结果评估

美国大学是开展学生学习结果评估的先行者。20 世纪 80 年代,美国发表的三个国家报告《投入学习:开发美国高等教育的潜力》《大学课程的完整性》和《追求结果的时代》促使高等教育评估从关注教育投入转变为关注教育产出,为大学开展学生学习结果评估提供了政策背景。学生学习结果评估兼具"问责"和"改进"的双重功能,成为美国高等教育质量保障的重要一环。[1] 威斯康星大学麦迪逊分校(University of Wisconsin-Madison,以下简称"麦迪逊分校")是世界知名的研究型大学。该校颇为注重质量评估,是 2016 年首批获得美国大学与学院协会"卓越评估计划"认可的 10 所高校之一,其对学生学习结果的评估受到广泛赞誉。

(一)改革目标

美国大学开展学生学习结果评估受到外部问责和内部改进的双重驱动。从大学外部来看,联邦政府、州政府和认证机构提出相关标准和要求,麦迪逊分校需要满足这

---

[1] 谢晓宇.美国高校学生学习结果评估的特征分析——以威斯康星大学麦迪逊分校为例[J].教育发展研究,2019,38(9):40—46.

些标准和要求以证明大学的效用,因此,认证是麦迪逊分校开展学生学习结果评估的主要推动力。麦迪逊分校不仅接受中北部院校协会(Higher Learning Commission,HLC)的区域认证,而且部分学院和专业还需要参加专业认证。从大学内部来看,麦迪逊分校强调评估的改进功能,期望获得和使用证据改进教学质量和学习质量。问责和改进相互独立又密不可分。[1] 换言之,通过评估回应外部对大学效用的问责和实现大学内部改进,以提高学生学习的结果,既是麦迪逊分校实施评估的目的,也是其开展评估的动力。[2]

(二) 改革举措

第一,以学习目标为导向开展评估。学生学习结果评估计划是以"威斯康星经验"(Wisconsin Experience)为框架,以"基本学习结果(Essential Learning Outcomes,ELOs)"为指导来制定的。"威斯康星经验"根植于百余年前的"威斯康星大学理念"(Wisconsin Idea),它期望威斯康星的教师、学生和工作人员成为影响世界的重要人物,期望威斯康星大学的毕业生寻找和创造新的知识和技术、富有激情、适应新的形势,成为参与世界事务的公民。而"基本学习结果"主要针对通识教育,由美国大学和学院协会所发起的名为"通识教育与美国前景"(Liberal Education and American's Promise, LEAP)的国家公共宣传和校园行动倡议。通过全国性调查和访谈,确定了一套评价学生学习结果的规则,为学生迎接21世纪的挑战做好准备。麦迪逊分校采用了"基本学习结果"作为本科生的学习目标,并开发了硕士和博士层次学生的学习目标(见表3-1)。例如,本科生的学习目标包括四个方面:人类文化知识以及物理和自然世界(如科学、数学、社会科学、人文、历史、语言和艺术的相关研究);知识和实际操作技能(如书面和口语表达、信息媒体和技术素养、团队精神等);个人与社会责任感(如公民意识、跨文化的知识和能力等);综合能力(如基础知识和专业知识的整合)。这些目标是推动学习结果评估的"晴雨表"。

---

[1] 谢晓宇. 美国高校学生学习结果评估的特征分析——以威斯康星大学麦迪逊分校为例[J]. 教育发展研究,2019,38(9):40—46.
[2] 谢晓宇. 美国大学学生学习结果评估个案研究——以威斯康星大学麦迪逊分校为例[J]. 比较教育研究,2017,39(4):54—60.

第二,多层次开展评估。在院校层面,通识教育被看作是能够反映学生整体本科学习结果评估的项目。麦迪逊分校的通识教育强调本科教育的四个基础领域:学习广度、沟通能力、种族研究、定量推理。普通教育计划与"威斯康星经验"和"基本学习结果"保持一致,强调学生的基础知识和基本技能,由大学通识教育委员会(University General Education Committee,UGEC)负责监督和实施,并与大学学术规划委员会共同治理。在专业与学位论证层面,麦迪逊分校提供包括学士、硕士、博士以及专业和证书水平等不同层次的学术评估项目。每个项目都要明确学生的学习目标,并制定与目标相一致的评估计划。在课程层面,在设计新课程或计划之前,教师要制定课程目标。麦迪逊分校的所有课程必须制定教学大纲,明确阐述课程目标和学生学习目标。教学大纲要经过学术规划和机构研究委员会的审批。

第三,制定系统评估计划有序推进评估活动。高质量的学生学习结果评估体系依赖于评估计划的持续性和系统性。在麦迪逊分校看来,学生学习评估应该考虑几个问题:学生期望学习什么?为学生提供什么样的学习经验?如何了解学生学习的状态?如何利用"证据"检验或改进项目?因此,麦迪逊分校要求每个层面的评估项目都制定一个计划,每年至少进行一次评估活动,并向教务长办公室报告,根据结果改进计划。具体而言,每个评估项目至少应该制定3~5个学习目标,并说明如何让学生达到这些学习目标。评估报告包括检验和调查结果的总结。[1]

表3-1 麦迪逊分校硕士和博士层次学生的学习目标

	硕士层次	博士层次
基本目标	所有麦迪逊分校的学生在进入研究生计划之前至少拥有一个学士学位。获得硕士学位的标准取决于学生参与的是研究型、项目型还是课程型计划,并在计划完成之前期望达到以下的具体目标(知识和技能、职业行为)	无论学生是否获得硕士学位,博士层次的学习目标都包含硕士层次的学习目标。研究型博士计划要求学生完成博士论文,专业型博士计划主要取决于学生在计划中的表现。同时获得两项计划的学生期望达到以下的具体目标(知识和技能、职业行为)

---

[1] 谢晓宇.美国大学学生学习结果评估个案研究——以威斯康星大学麦迪逊分校为例[J].比较教育研究,2017,39(4):54—60.

续表

	硕士层次	博士层次
知识和技能	阐明研究领域的理论、方法和实践; 指出研究领域所面临的问题和挑战; 从历史、社会和全球化的视角分析研究领域的相关问题; 选择和运用最恰当的方法和实践; 评估和整合研究领域的相关信息; 清楚地传达适用于研究领域的方法	阐明研究领域的理论、知识和实践存在的问题和局限; 形成研究领域之外的思维、概念和技术; 拓展学习的广度; 促进研究对社会的贡献; 简明、清楚地传达复杂的想法
职业行为	了解和运用职业行为和职业道德的原则	培养职业道德和职业行为

(资料来源:麦迪逊分校教务长办公室提供的2015年学生学习结果评估计划。)

(三) 改革重点

一是形成评估的"证据文化"。"证据"指通过各种评估方式获得的信息和数据。这些信息和数据除了用于外部问责,证明大学达到相关的标准和要求之外,更重要的是改进教学和学习质量,形成"证据文化"。它强调在评估中用数据"说话",也就是如何基于证据进行教育决策,从而促进个人和机构的改进。"证据文化"盛行于麦迪逊分校的评估活动,学校期望通过该文化引领学生学习成果评估的开展,最终达成提升学生学习质量和学校教育质量的双重目标。[1]

二是使用多种评价工具和测量手段。参与学生学习成果评估项目的教师和工作人员可以使用直接的测量工具(如评价规则、标准化测试和档案袋),也可以通过间接的方式(如对毕业生、校友和用人单位的调查)来检验学生是否达到学习目标。间接的方式往往被认为更易使用,但必须通过直接的测量加以补充。教师通常会采用直接测量法对学生的课程学习结果进行评估,而评价量表的使用率非常高。评价量表是对学生表现进行评价或等级评定的标准,目的是分析学生学习结果,通常以列表或图表的方式评定学生表现。评价量表没有固定的模式,教师可以根据自己的偏好设定不同的评价标准,根据评价标准评定学生分数。评估结果主要通过学生调查获得反馈。每个

---

[1] 谢晓宇.美国高校学生学习结果评估的特征分析——以威斯康星大学麦迪逊分校为例[J].教育发展研究,2019,38(9):40—46.

学期末,学生会得到一张课程评价表对所修课程作出评价。评价表的问题包括定量的选择题,也包括定性的开放性问题。[1]

三是多主体协同合作开展评估。教务长办公室负责修订学生学习结果评估计划,并建立了专门的学生学习结果评估网站。由各学院负责学术事务和评估工作的管理者组成"大学学术事务与评估委员会"(University Council for Academic Affairs & Assessment,UCAAA),参与大学和学院评估的相关政策制定。UCAAA 的主要目的是支持、加强和协调院校层面的评估,关注学生学习和有效教学。UCAAA 会定期召开会议,讨论并决定与评估相关的政策。另外,学院、学术部门和教师负责开发和实施课程。各学院成立学术计划和课程委员会定期召开会议,讨论和检验课程,并制定方案,以改进评估效果。UCAAA 认为,建立学院和部门层面的学术计划和课程委员会有利于实现"证据文化"的评估计划,以提高评估质量。因此,麦迪逊分校形成了由教务长办公室、UCAAA 和各学院负责评估的教师和管理者共同组成的学生学习结果评估体系,共同合作和监督。[2]

(四) 改革成效

麦迪逊分校开展学生学习结果评估主要是为了回应外部问责和内部改进的需要。从方法和实施层面看,问责多以标准化考试等定量方式为主,通过评估报告来比较不同机构或方案的结果,确保外部利益相关者投资的有效性,而改进多以定量和定性相结合,如标准化考试、顶点课程和评价量表,将评估结果传递给大学内部的成员。事实证明,学习结果评估为该校的教育决策提供了有力支持。[3]

(五) 案例评析

美国大学开展学生学习结果评估活动非常广泛,因此在制定评估计划时通常考虑从通识教育、学位与证书、课程不同层面考虑评估实践,威斯康星大学麦迪逊分校便是

---

[1] 谢晓宇.美国高校学生学习结果评估的特征分析——以威斯康星大学麦迪逊分校为例[J].教育发展研究,2019,38(9):40—46.
[2] 谢晓宇.美国大学学生学习结果评估个案研究——以威斯康星大学麦迪逊分校为例[J].比较教育研究,2017,39(4):54—60.
[3] 同[2].

如此。该校开展学生学习结果评估的理念是：评估应该成为学术生活和学生体验的组成部分。学生学习活动可以在课堂内和课堂外进行，学校期望在学生教育体验中实现学习结果评估。[1]因此，该校在院校、专业与学位认证、课程三个层面全面评估学生的学习结果，并且注重基于证据开展多主体、多手段的综合评价。可以说这一设计较为合理，且能很好地提升学生的学习效果。

威斯康星大学麦迪逊分校的评价实践，可以为我国高校提供一些有益的启示。例如，对学习过程与结果进行评价是提升学生学业质量的必要手段，有利于人才培养质量的提高，而非仅仅是行政任务增加教师或管理人员的工作负担；学业评价应该贯穿各级学业的全过程，而非止于某一阶段，同时应该覆盖学校、院系和课程等不同层面，而非止于某一层面；评价结果的生成，应该扎根于主观和客观的证据，而非主观判断或毫无根据；评价工具与指标应该兼顾定性和量性，而非只依靠量化分数；评价主体应该改变由教师担任单一评价主体的格局，形成教师、学生、同学、专家等多主体共同参与的局面。

---

[1]谢晓宇.美国高校学生学习结果评估的特征分析——以威斯康星大学麦迪逊分校为例[J].教育发展研究,2019,38(9):40—46.

第四章
院系绩效评价的问题反思与改革探索

包括学科评估、高校分类评价、本科教学评估、学位授权点评估甚至各种排行榜等在内的具有影响力的外部评价，不同程度上影响着高校的战略定力，兼顾内外的内部绩效评价机制不仅是外部压力的"缓冲器"，也是高校能否坚守定位目标的"定海神针"。本章归纳了高校以往对院系进行绩效评价时存在的问题，梳理了国内高校在破"唯"改革背景下开展的探索，并探寻了相关的国际经验，最后呈现了典型案例。

第一节 院系绩效评价的问题反思

对校内的办学实体——院系开展绩效评价逐渐成为高校通行的做法,也是有效的管理手段。结合实践调研和文献研究结果,可以发现高校院系绩效评价机制千校千面,相当多高校的传统院系绩效评价机制不仅缺乏逻辑上的周延性,折射出治理理念和管理思路的不明确性,还带来了实践中的诸多矛盾和问题,影响了高校治理能力和治理体系现代化水平的提升。

一、评价理念不够清晰

过去不少高校在开展院系绩效评价时,简单引入了企业绩效评价的理念,比如,使用委托——代理理论或采用目标考核思维。然而,院系绩效评价的对象是二级学院,不是物质生产部门,因此不能照搬企业评价的思路和理论。一方面,企业的特点决定了它以利润获取为主要目的,而高等教育的属性决定高校属于准公共生产部门,具有公益性,其产出更多指向人的发展状态,而非可以计件的物品;另一方面,与企业产出不同,高校许多产出很难被量化,尤其是那些无形的投入与产出。例如,高校产出有多种形式,既有可以量化的产出,如学生培养人数、发表的论文、科技发明等;也有难以测评的产出,如教育公平、教育价值、校园文化等。[1] 因此,仅仅基于企业评价的理念来评价高校内部二级学院的发展,缺乏科学性。目标考核制度就存在单一考核主体的

---

[1] 张男星,王春春,姜朝晖.高校绩效评价:实践探索的理论思考[J].教育研究,2015,36(6):19—28.

管控主义倾向明显、指标体系内容与权重失衡、考核方式多重失衡、考核结果与问责机制的衔接度不够等问题。[1]

二、评价主旨不够明确

从高校院系绩效评价的过往实践来看,比较通用的评价方式是一种"拼盘式"的多元评价,即通过加权的方法,合成若干个被认为合理而有效的指标,最终获取单一综合指数,再根据这个综合指数对院系进行排名。比如,在某校的绩效评价改革方案中,教学工作占比为30%,学科建设占比为30%,社会服务占比为30%,国际交流占比为10%。"拼盘式评价"可能导致评价指标体系设计有争议、评价指标评分不合理、区分效度不同等问题。更重要的是,由于"拼盘式评价"并未与学校整体以及各院系的发展定位、特色相结合,而是采用"分裂—合成"的思维和一个统一的综合指标来评价院系,没有整体观,也没有测量建设成效与目标的契合程度,既难以判断"实现目标的程度",背离了以评促建的初衷,也无法满足不同学科专业的个性化需求,从而造成评价主旨不明、评价目标不清或偏离的后果。

三、评价主体与评价组织实施者混淆

在院系绩效评价的组织开展过程中,经常出现评价主体与评价组织实施者混淆的情况。要么是党委条线,由组织部门、人事部门负责评价活动的开展,要么是行政条线,由人事部门、发展规划部门负责评价活动的开展。如此思路,第一没有认识到评价主体与评价组织实施者,是不同的角色概念,并非同一类群体。许多高校在院系绩效评价工作中,却将之相互混淆,没有认识到两者之间的差别。第二,没有认识到院系绩效

---

[1] 杨慷慨,蔡宗模,张海生.从"目标考核"到"治理绩效评估"——我国大学内部管理范式转型研究[J].江苏高教,2018(5):22—25.

评价工作的性质是学校最重大的决策事项之一,评价主体需要具备领导权威。第三,没有认识到院系绩效评价工作是一项高利害性的、同时具备专业性的活动,并非一般的、纯粹的行政事务,组织实施者需要兼具组织权威性和评价专业性。换言之,不少高校重视评价内容和路径的设计,对评价主体与组织实施者的安排却缺乏审慎考量。

四、评价机制不够健全

评价机制的不够健全,也是以往院系绩效评价工作存在的问题之一。自上而下的单向度评价多见,评价者与被评对象深入的互动缺乏,是评价机制不健全的突出特征。参评专家多依靠查看院系提交的规定材料,听取5～10分钟的汇报,与被评院系的领导、师生交流甚少,更谈不上实地考察和现场。评价机制不健全,还包括评价对象分类不清。对被评价院校"一概而论",而非进行准确分类,是国内高校院系绩效评估结果引发争议的一个重要原因。评价机制不健全,也包括评价路径不科学。究竟应该基于谁的意见认定评价结果,如何确定评价的基本导向和侧重点,如何开展科学评价,基于哪些标准来科学评判院系的绩效,如何呈现评价结果,将评价结果向谁汇报,等等问题,都有待厘清和解决。

评价指标体系的不健全,是评价机制不健全的主要特点,表现为考核内容不够完整、关键绩效指标缺失、一些指标赋予的权重不能适应绩效管理的需要,因而容易导致考核结果的"失真"。很多评价指标体系的设计,缺乏对院系职能、职责的深入分析。并且,很多学校在学术科研方面的考核内容与比重都较大,但是在教学质量、教师专业能力、学生品德培养等方面的比例和比重过低。

缺乏对院系绩效的增值性评价考核,则是国内高校院系绩效评价机制不健全的共性表征。长期以来,我国高校在资源配置上受院校层次、区域经济实力和办学格局等外在牵制性因素影响较大。不同院系及所属学科的办学没有形成开放式竞争的发展态势,以办学水平绝对量累加的评价方式强化了部分学院的资源获得优势,形成学院发展中的"马太效应",办学效益高的二级学院藉此在经费划拨、人才引进等方面获得更多的支持。以此为基础的绩效核算在某种程度上会加深不同学院之间的壁垒,与现代学科的分化和交叉要求相背离,成为各院系实现整体水平提升的掣肘性因素。

五、评价的准确性、客观性、权威性有待提升

由于对院系绩效评价机制的本质和定位认识的不透彻,高校在该类评价中的评价内容、技术路径、评价方式等方面的准确性、客观性、权威性不够的问题比较常见。第一,没有紧扣评价目标设置评价内容。职能部门对院系履行的职能设定了任务要求与考核评价项目,名目繁多导致主次难分、重点模糊。有些指标的设定与权重分配实际上与院系的工作成效并无紧密的关联性,使得目标考核很难发挥对院系的激励与促进作用,导致以评价为"指挥棒"的预期正向作用不能得到充分发挥,反而增加了学院层面问责的压力。此外,评价指标体系中缺少特色评估,缺乏学校明确的定位和本校特点,使得评价工作注重"标准化"考核,没有兼顾"个性化"考核。

第二,评价路径不够客观。一方面,院系绩效评价的程序与步骤较为繁琐,特别是考核部门过多地关注院系完成任务的数量,而忽略了完成任务的性质与难度系数,导致考核过程中定性与定量的失衡,出现"以得分论英雄"的尴尬局面。[1]另一方面,多数大学的评价周期为一年,周期过长导致过程性考核与结果性考核的失衡,出现了"平时不算总账、年终算账"现象。加上对院系的各种考核缺少有效整合,考核资源与考核信息没有实现共享也造成重复考核与人力财力的浪费。最后由于时间紧、任务重,评价主要采取"听汇报与看文档"等静态和感性的评价方式,主观性比较强。

第三,评价标准和参评专家不够权威。一方面,评价标准和评价指标体系与行业标准和学术组织特性的对接不够,没有充分对应大学基本职能、内部组织工作落实情况和管理水平以及不同单位的功能定位和个性化发展需求,没有充分综合高校分类评价体系、学科评估指标体系、大学排行榜等不同的第三方评估指标进行设计,因此也就没有充分体现学校事业发展的一般规律与特色发展、高水平发展的要求。特别是注重

---

[1] 杨慷慨,蔡宗模,张海生.从"目标考核"到"治理绩效评估"——我国大学内部管理范式转型研究[J].江苏高教,2018(5):22—25.

排行榜关注的显性指标,基于大学使命与战略的关键非显性指标易被忽略,短板及特色指标有待于进一步强化。另一方面,当前高校多注重校领导对院系的评价,较少关注学生、学院自身的评价,较少引入同行评价和第三方评价。内部评价功能的发挥有一定的受限性,高校自评与第三方评价有机融合才能准确客观反映各高校建设发展情况。而且,参评专家没有以细分领域为基础,没有切实推行同行评价,多出现两三位专家一评到底的情况。

六、评价结果运用不够科学

高校在院系绩效评价结果的运用上的片面性比较普遍存在,表现为重数据轻分析、重奖惩轻发展、重成绩轻问题、重显性轻隐性,使得评价机制的"闭环"效应未充分彰显。第一,重评价数据的收集、汇总和简单的总结,缺乏深入分析和整体视野的通盘判断,导致被考核单位只重视评价结果,缺少对造成结果的原因、付出的成本等进行深入分析,从而很难使院系获得持续发展的动力。

第二,重评价结果的奖惩性应用,要么整体评价结果用于某一领域的奖惩或资源配置,要么单一领域的评价结果用于综合评定或资源配置等,模糊了绩效评价以评促发展的实质价值。实施院系的办学效益评价,根本目的在于强化高校内部的激励机制,有效的控制办学成本,发挥绩效评价的导向作用,促进高校在办学过程中实现人、财、物的最佳组合,增强产出效益,促进高校在人才培养、反哺社会经济发展等方面功能和使命的充分发挥。从此意义上说,绩效评价既具有管理性的功能,即以评价结果作为薪酬分配、教师晋升和激励的依据,又具有发展性功能,即以评价结果作为衡量院系的办学潜能和存在短板问题的标尺,藉以指导其"未来"的规划和发展。

第三,重获得成绩的表彰和奖励,轻办学过程中存在问题的改进,造成"考核目标—考核过程—考核结果—问责改进机制"之间未能形成闭环结构。院系绩效评价结果的反馈以最终成绩排名评定的结果为主,缺少发现问题的诊断和改进意见反馈,更没有改进效果的跟踪,导致绩效评价的功能未能完全发挥,评价结果的信度和运用度不高,致使原本与绩效考核紧紧挂钩的绩效工资变成了无源之水、无本之木,存在绩效工资不绩效的现象,绩效评价导向与激励不明显。

第四,重量化显性结果,轻质性隐形结果。基于"管理主义"的价值取向,容易导致院系过于"迎合"量化的指标,对"软指标"的投入度不足,偏离了评价的实质目的。换言之,在有限的办学资源分配格局中,院系为了在"切蛋糕"的过程中处于有利地位,往往更加强化自身已有的优势,重视办学硬件的改善、教师的科研成果等易于观测的办学效益,而对于教师教学质量和专业发展则重视不够。

第二节 院系绩效评价改革的国内探索

目前许多高校已对院系绩效评价的合理开展进行了摸索,初步形成了统合型、"条式"型、目标管理下的自主型评价等模式。[1] 不同模式虽然自有特色,但异中不乏相通之处。笔者在文献调研的基础上,以江苏省、上海市两地的5所高校为关键实地调研对象,以期"一叶知秋"。这5所高校在院系绩效评价工作的开展上具有一定的典型性和代表性,且涵盖不同办学层次和类型,基本情况见表4-1、4-2。

表4-1 调研高校的院系绩效评价机制概览

调研高校	评价主体	评价组织实施者	评价机制	评价结果运用
上海财经大学	行政	学科办	● 关键指标评价 ● 量化评价、分类评价 ● 第三方评估60% ● 内部评估40%,包括3个一级指标	● 确定学科绩效拨款 ● 对学科建设水平进行动态监测

---

[1] 陈兴明,牛凤蕊.基于绩效机制的高校二级学院办学效益评价研究[J].西南交通大学学报(社会科学版),2016(6):87—91.

续表

调研高校	评价主体	评价组织实施者	评价机制	评价结果运用
同济大学	行政	办学质量评估院（校内第三方）	• 综合性评价 • 量化评价、分类评价 • 保持人才培养、科学研究、师资队伍、国际交流基本架构不变 • 具体指标、权重和算法逐年调整 • 评估过程不加大学院工作负担	• 评估结果不和资源配置挂钩 • 每年度发布《学院办学质量绩效评估白皮书》，形成各学院的"总量绩效"、"人均绩效"、"用房面积绩效"和"设备经费绩效"等四大绩效结果
南京师范大学	党委	组织部（评估处负责具体实施）	• 2018年与青塔合作开发信息系统 • 综合性评价 • 量化评价、分类评价 • 包括5个一级指标	• 干部考核、学科结构调整、研究生招生指标以及办公用房分配等均会使用评估结果
华东师范大学	行政	发展规划部评估考核办公室	• 综合性评价 • 坚持分类评价，将被考核单位分为人文社科类、理工类、艺体类三大类 • 量化考核与质性评价相结合，其中量化指标包括投入类指标和产出类指标两类	• 考核结果作为学校对各考核单位进行资源配置和绩效奖励的重要依据
上海电力大学	行政	发展规划处	• 院系评价以重大任务为主要内容，建立年度核心目标库 • 分为必选项和引导项，定性与定量相结合 • 关键指标评价，包括8个一级指标，并设立若干观测点	• 用于内涵经费分配

表 4-2 调研高校院系绩效评价的多维分类情况

多维分类	根据绩效评价内容		根据评估方法不同		根据是否分类评价		根据评价结果呈现方式		根据评估的独立性		根据结果是否直接用于院系改进	
	关键指标评价	综合性评价	量化评价	量化与质性兼顾	分类评价	统一评价	多元评价	一元(综合评价)	独立性评估	非独立性评估	发展性(诊断性)评估	考核型评估
上海财经大学	√		√		√			√	√			√
同济大学		√	√		√			√	√		√	
南京师范大学		√	√		√		√		√		√	
上海电力大学	√			√	√		√		√			√

一、评价理念从目标考核走向治理绩效评估

我国高校管理体制改革中,二级学院是集行政、教学、科研工作为整体的,以若干临近学科或学科群为准则组建的组织机构。如何保证各学院完成学校制定的总体规划和长远目的,是二级管理体系建设的关键。因此,高校应该建立绩效管理体系来保证学校总体工作目标的实现。绩效是一个组织或个人在一定时期内的投入产出情况,投入指的是人力、物力等有形资源,或个人的情感、情绪等无形资源的消耗或利用;产出指的是工作任务在数量、质量及效率方面的完成情况。绩效评价是组织利用一套结构化的制度规范工作流程和内容,管理者根据工作目标或工作标准,采用合理的科学评价方法,评价工作完成状况及工作职责履行程度。绩效评价是绩效管理过程中一个

重要环节。绩效考核、评价与管理应该围绕相关目标、投入产出、过程与能力要素进行。[1]然而,过去我国大学过分强调只围绕目标来开展管理考核,这种纯粹的体制内部的考核思路具有很强的内部性、封闭性与单向控制等特性,不利于提升院系管理绩效。针对大学内部目标管理考核中存在的问题,在新时代教育评价改革的大背景下,不少高校在院系绩效评价上的理念纷纷从目标考核转向治理绩效评估。[2]目标考核只对上级负责,无益于组织内部绩效改善。而治理绩效评估是强调绩效评估结果不但要向上级负责,还要对组织内部负责,以此可以促进内部治理的改善。

治理绩效评估理念的首要体现,便是评价功能取向有多重性,包括:诊断二级单位工作过程中存在的问题和薄弱环节并督促改进,使其管理工作规范化、制度化;完善资源分配机制,引导相关资源重点向建设成效显著的二级单位投入,激励和调动开展建设的积极性,成为推动学校事业发展的动力源;获得二级单位发展状态的主要数据资料,在此基础上,对不同单位发展水平作纵向和横向比较,描述学院发展轨迹,为学校在资源配置等重要决策的制定提供客观依据。换言之,治理绩效评估理念使得高校注重充分发挥治理绩效评估对大学二级单位治理的导向功能、竞争功能、监督功能与校正功能。[3]

治理绩效评估理念的又一体现,为指标体系设计有针对性。在整体设计上,既充分落实分解国家、社会考核高校的指标,也充分考虑学校的实际情况,根据学校事业发展的一般规律与特色发展、高水平发展的要求,对应不同二级单位的功能定位和个性化发展需求分类构建评价指标体系。其中,教学科研部门的指标体系主要依据组织科学与大学基本职能来设计,重点关注工作水平和办学成效等单位产出绩效以及投入与产出比。管理服务部门的指标体系设计主要聚焦工作落实情况和管理水平,考察党建与思想政治工作、履职情况、内部管理与改革创新等,重点关注年度核心工作完成情况。例如,有高校在治理绩效评估指标体系的构建中将定量指标与定性指标两类指标

---

[1] 叶桂方,徐贤春.高校二级学院办学绩效三维评价方法研究[J].高等工程教育研究,2018(2):77—82.

[2] 杨慷慨,蔡宗模,张海生.从"目标考核"到"治理绩效评估"——我国大学内部管理范式转型研究[J].江苏高教,2018(5):22—25.

[3] 杨慷慨,蔡宗模,张海生.从"目标考核"到"治理绩效评估"——我国大学内部管理范式转型研究[J].江苏高教,2018(5):22—25.

体系进行分立,并通过设置共性化指标和个性化指标,兼顾不同学科、不同性质单位的特殊性,以确保治理绩效评估的客观性和科学性。

二、评价机制差异化

第一,评价组织实施者和参评专家身份的多样化。高校一般都会成立绩效评价与考核工作领导小组,由全体校领导组成,全面负责教学科研单位绩效评价工作。但绩效评价工作的组织实施者却有所差异。有的高校,在绩效评价与考核工作领导小组下设办公室,由组织部、发展规划处、人事处组成。有的高校,则专门成立了办学质量评估院,扮演"校内第三方"的角色。绩效评价的主体并不是单一校领导和行政部门,而是根据不同的评价指标,设置不同的评价主体。针对质性评价指标,评价专家除了校领导外,还成立了专家委员会,专家委员会由校学术委员会代表、校外专家组成。专家委员负责参与参评单位的现场汇报评议,并为二级学院提供发展建议和意见。

第二,评价指标多元化。例如,同济大学的评估指标体系保持人才培养、科学研究、师资队伍、国际交流基本架构不变,具体指标、权重和算法与时俱进、逐年调整,各项指标全部为客观、可采集的定量指标,非量化的指标再重要也不采用。南京师范大学则强调绩效评估尊重高等教育规律,坚持定量与定性相结合,坚持分类评价。评估的目标是找差距、作诊断、促发展。学院绩效评估工作自 2016 年首次开展,2018 年开始运用信息化手段。目前的指标体系共分为"人才培养"、"科学研究"、"师资队伍建设"、"学科建设"以及"社会服务与国际化"等 5 个一级指标,13 个二级指标,约 180 个三级指标。评估结果从三个维度展开,以"总绩点"衡量学院总体办学竞争力,以"办学绩效"分析学院的师均绩效和投入产出比,以"价值系数"分析学院资源投入的方向。

第三,评价维度多元化。例如,浙江大学根据一般组织绩效理论和高等教育绩效管理的探索,构建相对客观且内涵完备的绩效评价系统的三维综合绩效评价模型。该模型将院系绩效刻画为三个维度:目标完成绩效、建设水平绩效和投入产出绩效。目标完成绩效表征院系办学目标完成程度,主要是对照上级下达目标和自我目标设定的结果,充分考虑不同利益相关者的评价。建设水平绩效表征大学组织的办学水平和效能特质,以相对客观的定量评价为主。建设水平绩效根据大学的功能和结构进一步展开,从教学、科研、队伍、资源等方面进行评价,既包括过程性评价指标,也包括结果性评价指标。投入产出绩效通过建设水平绩效与资源投入的比值来衡量。还有高校将教育评价指标分为输入、过程和输出三个方面,从而构建出三维度模型,包括行为过程维度——全面考核学院各项工作的开展情况;成果贡献维度——教书育人、科学研究和社会服务;产出效率维度——投入产出比。

第四,评价结果运用的差异化。例如,上海财经大学基本建立起了"重心下移、两级管理、权责匹配"的两级管理长效机制,在院系绩效评价方面,坚持学科导向和绩效导向,将学院分为"经管类学院"和"非经管类学院"进行评价,评价结果作为学校经费配置的参考依据之一。同济大学则每年度发布《学院办学质量绩效评估白皮书》,形成各学院的"总量绩效"、"人均绩效"、"用房面积绩效"和"设备经费绩效"等四大绩效结果。评估院只是提供评估结果,虽有不将评估结果与考核和资源配置挂钩的初衷,但工作中有逐步挂钩、全面挂钩的情况出现,现在人事处、研究生院、组织部都会使用该结果。

三、评价技术升级

一是诊断性评估与发展性评估相结合。诊断性评估一般是对事物发展的结果做出评估,大都以"绝对产量"为评估标准。发展性评估是以发展眼光来评估高校二级学院办学运行状况。两种评估有着不同的价值导向,诊断性评估更多关注二级学院过去的发展,即是否达到既定的目标。发展性评估更多关注二级学院未来的发展趋势,关注过程,在于让学院通过评估明晰未来发展的方向。过去高校评估多注重诊断式评估,重在发现存在的问题。目前开展评估的高校多从单一关注诊断式到诊断性评估与发展性评估并重。2017年,"双一流"建设高校南京师范大学正式下发《南京师范大学发展性评估工作实施办法》,发展性评估工作以"做评估、找差距、谋发展"为主要目的,评估按照诊断性评估、发展性评估和内涵式评估进行评价。诊断性评估包括:分析学院的办学水平与办学现状,明确学院发展与改革方向;关注学院办学过程中的投入产出比和人均绩效;诊断在人、财、物等资源配置过程中的问题,激发学院办学活力。发展性评估包括:注重学校发展战略规划以及学校持续发展的评价过程;紧扣学校和学院"十三五"规划目标与任务;探索学院自主权下放的有效途径,增强学院人财物的统筹能力。内涵式评估包括:突出质量评价的价值取向;兼顾柔性判断,将无形成果作为评价重要依据;对能反映学院发展潜质的关键指标进行同行评议。

二是强调分类评价。不同院系由于历史条件、发展重点、资源配置、现有状况等不同,每个学院的绩效难以用同一标准进行评估,有些高校用文理院系学科性质来进行分类评估。同济大学将参评院系分为两大类,一类称为"常规院系",现有21个院系参加常规院系评估。另一类称为"特色院系",现参加特色院系评估的有11个院系。两类院系采取不同的评估方案。[1] 清华大学根据工作性质对教学科研单位和管理服务单位进行分类评价;根据学科门类对教学科研单位进行分类评价,分别制定适应学科建设和发展的评价标准和办法,突出学科特点。

三是量化指标与质性判断互为支撑。量化是一种测量标准,量化评价具有一定的科学性,但"唯量化"将给评估带来误区。学院办学质量评估采用指标量化的办法对被评估学院的大量客观信息进行收集与分析,通过数据分析得到学院办学绩效。在评估过程中,为避免出现以量代质的现象,在指标体系的设置上更加突出质量评价的价值取向,即以学院的内涵质量提升为核心价值,加大对学院人才培养质量、科学研究质量、社会服务质量的评价力度,加大对大项目、大平台和大成果的评价力度。同时,评估方案兼顾质性判断。例如,清华大学在指标设置中坚持定性评价与定量评价相结合原则。对具有标志性、显示度和影响力的指标进行定量评价;对二级单位发展战略和发展潜力、制度建设和改革创新等方面的综合绩效进行定性评价。南京师范大学采取了以数据为支撑的量化评估与以专家评价为依据的同行评议相结合的方式

---

[1] 樊秀娣.高校管理体制建设的一个开拓性尝试——同济大学开展校内院系办学绩效评估的实践与思考[J].评价与管理,2007(1):20—24.

开展,其指标体系依据当前国内排行榜的评价标准,围绕学校规划、专项计划和学院计划等指标,紧扣学校第十六次党代会各项任务等设计。华东理工大学以提高本科办学质量内涵建设为核心目标,立足学校当前的发展状况及未来的发展方向,依据现有的业绩绩点计算系统,在参考教育部本科教学工作审核评估方案及指标体系的基础上,研究制定了教学基本工作量与教学质量综合考察的学院绩效考核评价指标体系及方案。"专业建设""课程建设""教学改革""质量监控""教学评估和管理"是一级考核指标,下设60个二级指标,二级指标之下设有若干个三级指标,三级指标中又设置了正效应指标和负效应指标,并且每项指标都有对应的分值。学校每年会根据国家的教学改革动向及学校办学重点动态调整分值及各项指标。负效应指标是华东理工大学二级学院本科教学绩效考核指标体系的一大特色。这些指标都是学校本科办学的重点关注点,如正、副教授为本科生上课比例小于80%的学院,其绩效考核总分扣200分;在教风、学风建设方面,出现学生作弊的,学院绩效考核总分以每人次扣10分计,出现教学事故的,学院绩效考核总分以每人次扣30分计。[1]

四、评估结果运用注重以评促建

治理绩效评估的目的之一就是监督二级单位的履责情况,因此不少高校会将评估结果与问责机制联系起来。将绩效评估主体、组织架构、评估程序与评估结果运用等制度化与规范化,不但可以很好地监督部门领导的履责情况,还可以对虚报绩效、履职不力等问题追究责任。但在追责的同时,高校更注重以评促建,会综合运用经济激励、政治激励与风险激励等多重激励方式来鼓励绩效的持续提升,构建治理绩效评估结果利用的长效机制。[2]换言之,高校会避免"丛林法则"的过度应用,给予院系更多更大的自主空间,稳步提升人均拨款额度,保障基本资金,同时适度使用

---

[1] 黄婕,等.高校二级学院本科教学工作绩效考核评价体系的构建——以华东理工大学为例[J].化工高等教育,2017,34(3):24—29.
[2] 杨慊慨,蔡宗模,张海生.从"目标考核"到"治理绩效评估"——我国大学内部管理范式转型研究[J].江苏高教,2018(5):22—25.

引导性政策资源激励院系服务学校战略发展,并优化评价与资源配置、规划督查、战略调整的关系,完善院系、专业、学科的自我评估与校级综合绩效评估相结合的机制。

以南京师范大学为例,其评估结果主要运用于以下方面:(1)建立校院两级权责清单。试点"一院一策"改革;探索下放学院自主权路径;学院党政领导班子中期考核以及任期届满考核。(2)优化并完善学校资源分配机制。研判学院运行效率和办学潜力;明确学院发展状态、优势、瓶颈和方向;实现学校资源的整合和优化;动态调节学院资源投入强度、方式和方向。(3)逐步开展高水平同行评议工作。分批次、分类别对高峰学科开展高水平同行评议,了解学科发展现状;找出学校"高峰学科"与世界"一流学科"的主要差距;为学院资源配置和政策制定提供参考。同济大学的评估结果使用,则可以从两个层面来讲。从学校层面讲,校内评估可以使校部对各院系的运作和成效有更清晰的了解和把握,由此比照学校的总体办学目标来作出科学的决策和管理。从院系层面讲,校内评估也可以帮助院系更直观、更全面地认识自身,由此科学合理地规划院系发展并力求人尽其才、物尽其用。

第三节　院系绩效评价改革的国际经验

纵观域外大学内部治理,尽管没有系统、明确的院系绩效评价制度架构,但这并不意味着对于大学内部的各种组织特别是基层学术组织疏于治理,恰恰相反,域外多数国家大学的办学主体是院系,是基层学术组织。对大学内部的院系和基层学术组织进行科学和高质量的评价,以此促进大学整体办学水平和质量的提升,已经成为了很多国家和高校的共识。域外在基层学术组织绩效评价、内部问责制度、专业认证制度中对于院系质量评价的相关探索和经验能为我们提供相应的启示。

一、基层学术组织绩效评价体系有效构建

(一) 回应需求,建立自我评估体系

考察域外大学基层学术组织绩效评价的进程可以看出,政府的要求、社会的期待和高校自身的发展规划是推动评价发展的主要因素。首先,随着经济社会的发展,各国政府纷纷要求高校承担更大的责任,只有能够提供科学系统的自我评估报告的高校才能从政府获得更多的财政拨款和其他形式的财政支持。其次,社会对高校有着更高的期望,特别是一些高等教育行业组织或教育评估机构需要高校定期进行内部基层学术组织绩效评价,并以此作为基本数据的重要组成部分构建评估体系来评价大学内部治理体系。第三,高校自身发展规划的实现面对着各种矛盾和压力,在发展的过程中必须要充分突显自身特色,根据各基层组织的发展状态来对自我进行改革,以提升自己的整体办学竞争力,由此就有了自我评估的内部动力。

美国的高校,无论是公立高校还是私立高校,一般在其中长期发展规划中都会明确自身的发展目标。不管是追求学术卓越发展,还是培育更多栋梁之才,抑或是推动大学全面发展,都需要更为充盈的办学资源、更为广阔的办学空间、更为丰富的社会支持。获得这些支持的前提无疑都需要定期对自身各个基层组织的办学水平和能力做出准确的评估,从而不断明确需要推行的改革和创新,需要明确的方向和深耕的领域。评估院系教学与科研的能力,从而以综合的角度考核其在面对挑战、机遇以及未来发展目标的规划。[1]这种评估的主要目的是为了在分析近年来数据的基础上,了解自身办学的优势与不足,研究制定发展战略规划。

(二) 建立机制,系统评价办学绩效

学校进行绩效评估会设有专门的组织协调机构或者委员会,由其统筹各方力量具

---

[1] 卢红阳.大学基层学术组织办学绩效评估问题研究[D].沈阳师范大学硕士论文,2016.

体操作。评估的组织实施一般分为准备阶段、评估阶段、结果反馈阶段。

准备阶段包括评估方案的确定、评估对象的选择、评估指标体系和评估内容的确定。评估阶段主要包括院系自我评估和外部专家评估两大块。结果反馈阶段主要是结果的公布、评估的总结和反馈等。在评估的组织实施中,各个高校的重心和关注点各有不同。美国加州大学伯克利分校特别强调外部专家现场评估,首先,从人员构成上,外部评估委员会由副教务处长、院系主要领导和评估委员会组成遴选小组,从候选人中选出若干名教师作为外部评审委员。其次,外部评审委员要仔细审阅自我评估材料,并对整个评估内容和评估过程进行监督。再次,外部评审委员要用1—2天时间对参评院系进行实地考察,和相关人员进行座谈等。在经过这样一系列的程序之后,出具评估报告。英国南安普顿大学的评估程序稍有不同,首先是自我评估,由各院系在分析相关数据和资料的基础上撰写各自的自评报告。其次,校级评估小组根据院系自评报告,深入院系实地调查和评估,出具评估报告。再次,院系回应评估小组的报告,对于相关问题进行解释、说明与补充。最后在进行综合审查之后形成最终的评估报告。[1]

(三) 突出重点,聚焦院系办学质量

评估内容主要包括教学评估和课程评估。伯克利分校制订了专门的《加州伯克利分校学术计划评估指南》,根据该指南,评估内容包括对目标定位分析、自身优势劣势分析、困难机遇分析,另外还特别包括人才培养、科学研究、师资队伍建设的基本情况以及其他专项问题。[2] 为保证评估的公正性与可信度,该校提出了9条评估标准,包括:(1)是否在自己的领域处于世所公认的领先地位?(2)是否拥有推动知识重大进步的资源和活力?(3)是否能够提供足够的互动,使学生在导师的直接指导下参与研究?(4)是否能够吸收最优秀的学生和教师并充分发挥他们的才智?(5)是否能够提供全面的通识教育?(6)是否能够紧扣社会现实解决重大问题?(7)是否是加州唯一的且有价值的学术资源,独特性如何?(8)是否需要独立建制,还是可以与现有的其

---

[1] 卢红阳.大学基层学术组织办学绩效评估问题研究[D].沈阳师范大学硕士论文,2016.
[2] UC Berkeley Guide for the Review of Existing Instructional Programs [EB/OL]. (2009-12-01)[2021-3-21]. http://vpapf.chance berkeley.edu/apr/guide/guide.pdf.

他某个计划合并？(9)是否拥有一支稳定、团结、有力的学术队伍？[1]

二、内部问责制度涵盖院系绩效评价因素

（一）自愿问责，提升内部治理水平

高等教育问责制度的发展对大学内部的治理起到了巨大的推动作用，也直接促进了内部问责制度的发展。作为教育改革与发展重要议题的高等教育问责制度发端于20世纪60年代的美国，在20世纪80年代中期得到长足发展，21世纪以来又出现了"自愿问责"的新气象。[2] 问责制度的理论假设是，政府、社会和学生都是高等教育机构的"顾客"，他们对高等教育机构所提供的教学、研究和服务的质量理所应当有自己的要求，所以高校必须关注自身的质量、效率和效果，且需定期向"顾客"提供全面的数据和资料以证明自己的教育结果和绩效。[3] 高等院校提交绩效报告、教育评估等问责报告，不仅满足了外界对高校内部管理效率和办学质量的知情权，而且回应了公共问责和政府监管的需求。问责报告不仅要及时上报给院校的领导者、管理者，还要对社会公众、工商界等公开，向高校所在州或社区说明，本院校在大学生学习与发展方面的现状、问题，以及努力改进的措施，以赢得政府和公众的信任。[4]

就美国高等教育问责的发展态势来看，问责制度表现为"两组转变"，即外部问责制向内部问责制转变、被动问责制向自愿问责转变的历史与逻辑。"自愿问责制"避免了政府的过多干预，侧重于学生、消费者的体验，"协助公立院校开展自我评价与改进，并使问责的关注点从以往基于院校声望的问责报告，向基于服务学生发展的院校绩效

---

[1] UC Berkeley. Guide for the review of existing instructional programs [EB]. (2009-12-01)[2021-3-21]. http://vpapf.chance berkeley.edu/apr/guide/guide.pdf.

[2] 胡健,杨建国.为质量而问责：美国高等教育问责制及其启示[J].教育研究,2019,40(8)：68—78.

[3] Milliken, J., Colohan, G. Quality or Control? Management in higher education [J]. Journal of Higher Education Policy and Management, 2004(3)：381-391.

[4] 同[2]。

报告转变。"[1]

(二) 建立体系,完善问责的组织实施

很多大学设有专门的机构来组织实施内部问责,有的高校的实施主体不是单个主体,而是一个主体系统。以美国威斯康星大学麦迪逊分校为例,其实施主体分为战略性组织、核心组织和辅助性组织三种类型,具体包括教务长办公室,学术规划与院校研究副教务长办公室,教学副教务长办公室,学生学习评估办公室,质量改进办公室,教职人员副教务长办公室,招生管理副教务长办公室,图书馆副教务长办公室,信息技术副教务长办公室,等等。而这些组织机构之间形成了一套协商共治的主体关系网络,共同参与实施内部问责制度。其中以教务长办公室为核心的组织机构承担着全校的质量改进工作,对包括学院在内的学术组织和行政管理组织进行调查、研究和分析,并提供专门的评价报告。比如有专门的机构从事学术项目的新建与发展评估、规划测量、院校自我研究,来对内外呈现学校院系运行的基本形态,提供自我运行报告,为学校决策提供专业的数据分析。[2]当然,大学内部的问责机构和院系的关系并不是自上而下的管理逻辑,大多是通过"支持""服务""协助"等方式为院系提供协助。[3]

(三) 定量为主,兼顾定性和特色指标

问责报告中涉及的指标体系是丰富多样的,以美国公立高等院校内部问责制的绩效指标为例,其涵盖内容极其广泛,并以定量指标为主,旨在以具体的统计数据说服公众,全面展示学校开展的工作及其对社会的贡献。指标体系涵盖本科生毕业率、学业完成情况、经济支付能力、入学机会、背景信息、就读经历、研究生学业情况、教师和职员情况、科研情况、图书馆利用率、大学排名、预算与财务、校园建设与可持续发展、卫

---

[1] Keller, C. Development of a voluntary system of accountability for undergraduate education [EB/OL]. (2009 - 01 - 09)[2020 - 12 - 15]. http://cshe.berkeley.edu/events/serusymposium2009/docs/VSADev_SERU_draft 040909.pdf.

[2] University of Wisconsin-Madison. Academic Planning and Institutional Research [EB/OL]. (2020 - 05 - 21)[2021 - 3 - 21]. https://apir.wisc.edu.

[3] 王名扬.美国公立研究型大学内部质量改进的组织机制与特征分析——以威斯康星大学麦迪逊分校为例[J].国家教育行政学院学报,2020(8):86—95.

生科学与医疗服务、继续教育等方方面面的内容。[1]

有些大学也会设计一些个性化的指标,以2011年纽约州立大学的年度报告为例,纽约州立大学从学生的学习、科研、学生与教师、财务状况、服务等五大方面进行了考核。而在学生的学习方面,纽约州立大学除了统计常规的绩效指标,如毕业率、保留率、生师比等以外,还发展了自己的特色绩效指标。[2]

内部问责制度的内容,包括制定学校内部的评估规划、评估目的、实施步骤以及评价效果追踪。通过内部问责制度的实行,可以协助院系做到:第一,战略性地思考各组织自身的发展目标及实现路径;第二,清晰地表述各组织的核心价值,掌握组织期望和需求的变化;第三,厘清并简化组织的工作流程,使之更加高效。[3]

三、专业认证体系体现院系绩效评价要素

(一) 以专业建设质量测量院系办学质量

教育质量认证是国际通用的一种教育评价方式,是教育机构向社会大众,尤其是向赞助者证明该机构、专业或者项目达到了某种水平。根据学者之前的统计,在美国,就有6所州立大学和6个地区教育质量认证协会将对大学教育的质量认证作为独立部门予以实施。[4] 高等教育认证包括院校认证和专业认证两种类型,专业认证是高等教育质量评价的重要形式。专业论证可以确保专业的教育质量并为质量改进服务,而专业通常和院系建设密切相关,通过分析专业论证可以间接测量出院系建设的质量和水平。

专业认证首先出现在医学领域,到1930年,牙科、建筑、图书科学、音乐、护理、教师教育、高校商科教育等专业先后开展了实地考察和发布院校名单等类似认证活动,

---

[1] 袁潇,杨思帆. 美国公立高等院校问责制绩效指标研究[J]. 高教探索,2018(4):57—64.
[2] 同[1]。
[3] University of Wisconsin-Madison. Office of Quality Improvement [EB/OL]. (2020-05-21)[2021-4-21]. http://quality.wisc.edu/index.htm.
[4] 宋露露. 美国威斯康星大学麦迪逊分校内部问责运行机制研究[D]. 武汉理工大学硕士论文,2019.

并逐步建立了行业性的专业认证机构。专业认证本身具有维护大学自治、调节专业合理性、有效补充院校认证、保障高等教育质量、实现国际间教育质量互认、充当高等教育与执业注册制度之间的纽带等作用。[1]此外,专业论证能够推动高校专业内部教学改善机制的建立,比如,评价专业教学目标的设置是否合理、专业的课程设置是否能够满足教学目标的要求、专业课程的实施是否有效、专业的教学目标完成情况以及教学改善机制自身的职能是否科学合理。这些评价必然会对专业所在院系和基层学术组织的改进造成积极的影响,让院系的专业目标设置、课程设置、教学设置、教育评价更加合理,从而提高院系的绩效水平,并持续改进院系的教育教学质量。

(二)通过专业机构和体系组织实施专业认证

专业认证一般都由专门的认证机构组织实施。在美国,由于高等教育的私有化和市场化程度很高,其专业认证活动也带有浓厚的市场性和民间性,专业认证机构多为某专业的院校联合会或行业协会。[2]在加拿大,由某专业认证委员会基于对本专业教育利益相关者开展直接和间接调查,制定并适时修订认证标准。[3]

专业认证的实施一般采取自评和同行评价两种方式相结合的形式。在尊重认证专业发展自主性和多样性的前提下,使教育者和从业者建立密切联系,确保专业教育及时跟进行业发展需求和变化。专业自评是认证的起点,是开展同行评议的基础。自评尊重认证专业和所在高校的特点,承认实现卓越教学和良好运行的多样性。同行评议专家由专业领域的从业者和教育者组成,通过审核材料和实地考察,从多个角度了解和审查认证专业的发展情况,评价认证专业对认证标准的执行情况,并对专业的持续发展提出改进建议。[4]加拿大工程专业认证包括申请专业认证和确定现场考察时间、选拔确定专家组、准备现场考察、开展现场考察、撰写现场考察专家组报告、认证

---

[1] 庄丽君.质量保障与职业预备:美国专业认证制度研究及其案例分析[J].世界教育信息,2017,30(13):27—31,58.

[2] 张妍.美、日高等工程教育专业认证指标体系的比较研究[J].上海教育评估研究,2016,5(1):52—55.

[3] 庄丽君.加拿大基于专业认证的工程教育和从业资格国际互认研究[J].世界教育信息,2020,33(2):41—47.

[4] 庄丽君.质量保障与职业预备:美国专业认证制度研究及其案例分析[J].世界教育信息,2017,30(13):27—31,58.

决定、公布认证结论等环节,认证周期为6年。[1]

(三) 认证标准更多体现学术价值和社会价值

专业认证的标准更多体现其学术价值和社会价值,会根据各专业领域的学术标准以及和社会的需求融入程度作为基本考察点。比如美国的专业论证就特别注重学习结果评价对学生学习的促进作用。从20世纪80年代开始,为培养更多符合社会发展所需要的竞争性人才,美国专业认证逐步实现从传统的以输入和过程为中心的"资源模式"或"生产模式"向以学生学习结果为中心的"能力模式"或"绩效模式"的转型。[2]将采集学生学习结果的证据作为认证标准和过程的重要组成部分,认证专业应确保其资源、教育项目和服务,不管何时、何地和以何种方式提供,都能促进、帮助学生学习和取得良好成绩。[3]学生的学习成果有一系列的具体要求,主要可归纳为四类:首先,要求学生必须具备职业伦理道德和社会责任感;其次,是对数学、自然科学和信息技术等相关基础知识和专业知识以及工程实践所需技术、技能和现代工程工具的掌握和应用能力;再次,是在经济、政治、社会、环境等现实制约下,解决实际工程问题的能力,强调多角度思考问题和综合应用的能力;最后,要求学生具备终身学习能力、有效交流能力(包括国际交流能力)、组织管理能力和团队协作能力。加拿大的工程专业认证标准包括质和量两方面,具体标准包括毕业生素质、持续改进、学生、课程内容和质量、专业环境五个方面。而美国、日本的工程专业认证,其指标基本包含两类,即通用指标和具体指标。通用指标基本遵循IPO模式,即教育的"输入-过程-输出"模式。两套指标都包含了输入指标,如学生、师资和设施等;过程指标,如专业教育目标、持续改进、课程、组织支持等;输出指标,即学生学习成果。[4]

---

[1] 庄丽君.加拿大基于专业认证的工程教育和从业资格国际互认研究[J].世界教育信息,2020,33(2):41—47.
[2] 郑莉娟,刘康宁.基于学生学习成果评估的美国高等教育专业认证[J].上海教育评估研究,2014,3(4):15—17,31.
[3] Volkwein J. F. Implementing Outcomes Assess-ment On Your Campus [EB/OL]. (2016 - 11 - 01)[2021 - 05 - 20]. http://www.wou.edu/cai/files/2016/02/1Volkwein_article1.pdf.
[4] 张妍.美、日高等工程教育专业认证指标体系的比较研究[J].上海教育评估研究,2016,5(1):52—55.

第四节 院系绩效评价改革的典型案例

高等学校进行内部的院系绩效评价改革的总体时间并不长,但在国内外不少高校进行了尝试,积累了许多可资借鉴的经验。根据院系绩效改革开展的时间、效果和效应等,本部分选取了南京师范大学、同济大学、上海交通大学和东南大学等国内高校及美国加州大学作为典型案例,从改革目标、改革举措、改革重点、改革成效、案例评析等维度,分析院系绩效评价改革的经验和启示。

一、南京师范大学:既分类又综合[1]

南京师范大学坚持以改革促发展,以创新求卓越,不断优化现代大学制度,在院系绩效考核评价方面较早进行了探索,并取得了明显成效。

(一) 改革目标

作为国内较早开展院系绩效的高校,南京师范大学的评价改革实践主要基于以下目的:一是适应国家评价改革的整体要求。在国家和地方越来越重视对高校的绩效考核评估的背景下,学校在评价中的表现直接关系到所能获得的政策支持和经费保障。在内部开展院系绩效评价改革,可以提高学校整体办学绩效,从而获取更多的外部资源。二是落实学校事业发展的具体要求。学校各种规划需要落实,必须有相应的

---

[1] 本部分素材来源于课题组对南京师范大学的调研材料,感谢南京师范大学发展规划处宋喆处长、李春艳副处长、王秀良副处长、汪育文老师以及其他工作人员。

途径、措施和保障,科学合理的院系绩效评价机制是具体落实学校确定的目标任务的有力工具。三是明确发展方位和发展环境。通过评价准确获知学校各个部分在兄弟高校中的地位,准确评估学校的发展竞争环境。四是明确各学院发展的优势、劣势和改革的方向。通过评估,深入了解学院发展状态和发展潜力,分析学院在发展中所处的位置以及面向未来发展的优势和不足,并以此作为学校顶层设计和校内资源配置的基本依据。

(二) 改革举措

院系绩效评价改革,具体可以分为诊断性评估、发展性评估和内涵式评估。南京师范大学的绩效评价改革兼具这几种性质,是一种综合式评估。其评估体系主要内容包括国内外各大排行榜指标、学校规划确定的专项计划和学校党代会确定的各项任务,评估方法采用以数据支撑的量化评估和以专家评价为依据的同行评议相结合的方式进行。拟定的评价改革方法分三步走:第一个阶段,仅评价能够量化的指标;第二个阶段,逐步引入同行评价;第三个阶段,计划推进同行专家现场评价。

1. 评价方案

目前的院系绩效考核是由人力资源处归口负责,依据年度规划任务而定,根据考核结果给予院系一定的奖励或者惩罚。南京师范大学的绩效考核最开始并不是评价院系,而是直接考核教师个体,即所谓的教职工绩效考核。从 2003 年开始进行院系绩效考核,整个考核体系转变成学校考核学院、学院考核教师。院系绩效考核围绕核心指标体系开展,即人才培养、队伍建设、学科建设、科学研究等,将学校的管理目标和发展任务作为定量考核依据。该绩效方案实施后对学院的发展起到了推动作用,但是考核过程非常繁琐,考核指标过于细致,考核结果并不十分科学,比如基本没有出现过不合格的院系。在对该方案进行总结反思后,结合学校推进的绩效工资改革,自 2016 年开始,南京师范大学对院系绩效考核进行了调整,2016 年 1 月颁布了《南京师范大学教学单位绩效考核办法》和《南京师范大学非教学单位绩效考核办法》。该方案实施两年后,南京师范大学在 2018 年又对绩效考核方案进行了调整。根据调整后的方案,考核采用百分制,由指标板块对应的职能部门打分加上校领导打分组成,各占 80% 和 20%。如对教学单位的考核,学工部门和教务部门负责人才培养板块的打分,科研处、社科处负责科学研究板块的打分,国际交流处负责国际合作交流板块的打分,保卫处、后勤处等负责综合管理板块的打分,每一个板块具体对应一个考核指标体系,并占不同的考核比例。校领导在听取学院现场汇报或者书面总结汇报之后给教学单位打分。总体考核结果跟学院的绩效工资挂钩,考核总分前几名在绩效工资上有一定的增量。非教学单位的考核,依然采取百分制,指标分为四个板块,具体包括履行岗位职责、强化内部管理、提供优质服务和推进改革创新。

2. 指标体系

具体到院系的考核指标,按照人才培养、学科建设、科学研究、队伍建设、国际教育和综合管理几大板块设置。改革前期的指标体系非常细致,且基本是定量的,包括学生的就业率升学率,还包括院系创收和学生学费的收缴等。经过几年的探索后,指标体系在逐步完善,指标总量大幅度下降,且定量和定性相结合。2018年调整绩效考核方案时,在考核指标上,对基本考核和激励考核的指标也做了进一步的优化。指标板块的权重有了调整,如突出了党建和思想政治工作,将其放在第一个板块,同时,突出成果奖励,加强学校对教师个体做出突出业绩的奖励。考核结果也有了变化,增加单项进步激励奖,提高了惩罚的比例。考核结果作为教学单位年度奖励性绩效工资发放的依据。考核结果优秀的教学单位,额外奖励绩效工资基数的一定百分比;考核结果合格的教学单位,按基数如数发放;考核结果基本合格的教学单位,扣发基数的一定百分比;考核结果不合格的教学单位,扣发基数的一定百分比。第三,非教学单位再进行分类,按照党团、行政管理和行政教辅三类进行,照顾部门之间的异质性。

修订后的教学单位绩效考核指标体系包括基本考核和激励考核,基本考核采用百分制,具体包括八个部分:一是党建与思想政治工作,包括领导班子建设情况、基层党建情况、党风廉政建设情况、思想政治工作情况。二是本科生培养,包括本科教学和教育管理两部分,具体包括教学管理、教师教学、教学改革与研究、教学效果、思政教育、学风建设、实践育人、招生就业工作等。三是研究生培养,包括招生工作、培养过程与资源建设、培养质量、交流与合作、教育管理等。四是科学研究,包括科研成果、科研项目、科研获奖、科研平台、社会服务等。五是学科建设,包括学科评估情况和学科建设情况。六是队伍建设,包括人才引进、教师发展、师德建设与教书育人。七是国际交流,包括智力引进、学术交流、科研合作。八是综合管理,包括安全稳定落实情况、服务师生与规范管理情况、服务学校事业发展大局情况、学校重大决策重大任务落实情况。激励考核采取计分制,从人才培养、科学研究、学科建设和队伍建设四个方面按相应标准累积计分。

(三)改革重点

一是使用既分类又综合的评价取向。学校同时运用诊断性评估、发展性评估和内涵式评估三种模式开展院系绩效评价改革。诊断性评估主要是分析学院的整体办学水平与具体办学现状,明确学院发展与改革方向,评价中特别关注学院办学过程中的投入产出比和人均绩效,发现在人、财、物等资源配置中存在的问题,以此激发学院办学活力。发展性评估注重学校发展战略规划以及学校持续发展,评价中紧扣学校和学院确定的五年规划和年度规划目标与任务,探索激发学院办学自主权的有效途径,增强学院人、财、物的统筹能力。内涵式评估突出质量评价的价值取向,兼顾柔性判断,将无形成果作为评价的重要依据。对能够反映学院发展潜质的若干关键指标,如社会影响、学术荣誉、文化氛围、教师学术表现等进行同行评议。

二是有效使用评估结果。首先,建立校院两级权责清单。试点"一院一策"改革。探索下放学院办学自主权路径。学院党政领导班子中期考核以及任期届满考核。其次,优化并完善学校资源分配机制。研判学院运行效率和办学潜力。明确学院发展状态、优势、瓶颈和方向。实现学校资源的整合和优化。动态调节学院资源投入强度、方式和方向。再次,逐步开展高水平同行评议工作。分批次、分类别对高峰学科开展高水平同行评议,了解学科发展现状。找出学校"高峰学科"与世界"一流学科"的主要差距,为学院资源配置和政策制定提供参考。

(四)改革成效

南京师范大学是国内高校中较早开始进行院系绩效评价改革探索的学校之一,经过一段时间的摸索和实践,已经逐步将院系评价作为了检验院系办学成效的重要手段,取得了一定的改革成效。

首先,校院两级管理权责界限不断明晰。通过绩效评价,重构校院的管理架构,使学校的管理职责和使命更加明确,同时,更为重要的是,使院系逐步成为自主管理的主体,成为落实办学自主权的重要单元。

其次,对院系办学绩效的评价更加全面。改革之前,对于院系的评价大多通过显性的数据和学校领导的直观感受,没有科学的依据。通过不断地创新和调整,其评价指标体系已经全方位涵盖了院系发展评估的各个方面。

再次,学校资源得到了更加有效的利用。在资源有限的前提下,通过绩效评价,奖励绩效高的院系,惩罚绩效低的院系,以评价作为杠杆,不断实现校内资源的动态考评和动态调整。同时也使院系更加明晰自身的优势和劣势,更加明确自身改革重点和方向。

最后,有效提升了学校治理水平。绩效评价是一个系统工程,考核指标和数据涉及多个部分,先进的数据采集工具和分析工具的使用,有效提高了学校的数据治理水平。

(五) 案例评析

南京师范大学的院系绩效评价改革是提升学校内部治理水平和治理能力的一次有益探索和实践。其作为学校整体体制机制改革创新的顶层设计的一部分,充分做到了"可视、可析、可为",能够比较客观真实地反映学院在事业发展中存在的问题,并通过解析、研判与论证,寻求有利于学院事业发展的可行性对策,真正做到"数据"驱动精准决策,为"一院一策"提供科学依据。

南京师范大学的院系绩效评价取得良好成效,在深化改革时则可以考虑以下几点。第一,在指标体系的设计中,要进一步处理好定量评价和定性评价的关系,指标的过分贪大求全可能反而不能科学地反映实际情况。第二,在分类评价中,需要进一步做好分类标准的科学化和不同类型院系的可比性的统一,这是一切评价的基础和关键。第三,如何把过程评价和目标评价进一步有机结合。目前的评价体系中还是过多聚焦于结果评价。

二、同济大学:聚焦办学质量

同济大学2005年成立办学质量评估院开启了"院系办学绩效评估"改革,其基本改革理念借鉴了德国的企业质量管理思想,该项改革至今已经进行了十余年,积累了较为丰富的经验。

(一) 改革目标

同济大学开展校内院系办学质量绩效评估改革的目的,是为了更好地把学校的"质量工程"落到实处,探索在学校规模扩大、校区分散、学科门类增多的情况下,如何进一步通过科学、高效的管理达到实现学校办学目标及挖潜增效的功能。该项改革围绕学校办学目标,以院系为被评单位,致力于对院系办学系统的运行状态进行测定及导向,在评估改革中要完成三项主要的改革任务:第一,与学校的整体目标进行比较,确定系统各部分的运行是否正常,是否达到了预期的目标;第二,对院系的工作进行共时性比较,确定各院系在办学运行或绩效方面的优势与差距;第三,对院系的工作进行历时性比较,确定各院系在办学运行或绩效方面的发展趋势。在这些数据和分析的基础上,力争使学校及院系都能明确内涵建设方向,强化质量意识,提高办学效率,增进核心竞争力。[1]

(二) 改革举措

1. 评价方案设计

同济大学的评价改革方案紧密围绕办学目标和质量标准设计,方案设计中体现四个基本原则:第一,目标导向。将学校"综合性、研究型、国际化"的办学目标作为一切行动的根本导向。第二,核心导向。特别注重实现目标的核心环节,即发展中的重点、弱点和发力点,通过抓核心来落实发展任务。第三,吸收外来经验。即参照国际国内主流大学排行榜中的合理部分,为我所用。第四,指标计量尽量与学校职能部门现行日常规范管理相统一。同济大学的院系评价是分类评价,根据院系的历史条件、现有状况、发展重点等要素将院系进行分类,其具体分类方式也在不断改进中,由最初的"常规院系"和"特色院系"两分法,到后来的"常规院系"、"特殊院系"和"中外合作办学机构"三分法。不同性质的单位聚类评价,提高评价的准确性和科学性。评价结果会

---

[1] 樊秀娣.校内院系办学质量绩效评估的探索与实践——以同济大学为例[J].大学(学术版),2012(11):49—52,48.

以《同济大学办学质量白皮书》的形式交由学校领导决策参考,也是能让院系明确自身发展状况、找到事业发展的重点和难点的方式。

2. 评价指标体系

同济大学院系绩效评估指标体系主要依据教育部学科评估指标体系、社会主流排行榜指标体系以及学校总体事业发展的规划和重点来确定,而且,指标体系是根据实际需要来进行创新变化的,每年都会根据学校、院系发展工作的重心转移或管理中出现的问题做出调整。目前的绩效评估指标体系主要包括人才培养、科学研究、师资队伍、国际交流四大板块,具体见表4-3。

表4-3 同济大学绩效评价指标体系

一级指标(权重)	二级指标	
A 教学工作(30%)	A1	本科生教学工作
	A2	研究生教学工作
B 学科建设(30%)	B1	精品课程
	B2	优秀教学成果奖
	B3	优秀教材
	B4	学术专著
	B5	教师重要期刊论文数
	B6	科研获奖数
	B7	杰出专业人才
	B8	教学名师数
	B9	科技创新团队
	B10	博士所办专业涉及博士点
	B11	博士后流动站
	B12	重点学科
	B13	国家重点实验室/国家工程研究中心/国家实验教学示范中心
	B14	国家级基地(人文社科重点研究基地)/理科人才培养基地/工科课程教学基地

续表

一级指标(权重)	二级指标
	B15 新生入学平均分数
	B16 学生高层次奖项获得数
	B17 优秀博士论文
	B18 学生重要期刊论文
C 社会服务(30%)	C1 国家自然科学基金项目数及经费
	C2 国家社科基金项目数及经费
	C3 重大科研基金项目数及经费
	C4 横向科研项目数及经费
	C5 一般计划类科研项目及经费
	C6 专利数
	C7 重大项目(社会科学、自然科学、工程技术)的社会影响
D 国际交流(10%)	D1 合作办学
	D2 合作科研
	D3 人员交流
	D4 外国留学生

3. 评价方法

同济大学校内院系绩效评估主要关注"总量绩效""人员经费绩效""设备投入绩效""用房面积绩效"四大项。评估初始,院系绩效评估结果设置了"总量绩效""人均绩效"两大项。"总量绩效"反映的是院系的总实力,是学校某一学科或院系实力的体现,院系总量绩效在衡量学校某方面总体实力和对外宣传、交流方面有着重要作用。院系总量绩效 $T = 0.4X(A) + 0.35X(B) + 0.15X(C) + 0.1X(D)$。其中,X(A)代表人才培养总绩效,X(B)代表科学研究总绩效,X(C)代表师资队伍总绩效,X(D)代表国际交流总绩效。"人均绩效"即"标准人均绩效",是总量除以院系的标准人数的结果。这里的标准人数不是各院系全体人员数的简单相加,而是考虑了学校对院系不同岗位等级人员投入津贴的多少而得到的一个综合加权的院系人数。标准人均绩效的推出使不同规模的院系在办学质量和效益上有了一定的可比性,这对于各院系的挖潜增效无疑是有很大的促进作用的。同济大学从 2008 学年度起,标准人数计量又被学校对各院系总的人员津贴投入计量替代,"人均绩效"也随之改称为"人员经费绩效"。从校内科学管理,注重投入与产出的角度而言,"人员经费绩效"更有实际意义。从 2010 学年度起,同济大学院系绩效评估在原有"总量绩效""人员经费绩效"的基础上,又增加了"用房面积绩效"和"设备投入绩效"两个计量结果。"用房面积绩效"关注的是各院系在学校楼房面积投入基础上的总量产出,"设备投入绩效"关注的是各院系在学校设备经费投入上的总量产出。此两项评估结果为院系办学绩效的投入和产出提供了多面考量。

(三) 改革重点

一是科学筛选绩效评估指标。任何指标体系都不可能涵盖学校工作的全部,因此指标的选择是有限的。学院绩效评估指标的选择在坚持科学、可行、实用的基本原则的前提下,同济大学绩效评价的指标体系设计着重从以下几个方面考虑,第一,坚持与办学目标相一致。第二,体现学校内涵建设的核心要素。第三,参照但不照搬主流大学排行榜的指标体系。第四,指标选取不贪大求全,坚持"宁缺毋滥"原则。选定的指标必须是重要的且有把握获取,对那些目前无法收集或计量的指标,即使重要也只能坚决舍弃。如此,在准确、可靠数据分析下得出的各项结果,至少在一定范围内是可以比较、分析和研讨的。[1]

二是在院系绩效评价中坚持"两不原则"。"两不原则"即绩效评估不与资源分配和利益分配挂钩,不增加学院的额外负担。校内评估的最主要的意义在于激励和引导,通过评估来推动和促进学院朝着更高质量和效益的目标迈进。在开展绩效评估起步阶段,校内各方对绩效评估认识不够全面,怀有种种疑虑,甚至有抵触情绪,为减少工作阻力,故要坚持绩效评估不与资源分配和利益分配挂钩。同时开展绩效评估所需要的数据,主要来自学校相关职能部门,不要求各学院提供数据,不会增加学院的额外

---

[1] 樊秀娣.高校院系办学绩效评估的科学方法论——同济大学校内院系办学绩效评估引出的思考[J].上海教育评估研究,2015,4(4):44—48.

负担。

(四) 改革成效

通过相对客观的数据记录和技术统计,校内院系绩效评估以其可比、鲜明、强化的特点在学校的管理和发展中起着独特的重要作用。

第一,从学校层面讲,校内评估可以使校部对各院系的运作和成效有更清晰的了解和把握,由此比照学校的总体办学目标来做出科学的决策和管理。平时校部对于各院系的状况虽说是心中有数,但更多的还是大致印象,有了校内评估,各院系的基本数据和运作状况可谓一目了然。

第二,从院系层面讲,校内评估也可以帮助院系更直观、更全面地认识自身,由此科学合理地规划院系发展并力求人尽其才、物尽其用。作为学校办学基层实体的一院之长,一般也不可能对自己的家底一清二楚,绩效评估就是为各院系服务,大家在这面镜子前能更清楚地了解自身的长处、短处以及有待挖掘的潜力,还可以看到自己和其它院系的关系和距离,这些对各院系的自我剖析和建设无疑是极有帮助的。[1]

(五) 案例评析

同济大学以其独特的评价体系和评价方法在国内高校的院系评价中独具特色。其最大的优势在于时效性、针对性、灵活性,并以其可比、鲜明、强化的特点在学校的管理和发展中起着独特的重要作用。从学校层面来讲,校内绩效评估可以使校领导和职能部门对各院系的运作和成效有更清晰地了解和把握,由此作出更科学、合理的规划、决策和监控等。从院系层面来讲,校内评估可以帮助院系知己知彼,开阔思路,取长补短。通过自我剖析、合理规划和措施落实,强化质量意识,保证质量处于可控并不断提升状态。[2]

同济大学的院系绩效评价改革能够引起我们更好的思考。第一,如何更加科学地

---

[1] 樊秀娣. 校内院系办学绩效评估的实践与思考[J]. 大学(研究与评价),2007(Z1):55—59.

[2] 樊秀娣. 校内院系办学质量绩效评估的探索与实践——以同济大学为例[J]. 大学(学术版),2012(11):49—52,48.

处理定量评价和定性评价的问题。虽然在指标计量和最终结果上都会尽可能采取定量的形式,但是,量的比较只有在同质的基础上才有意义,而且很多的教育成效并不能以定量的方式进行评价。第二,有些关键的因素,如院系的社会声誉和学术威望,院系的文化氛围和学术精神等,其实都没有很好地纳入评价体系之中。第三,评价结果的应用,是否依然存在事实上的与绩效分配挂钩?如果确实不与绩效分配挂钩,那么如何充分发挥评价的导向作用?

三、上海交通大学:"协同治理协议授权"[1]

2000年以来,上海交通大学实施的以"院系综合预算"和"协议授权"两项重大举措为主要内容的"院为实体"改革实践在国内高校中开启了先河,对整个评价体系的改革创新具有重要的借鉴意义。

(一) 改革目标

上海交通大学推进"院为实体"的改革创新基本动因,是激发学校基层学术组织的创新活力,完善校院管理机制,提高学校整体办学效益和办学水平,构建以制度激励为核心的具有中国特色的现代大学制度。一般而言,校院之间资源与政策的博弈是改革的焦点和难点问题,学校治理需要避免校院权责"零和博弈"的改革陷阱。上海交通大学"院为实体"的改革主要具体目标有两个:第一是优化资源配置,第二是强化环境互动。首先,要将学校教育资源进行重新整合和优化配置,以此来消除学校行政冗余,提升办学资料的适用效率。学院作为实体,可以实现资源共享,最大限度精简人员、减少人力成本的浪费,也可以促进学科之间的交叉融合,有利于孵化新兴学科和交叉学科,真正形成多科融合发展的格局,同时,在人才培养方面,更能够培养基础厚实、适应性强的高素质人才。[2] 其次,要强化学校与社会的互动。学院是对社会需求反应最为

---

[1] 杨颉.协同治理 协议授权——探索校院二级管理改革新路径[J].中国高教研究,2017(3):12—16.
[2] 袁祖望.学院制与高校纵向管理体制改革[J].高等理科教育,2005(1):105—107.

敏捷的组织单元,校院二级管理机制可以提升学校服务社会需求以及获取社会资源的能力,利用外部环境因素达到激发学院活力的目的。"通过'院为实体'改革,学院将被改造成具有二级法人资格的实体性单位,将具有更大的自主权,它们比学校更加了解所在研究领域的前沿,能够根据社会发展需要迅速地调整专业和研究方向。此外,学院为了谋求自身生存和良性发展,会更加主动地加强与社会,特别是与企业间的联系与合作,尽最大可能挖掘教育资源等。"[1]

上海交通大学期望通过改革,进一步完善学校内部治理结构和制度,及时有效应对社会需求,进一步明确分层决策的授权机制,支撑学校管理重心下移,形成明确的校院两级管理纵向分权和职责划分体系,充分发挥学院的活力,激发基层组织的创新活力和主动办学的积极性。[2]

(二) 改革举措

1. 改革实施路径

自2000年以来,上海交大围绕战略目标的实现,不断推进和深化"院为实体"改革,先后经历了以学科群整合为目的的院系调整,以支撑学校向综合性大学转型的"二级办学,三级管理"的体制改革,以配合目标管理和绩效管理改革的二级资源分配改革,以"结构优化、减权增效"为目的的校部机关结构调整等。[3]

在"十一五"的校院二级资源配置改革中,主要是通过建立校院两级人、财、物、房资源配置体系,来调动学院的积极性。学校从常规经费中留取一定的比例用于校级公共支出,其余部分通过"一揽子"预算方案划拨给学院,如人员经费总量、各类岗位编制数、研究生招生名额等,同时给予学院在人员招聘、薪酬分配、办公实验用房分配、研究生招生名额分配等方面较为充分的自主调配权。经费下去了,学校以目标管理和绩效考核为依据进行资源配置的调整。"十二五"期间主要进行的是"简政放权"改革,学校

---

[1] 高磊,赵文华. 深化"院为实体"改革　推进现代大学制度建设[J]. 现代大学教育,2003(5):65—68.

[2] 杨颉. 协同治理　协议授权——探索校院二级管理改革新路径[J]. 中国高教研究,2017(3):12—16.

[3] 高磊,赵文华. 深化"院为实体"改革　推进现代大学制度建设[J]. 现代大学教育,2003(5):65—68.

《章程》中进一步明确学校、学院、系或研究所的责权利关系,强调了"学校实行校院两级管理体制,根据学院(系)的办学目标、办学成本和办学绩效配置资源,通过综合预算方案划拨学院日常经费和其他资源""学院(系)享有学校授权范围内的办学权、人事权和资源配置权"。

"十三五"时期,主要实施了"院系综合预算"和"协议授权"两项重大改革举措。"院系综合预算"改革自2014年开始在若干学院进行试点。所谓"院系综合预算"改革,即是改变以往通过各职能部门细分项目向学院分配资源的方式,而改为给各学院设立"发展专项经费",将学科建设经费、人才培养经费和国际合作与交流经费等打包给学院,并打通不同经费间的限制,同时扩大学院自筹经费的自主使用权和使用比例,由学院统筹安排学校下达的日常经费、学科建设经费以及学院自筹的教学、科研等其他收入,以"量入为出,事前控制"的原则根据当年工作计划制定预算方案,纳入学校年度预算,学校财务部门严格按照学院制定的年度预算进行财务管理。[1]"协议授权"改革自2015年开始研究和策划,并分为三个阶段进行。第一阶段是以校部机关为主、自上而下地梳理责权清单。第二阶段以学校规划部门牵头与各学院协商中长期目标任务。第三阶段以院系为主,根据自身目标任务的需要自下而上地提出需要授权的具体政策事项,与相关部门就可授权事项达成一致意见,并签署"政策授权协议"将学院的责权予以明确。

2. 评价指标体系

上海交通大学的院系绩效考核是年度制度。经过若干年的探索,学校逐步形成了4个一级分类、9个二级分类,覆盖全校二级单位的考评体系,根据学科性质,对院系按工科、理科、生命医学学科、人文社会学科等4个二级分类进行考核,对研究平台按理工生医学科和人文社会学科等2个二级分类进行考核,重点考核院系和研究平台学科发展等5个方面的质量和水平;根据部门职能,对机关部处按照综合部门、业务部门和窗口服务部门等3个二级分类进行考核,重点考核机关部处的执行力、改革创新举措、服务态度和质量水平。

---

[1] 杨颉.协同治理 协议授权——探索校院二级管理改革新路径[J].中国高教研究,2017(3):12—16.

(三) 改革重点

上海交大的"院为实体"改革主要以"协议授权"为基本形式。"协议授权"改革正好与院系"十三五"建设目标的制定工作相结合形成了"院系十三五建设协议书",协议书中涵盖了学科建设、党建、学生工作、院为实体和综合预算改革等全方面的工作内容,同时明确了学校的责任,特别明确了人员编制、经费和政策等支撑院系办学的基础性保障。在制定建设任务的过程中,学校更多地结合学院的学科特性、发展阶段以及自主发展意愿等多方面因素,把目标任务分为核心指标、指定指标和自选指标三类。核心指标是根据学校总体战略目标设立的面向全体学院的统一指标,体现了学校的总体建设目标。指定指标是根据各学院学科特色或发展短板所设定的个性化指标,体现了学校对学院的差异化指导。自选指标是学院根据自身特色和工作重点自主提出的建设指标,体现了学院的自主发展意愿。"院系十三五建设协议书"是校院对工作任务达成的共识,最终由书记和校长代表学校与各院系的主要负责人共同签署后生效。校院先商定发展目标,后商讨政策授权内容,是为了更加强调授权的目的是为了发展,避免院系要权的盲目性以及院系间的攀比心态。第三阶段以院系为主,根据自身目标任务的需要自下而上地提出需要授权的具体政策事项,与相关部门就可授权事项达成一致意见,并签署"政策授权协议"将学院的责权予以明确。"政策授权协议"的作用仅为明确校院间责权划分,为推进政策落地还需要制定两份规范化文件,一份是"政策授权协议"的实施细则,用以明确校院间具体事务操作规范;另一份是"学院内部管理制度"规范授权事项在学院内部的决策程序和办事流程。实施细则和"学院内部管理制度"配套使用才有可能在每个学院授权范围不相同的情况下依然保持流畅的行政流程。同时,"学院内部管理制度"是学校监管学院是否规范使用授权事项的重要依据。内部管理制度的完备性和学院对管理制度的执行程度是学院能够获得授权试点资格重要依据,即自律是充分授权的前提条件。学校在改革过程中强调,自律不是放宽要求而是更严要求,不是不要监管而是不怕监管。

(四) 改革成效

经过十几年持续不断的改革探索,上海交通大学"院为实体"取得了一定的成效。

首先,学校管理重心实现了下沉,学院的办学主体地位得到了落实。特别是综合预算改革与协议授权改革,进一步激发了学院活力,使得学院在财权、事权、人事权以及资源配置权等核心权力方面真正掌握主动权,实现当家作主,而不再疲于应付校级各个职能部门的项目,被职能部门牵着鼻子走。与过去相比,学校的管理重心明显下移,学院的实体性体地位得以真正落实,学校的各方面事业都得到了充分发展。校级职能部门进一步推动"放管服"改革,逐步实现职能转变,激发学院的内生动力,实现了"校办院"向"院办校"的转变,有利于发挥学院的基础性作用,提高核心竞争力。

其次,学院办学主动性得到提高,基层满意度有效提升。一方面,学院是"院为实体"改革的主体,是改革的直接参与者,各学院指导自身的强项和弱项,能够从学院实际出发,提出改革诉求。另一方面从学校职能部门的角度出发,充分了解各个部处所拥有的权力,对各种事项进行分类,针对权力下放的范围进行充分讨论协商。

第三,改革使得学校治理体系得到升级,现代大学制度更加完善。大学的各类规章制度与细则规范是现代大学制度的重要组成部分,"院为实体"改革要抓顶层设计,完善修订大学章程建设,从制度层面进一步理顺校院两级关系,为改革落地提供法律依据。[1]

(五) 案例评析

上海交通大学的改革聚焦校院协同治理,是大学治理战略控制层面的改革,这无疑是抓住了提升学校治理水平和治理能力的关键。清晰界定校院两级的权责利关系,是大学有效治理的基础,"院为实体""协议授权"的改革理顺了这种关系,不仅激发了学院办学的原生动力,充分挖掘、利用了各种有利资源,而且能够保证学院沿着学校设定的轨迹和方向向前发展,体现了资源配置与事权的协同,形成对目标治理的重要保障。

上海交通大学的改革给予我们的启发,最重要的是如何在推进改革的过程中以体制机制创新破解难题,如学院财力自筹能力不足、自主理财意识不强会影响综合预算改革的成效,校部机关间的工作协同度不足会影响行政服务能力的提升,学院内部管

---

[1] 岳苗玲.校院纵向分权治理的改革研究——以上海交通大学为例[D].金华:浙江师范大学,2020.

理制度不健全以及行政支撑人员不足会影响到学院承接行政事务工作的能力等。这些困难和矛盾,都需要良好的机制设计来规避和克服。上海交通大学的相关经验,无疑值得借鉴。

四、东南大学:凸出关键业绩指标

近年来,东南大学以院系单位关键业绩指标(KPI)绩效考核为抓手,不断完善收入分配激励机制,健全学校与二级单位的分级管理体制及评价体系,其不断进取的实践探索为我国高校改革提供了有益经验。

(一)改革目标

东南大学将实施院系单位关键业绩指标绩效考核作为推进学校"双一流"建设进程、进一步深化教育体制综合改革的重要举措。以人事制度改革为突破,以人才培养、师资队伍建设和服务国家重大需求为发展导向和价值取向,特别是坚持人才培养的中心地位,切实提升人才培养考核权重,健全完善立德树人落实机制。通过构建体现长远性和内涵性的院系单位关键业绩指标绩效考核体系,落实"院办校"发展思路、理顺学校总体发展战略与院系单位绩效考核的关系、明确相关职能部门在院系单位绩效考核中的分工、强化院系单位关键业绩指标的分解细化,提高绩效考核和分配的科学化水平,激发单位和教师的内生动力和发展活力,加快推进"双一流"大学建设进程。

(二)改革举措

1. 评价指标体系

东南大学考核指标体系 2018 年制定后,经 2019 年、2020 年两次修订,整体保持持续性。院系单位关键业绩指标体系由人才培养、科学研究、师资队伍建设、综合管理四类指标构成,每类指标有若干二级或三级关键业绩指标组成。考核中强调"目标完成率+总量+均量+标志性贡献"原则,关键业绩指标考核需考虑各学院业绩的增量、均量和标志性成果,以增量为导向,合理评价均量,同时鼓励引导重大标志性成果。一级指标分别为人才培养、师资队伍建设、科学研究和综合管理四个部分,分别占比60%、15%、15%、10%。其中人才培养面对本科生和研究生有不同的培养方案:本科生培养占40%,由教务处牵头,团委、学工部(学生处)、国际合作处共同完成,包含三个二级指标,教学成效、课堂教学质量、学生管理,分别占比40%、45%、15%;研究生教育占20%,由研究生院牵头,团委、学工部(学生处)、国际合作处共同完成,包含三个二级指标,教学成效、培养质量、学生管理,分别占比41.5%、45%、13.5%。师资队伍建设方面由人事处牵头,国际合作处共同完成,包含三个二级指标,高端师资建设"新增"、师资队伍活跃度与国际化、进人质量,分别占比70%、15%、15%。科学研究层面由科研院、社科处牵头完成,包含两个二级指标五个三级指标,经费、基金、成果、突出成果、组织管理,分别占比30%、20%、20%、20%、10%。相对2018年的方案,综合管理方面的变化较大。综合管理方面由校办牵头,党委组织部、纪委办公室、党委教师工作部、保卫处、保密办公室、财务处、档案馆、发展委员会等部门共同完成。2018年的指标包含三个二级指标,分别是院系发展态势、标志性成果附加分、校友捐赠加分和扣分项目(年度目标完成情况、班子建设、党建工作、党风廉政、财务审计、师德师风、保密工作、安全稳定、档案管理)。而2020年则由年度目标质量与完成情况和院系综合管理质量构成,各占50%。

表4-4 东南大学关键业绩指标(KPI)绩效考核指标体系

考核指标体系(比例)		考核部门	二级考核指标(比例)
1. 人才培养(60%)	1. 本科生教育(40%)	教务处牵头,团委、学工部(学生处)、国际合作处共同完成	1. 教学成效(41.5%) 2. 课堂教学质量(45%) 3. 学生管理(13.5%)
	2. 研究生教育(20%)	研究生院牵头,团委、学工部(学生处)、国际合作处共同完成	1. 教学成效(40%) 2. 培养质量(45%) 3. 学生管理(15%)
2. 师资队伍建设(15%)		人事处牵头,国际合作处共同完成	1. 高端师资建设"新增"(70%) 2. 师资队伍活跃度与国际化(15%) 3. 进人质量(15%)

续表

考核指标体系(比例)	考核部门	二级考核指标(比例)
3. 科学研究(15%)	科研院、社科处牵头完成	1. 基本绩效(70%) (1) 经费(30%) (2) 基金(20%) (3) 成果(20%) 2. 附加绩效(30%) (1) 突出成果(20%) (2) 组织管理(10%)
4. 综合管理(10%)	校办牵头,党委组织部、纪委办公室、党委教师工作部、保卫处、保密办公室、财务处、档案馆、发展委员会等部门共同完成	1. 年度目标质量与完成情况(50%) 2. 院系综合管理质量(50%)

2. 评价结果的应用

在评价结果应用方面主要包括四个部分的改革举措。首先根据学校绩效总量,在不突破总量的前提下,将总量分为三部分:一是基础性绩效;二是奖励性绩效(包括年终绩效保留部分和当年度增量部分);三是专项绩效。学校部分奖励性绩效按照关键业绩指标(KPI)绩效考核结果核拨到院系单位。其次,按学校工作目标及侧重点确定关键业绩指标(KPI)体系中各部分的权重,根据权重确定各部分的绩效奖励额度。院系单位按照关键业绩指标(KPI)绩效考核办法进行考核。各牵头部门分别进行相关指标体系的考核,并根据考核结果及分配办法在每一指标体系内进行分配。各部分指标体系的关键业绩指标(KPI)绩效额度相加,即为该院系单位的年度KPI绩效总额。再次,年终奖励性绩效总额划拨后,由院系单位自主分配。根据学院发展和人才引进需要,各院系单位单独设立发展基金,额度占绩效总额的一定百分比,比如,其中三分之二为人才专项基金,用于高层次人才引进,而且特别规定,在引进紧缺急需的全职、长聘、短聘等各类高层次人才时,可以特殊考虑;另外三分之一为院长发展基金,用于学院治理与发展、学院公共事业发展中的人员激励等。最后,鼓励院系单位根据学校总体要求,参考学校的KPI考核与管理办法,来制定院系自身的年终绩效考核办法及分配方案,做到体现绩效为核心,体现优劳优酬的原则,激发广大职工争先进位的工作积极性,充分发挥绩效工资的激励导向作用。

(三) 改革重点

首先,坚持正确方向。院系单位关键业绩指标绩效考核和绩效分配要紧紧围绕落实立德树人根本任务,完善教师评价体系和标准,加强教师思想政治建设,推动实现全员全过程全方位育人的新格局,充分调动广大教师"重视教学、投入教学、提升教学"的积极性。

其次,体现量质结合。院系单位关键业绩指标绩效考核应摈弃"帽子戏法",不唯"论文、学历、职称、奖励"等外在条件的限制,突出注重"贡献和实绩"考核评价指挥棒的"正向引导"作用,树立定性定量相结合、眼前与长远相协调、更加注重成果质量的评价导向。

再次,实施分类评价。充分考虑不同部门和单位不同的发展定位、发展基础、发展阶段和学科专业性质,重点关注各单位通过努力取得的关键业绩指标的增量、均量和标志性成果。在考核和分配中坚持分类指导与分类评价相结合、坚持全面兼顾与突出重点相结合、坚持发展性评价与奖惩性评价相结合、短期考核与长效激励相结合。

最后,下放治理权限。紧扣国家"放管服"改革工作要求,将关键业绩指标考核作为学校探索管理权限下移和财务权限下移的重要抓手,加大二级单位分配自主权。鼓励各单位考核分配向高层次人才、创新岗位、教学科研一线做出突出贡献的教师倾斜。在严格遵守工资收入分配、津补贴发放、成果转化收益等相关政策规定的前提下,在绩效总额范围内,按照"多劳多得,优劳优酬,水平合理,规范有序"的原则,结合学校每年发展重点及财务状况动态调整,实现绩效奖励与目标考核相统一,确保绩效分配规范有序、公开公正。

(四) 改革成效

东南大学的KPI绩效评价改革通过全面、细致、科学的绩效评价体系的构建,客观评价教学科研单位的发展水平,让学校能够及时掌握教学科研单位的建设绩效,科学诊断教学科研单位发展状态,促进可持续发展,建立良性竞争的资源配置机制,提升学校发展效率。同时,这种评价改革能够进一步健全立德树人落实机制,完善收入分配激励机制,建立健全学校与二级单位的分级管理体制及评价体系。

(五) 案例评析

KPI绩效评价是传统企业管理中已经被广泛应用的、较为成熟的绩效成果测量和战略管理工具。将这种方法移植到高等教育管理中来,从理论上讲是有可能成功的。通过这种方式将学校的目标分解变成院系的绩效目标,在院系实现自身的绩效目标的同时实现学校的战略目标,从这个角度来看,东南大学的这种尝试是有益的。而且,东南大学对这种架构进行了适应高等教育体系的改革创新,以期通过全面的评价制度量化标准来测量院系绩效。

但这种评价体系在企业管理中已经有了是否能够适应时代潮流的反思。实践中证实,指标体系设置过于复杂性,考核成本较高,未必适合绩效周期较长的组织机构。首先,过分追求量化导致高等教育发展过程中的一些核心定性的要素并没有充分体现到评价中来。其次,存量的改革多大程度上能够激发起院系办学的自主权尚需时间检验。第三,学校考核院系,院系考核教职员工,层层分解下放指标容易导致办学过程的僵化,不利于激发教职员工的创造性。

五、加州大学：构建综合问责体系

加利福尼亚大学(University of California),简称加州大学,是位于美国加州的一个由数所公立大学组成的大学系统,也是世界上最具影响力的公立大学系统,被誉为"全世界最好的公立大学"和"公立高等教育的典范"。加州大学起源于1853年建立在奥克兰的加利福尼亚学院,如今已发展成一所拥有10个校区,28多万名本科生和研究生,以及200多万名校友并对加州发展影响深远的巨型大学系统。加州大学发布的对其十个校区的年度问责报告非常具有代表性,该项评价制度自2009年第一次发布以来,至今已经持续十多年,其报告指标体系完备、数据详实,既说明成绩,也不回避问题,对整个加州大学的发展起到了至关重要的作用。

（一）改革目标

美国的公立高校资金主要依赖州政府的公共财政支持，理应接受政府和公众的问责，将高校自身如何使用公共资源，以及达到了何等效果向公众作出解释。2008年，受当时的经济危机影响，美国的公立大学都面临着入学人数激增和公共财政支持减少的双重压力。于是，诸多问题迅速蔓延，包括生均经费不足、学费上涨、校园容纳能力下降、学术质量下滑等。加州虽然经济发达，但同样不能幸免，甚至在很多方面比其他州的情况更严重。[1]学费上涨成为了公立高校的必然选择，这虽然暂时缓解了大学的财政压力，却引起了公众的质疑。学生及其家长和州立法者越来越质疑他们所支付的高昂费用究竟能够带来什么收益。这种信任危机迫切要求公立大学公开办学信息，主动接受公众问责。2008年，马克·尤杜夫（Mark G. Yudof）继任加州大学校长之后，为了提高大学运行的透明度，开始着手年度问责报告的编写和发布工作。其目的就是让加州大学明确回应上述压力，用完备的指标和翔实的数据向公众说明加州大学是如何完成其公共使命的；每年花掉多少办学成本；校方对资金的使用是否合理以及内外部环境的变化对加州大学产生怎样的影响。问责报告也对加州大学制定战略规划和年度预算决策提供数据支持，以提高学校管理工作的科学性。报告试图向加州民众和州立法者证明加州大学的决策始终向全体加州民众开放，并对全体加州民众负责。[2]

（二）改革举措

1. 建立完整的评价指标体系

《加州大学问责报告》是对加州大学十个校区是否达到教学、科研以及社会服务目标的综合性评价。《2019加州大学问责报告》涵盖了13个一级指标。[3]

第一部分是本科生入学，下设以下4个二级指标：（1）申请、录取和入学。如新生申请、录取和入学；转学申请、录取和入学；加州居民新生和转学学生；在校本科生数。

---

[1] University of California. Accountability Report 2019 [R]. CA：Oakland，2019.

[2] 王硕旺，黄敏. 公立大学如何回应社会问责——基于美国加州大学年度问责报告的比较研究[J]. 中国高教研究，2014(7)：48—53.

[3] University of California. Accountability Report 2019 [R]. CA：Oakland，2019.

(2)人口统计结果。例如,按人口和入学水平录取学生。(3)预期成绩。如 A-G 课程、高中平均成绩(GPA)和大一新生考试成绩(占班级比例);学院转学学生的平均成绩(GPA)(占班级的比例)。(4)大学本科毕业生的任职情况,UC 和比较机构:家在校园半径 50 英里范围内的新生 CA 住校学生的百分比;居住在校园半径 50 英里范围内的新来港定居人士的百分比;不付学费的本科生比例。

第二部分是本科生负担费用,下设以下 3 个二级指标:(1)住宿费用。如在州内的本科生和住院病人的总出勤费用;按家庭收入和加州居民分列的出勤费用净额。(2)收入状况。例如,本科生 Pell 助学金领取者;本科生收入分配。(3)学费和学生学费。例如,学生对 UCUES(University of California Undergraduate Experience Survey)关于大学毕业生学生贷款债务负担的承受能力的调查问题的答复;学生对毕业后两年和五年毕业的毕业生学生贷款债务负担的通货膨胀调整;学生贷款债务负担按父母收入计算。

第三部分是本科生学业完成情况,下设以下 3 个二级指标:(1)年级毕业率、大学和比较机构。例如,大一毕业率,UC 和比较机构;新生毕业率,包括从非 UC 机构毕业的学生;转学生毕业率;按族裔分列的新生毕业率;按族裔分列的转学生毕业率;按 Pell 助学金分列的新生毕业率;按 Pell 助学金分列的转学生毕业率;平均学位时间。(2)保留率和学生学分小时。例如,全系统新生和转学学生的一年保留率;大学一年级新生和转学学生的留学率。(3)结果。例如,按学科授予的本科学位;选定专业毕业后的通货膨胀调整后校友工资;选定专业按工作行业分列的校友工资中位数;按校园分列的 UC 本科校友研究生学历。

第四部分是学术研究生和专业研究生,下设以下 4 个二级指标:(1)研究生招生。例如,按学位课程和公民身份分列的研究生申请、录取和新入学人数;按族裔和学科分列的研究生学业申请、录取和新入学人数。(2)大学学业和专业教育。如研究生入学占总人数;与非 UC 第一选择学校相比,向学术博士生提供的平均净津贴份额;按学科分列的博士生毕业时的研究生债务;研究生专业学位学生毕业时债务。(3)研究生学业成绩。例如,按学科授予的研究生学位;按学科领域划分的十年后博士毕业率;按族裔和性别划分的十年博士毕业率;按族裔和性别分列的十年博士学位的中位数;UC 学术博士学位获得者的来源和计划目的地;加州大学研究生毕业后一年的就业行业。

(4)研究生专业成绩。例如,按学科授予的研究生专业学位;CA大学研究生就业行业。

第五部分是学院和其他学术雇员,下设以下3个二级指标:(1)学术工作人员。例如,普通全职教师总数按类型分列;按学科分列的普通校园教师总人数;非教员全职学术工作人员;博士后学者人数。(2)学术劳动力多样性。如学术工作人员族裔;学术工作人员性别;女性和/或任职人数偏低的教职人员的任期和任期百分比。(3)学术聘用和保留;新的助理教授任职人数低于按学科分列的国家任职人数;按学科分列的女性新助理教授人数;新聘和离职的阶梯级及同等学历教师;平均阶梯级普通校园教员工资;按UC阶梯级教员人数计算,不包括召回教员。

第六部分是工作人员,下设以下3个二级指标:(1)工作人员队伍。例如,员工全时当量;按人事方案分列的非学生工作人员的族裔多样性;按人事方案分列的非学生工作人员性别多样性。(2)工作人员报酬。例如,按资金来源分列非学生员工;按人事方案分列的一般校园职业工作人员平均通货膨胀调整基薪;按人事方案分列的保健职业工作人员平均通货膨胀调整基薪;加州大学和美国大学联合会机构领导人的基本工资和额外工资。(3)工作人员离职。例如,职业工作人员离职率;职业工作人员离职原因。

第七部分是多样性,下设以下4个二级指标:(1)本科生。例如,本科族裔分布;本科性别分布。(2)研究生。例如,从美国机构获得美国学士/学士学位的人与加州大学博士生的族裔分布;美国大学学士/学士学位获得者与加州大学博士研究生的性别分布。(3)大学社区的多样性。例如,族裔分布的学生和阶梯教师;助理教授的雇用与阶梯级教员比。(4)本科校园环境。例如,对"我的族裔学生在本校受到尊重"的回应;对"我的宗教学生在这个校园里受到尊重"的回应;对"我的性取向学生在这个校园里受到尊重"的回应;对"我的性别学生在这个校园里受到尊重"的回应;对"我的政治信仰的学生在这个校园里受到尊重"的回应。

第八部分是教与学,下设以下3个二级指标:(1)本科生的学习和参与。例如,自报技能水平;学生完成研究项目或研究论文作为课程的一部分;协助教师进行研究的学生;学生对参与领域问题的回应;学生对整体学术经验的满意度。(2)博士生学习。例如,博士课程完成后自我报告的技能水平。(3)教学人员队伍。例如,普通校园师生比例;学生学分时数,按教学人员和班级类型分列;学生学分,按教学人员和班级类型和班级规模。

第九部分是研究,下设以下2个二级指标:(1)研究支出。例如,按来源分列的直接研究支出;按类别分列的研究支出总额;按学科分列的直接研究支出;加州大学在美国研究支出中的份额;每个阶梯级教员的平均通货膨胀调整研究支出。(2)研究影响。例如,奖学金下载和存款;研究出版物;加州大学向加州企业颁发的新技术许可证;基于加州大学每年形成的技术的初创企业。

第十部分是公共服务,下设以下4个二级指标:(1)农业和自然资源。例如,加州大学农业和自然资源司方案。(2)自然保护区系统。例如,加州大学自然保护区系统。(3)教育伙伴关系。例如,社区大学生服务项目;教师专业发展和教师准备项目。(4)社会和经济影响。例如,加州大学社区和社会服务、文化资源和艺术、大学推广、商业和经济发展以及公共政策方案;加州大学校友的就业地点和行业;加利福尼亚的教员、学者和职员、退休人员。

第十一部分是健康,下设以下5个二级指标:(1)健康学生。例如,按学科分列的健康学生;自1999年以来由加州大学培训并目前在加利福尼亚获得执照的医生、护士、牙医、视光师和兽医的地点。(2)医疗服务不足的地区。例如,医疗服务不足的地区和人口。(3)健康学生债务。例如,健康专业学位学生的平均总收费;卫生科学专业学位学生毕业时的债务。(4)病人护理。例如,病人复杂程度(病例混合指数);住院日:UC医疗中心;门诊就诊:UC医疗中心和医学院;门诊急诊就诊:UC医疗中心。(5)支出。例如,按资金来源分列的保健科学教学支出。

第十二部分是运行绩效评价,下设以下3个二级指标:(1)财务。例如,经费来源;生均经费来源;赠款;经费开支;普通校园生均教育经费开支。(2)资本项目。例如,校园设施建设费用;校园设施建设外筹费用;校园设施建设类型;校园设施空间。(3)可持续性。例如,温室气体排放量;能源效率;能源与环境设计认证。

第十三部分是奖项,下设以下4个二级指标:(1)教师奖。如诺贝尔奖金按校园归属;加州大学教员奖金、奖章和奖项。(2)大学入学指数。如纽约时报学院入学指数。(3)经济流动性。例如,低收入与高社会流动的百分比;收入最低的20%进入前20%的人的百分比。(4)排名。例如,美国新闻,美国顶尖公立大学排名,世界大学学术排名。

2. 综合运用评价结果

加州大学的年度问责报告具有多重意义,得到了多方面的应用。第一,加州的年度问责报告是回应社会和公众质疑的有力方法。公立高校接受社会和公众问责是其不可推卸的责任。加州大学通过发布年度问责报告,改变了原有以政府为主导的行政问责,取而代之的是自愿问责,这种方式的转变是回应社会和公众质疑的有力途径。第二,加州大学问责报告中评价结果为大学制定战略规划和预算,以及实施绩效管理等提供资讯,同时帮助加州大学理事会发现大学所面临的重要决策问题。第三,加州大学问责报告中的各项指标,为学校运行的各个条线设定了基线,并突出了实现大学目标的现有挑战和机遇,为大学的科学发展指明了道路。

(三) 改革重点

纵观加州大学的改革,其重点是比较突出的。第一,评价数据多样化。对于高校内部评价的内容来说,数据信息来源的多样化是保证评价科学性的关键因素。加州大学年度问责报告所引用的数据信息,绝大多数是从高校、政府和第三方组织的调查研究中所得到的真实反馈,因此问责报告的结论既有权威性,又有现实意义。如加州大学在调查学生地区、习俗等的多样性问题上,主要采用的是面向全校学生的 SERU 调查,它是测量全美研究型高校本科学习经历的重要工具之一,该方法能有效反映加州大学本科生在校的真实情况,因此采集到的数据具有代表性。[1]

第二,评价指标科学化。加州大学问责报告的评价指标包含 13 个部分,每一个部分又有详细的分类,评价指标十分丰富,特别是在深化新时代教育评价改革的大背景下对我国高校的内部评价具有特殊的意义。

第三,指标体系重点关注学生的发展,着眼于高校绩效评估。虽然问责报告辐射面广,包括了校方、教职工以及学生发展三大层次,但就内容的着重点来说,问责报告以学生的发展为中心,既重视教育过程,也着力于教育输出。

(四) 改革成效

加州大学问责报告中的指标体系是非常完备的,指标涵盖面很广。以 2019 年问

---

[1] 余平.公立大学回应社会问责的新思路——基于《加州大学 2014 年问责报告》的解析[J].高教探索,2015(9):32—37.

责报告的内容为例,其指标体系几乎涵盖了高校办学的方方面面。既有从整体的视角总结加州大学所遇到的机遇与挑战,也对重点着墨,对部分重点内容进行了详尽的分析,如学生入学、学术科研、教职工情况等。

年度问责报告有效解决了大学与社会之间的矛盾、公立大学与社会之间的矛盾,可以归结两者对高校外部问责的看法不同。如何健全问责制度及改进高校的透明度,也是美国各界人士思考的问题。加州大学问责报告基本上每年对该问题进行陈述和解释。[1]

另外,年度问责报告除了回应公众质疑,更主要的是可以用来审视自身内部的问题,问责制度成为了促进自身教育进步的重要手段。

(五) 案例评析

美国加州的高等教育问责制度由来已久,加州大学的问责制度更是一个相对成熟和完整的架构和体系,有着鲜明的特点。第一,从其评价体系分析可以看出评价中特别重视学生的发展。指标体系中关于学生的指标占比最大,包括学生入学时、就读中、毕业后的基本情况和相关数据,关注学生的全面发展,实践以学生为中心的办学理念。第二,特别重视师资队伍建设和教学质量。重视包括各种类型教职工在内的教师队伍的发展,尤其注重教师的获得感和职业生涯发展,并以此推动教学质量的提升和服务社会水平的提升。第三,注重多维度评价和比较。问责报告中,不仅有内部评价,也有外部评价;不仅有横向评价,也有纵向评价。

加州大学的年度问责制度对我国高校建立内部评价体系具有启发意义。首先,高校的绩效评价既是一种内部质量保障体系,也可以成为一种回应公众质疑、接受公众监督的有效手段。其次,所有的评价都需要明确以师生的成长与发展为中心,在评价主体上要关注师生的参与,在评价指标上要考虑师生的长远利益。第三,要非常重视评价中的各项数据,确保结果的科学性和权威性,提高学校的数据治理能力。

---

[1] 余平.公立大学回应社会问责的新思路——基于《加州大学 2014 年问责报告》的解析[J].高教探索,2015(9):32—37.

第五章

高校内部评价改革深化之路

我国高校内部评价改革探索走过了一段路程，多元评价体系已见雏形，但仍有待完善。在政府推动和内生动力的双重驱动下，我国高校全面推行内部评价改革不断深化。本章秉持全局视角，立足高校内部评价机制建设的整体状况，在遵循理论和政策指导依据、立足已有探索的基础上，就深化多元评价体系探索的总体思路和有关教师评价、学生评价、院系绩效评价改进的具体路径，一一展开阐述。

第一节　高校多元评价体系构建的总体思路

《总体方案》明确指出,"教育评价事关教育发展方向,有什么样的评价指挥棒,就有什么样的办学导向"。因此,高校必须主动求变、破旧立新,扭转不良的教育评价导向,积极形成多元评价体系。在总体思路上,高校多元评价体系的构建需从理念、原则、目标、工作四个层面与政策要求对接。另外,大数据时代的来临,为多元评价体系的形成提供了有力的技术协同机制。

一、理念对接：明确多元评价的内涵

"五唯"只是符号化的表征,既不代表教育评价的所有问题,也不说明教育评价问题的本质。因此,必须跳出"五唯"看评价,对"五唯"问题进行内涵解读。笔者认为,就高等教育领域而言,"五唯"的背后至少隐含着以下方面的问题：外部评价主导内部评价,即教育活动开展的外部力量成为评价的主导者,评价日益成为政府、社会评判高校、教师甚至学生的主要方式；条线评价主导综合评价,即以条线割裂式的方式分别对评价对象进行评价,或用条线评价结果的简单权重计算"综合"判定高校办学绩效、教师工作绩效和学生成长值；量化评价主导评价结果,即以分等级的方式给评价对象排序、贴标签；帽子、论文主导学术标准（替代同行评价）,即以帽子、论文数量等作为评价标准,替代专家主导的同行评价和学术标准；数据库（排名指标）绑架资源配置,即将量化的评价结果与资源配置硬挂钩,直接决定评价对象能够获得的政策、经费支持等。

而多元评价至少应该具有以下特征：(1) 系统性,即教育评价改革涉及所有环节,需要对相关制度进行系统梳理,避免"头痛医头脚痛医脚",这也是《总体方案》的内在

要求;(2)有限性,即评价仅仅是一种政策工具,不能指望评价解决所有问题,要与其他工具(如标准、导向性政策等)结合使用;(3)适切性,即根据评价规律,评价具有目的性,评价的功能越复杂,客观性可能越弱,应合理使用评价结果;(4)发展性,即评价的旨归是发展、激励而非鉴定,以评促建、以评促改、以评促发展是评价的核心目的。

与资源配置挂钩的评价,包括外部评价和内部评价,是高校工作的风向标。过多的条线评价、专项评估会对学校、学院的战略与定位造成不必要的冲击,影响高校的办学定力以及使命与目标的实现。外部评价以及与资源配置、政策调整挂钩的校内评价需要实现"六个转变"。一是由条线评价向综合评价转变。避免条线主管部门牵头开展过多工作层面的评价,避免以某项具体工作评判高校、学院甚至教师、学生个体的优劣,避免个别指标直接决定相应的政策红利或失利。应重点考虑基于总体情况考察的综合评价。二是由单向评价向多维度、互动式评价转变。避免从上至下的单向、无沟通式评价,建立与评价对象的充分交流和互动,多维度考察评价对象,多维度呈现评价结果。三是由奖惩性评价向诊断式、发展性评价转变。避免单纯的奖惩和评比,充分重视评价结果的解读和反馈,充分重视基于评价结果的发展建议,充分重视可参考的发展经验的推广。四是由强调结果性评价向重视增值评价转变。从侧重于结果性定论的评价,走向鼓励评价对象可持续发展、追求进步空间的增值评价,引导高校、教师及学生个性发展、特色发展、分类发展。五是由刚性约束性评价向柔性引导性评价转变。注重通过评价鼓励和引导评价对象正视问题、解决问题,明确评价的服务和引导性质。六是由评价结果与资源配置直接挂钩向"基础拨款额度稳步提升+引导性的政策资源激励"转变。应避免"丛林法则"的过度应用,给予高校、学院、教师更大、更多的自主空间,稳步提升人均拨款额度,保障基本资金,同时适度使用引导性政策资源激励高校、学院、教师服务国家与地方的战略发展。

二、原则对接:落实立德树人根本任务

教育评价改革的根本原则,在于落实立德树人根本任务。立德树人关乎党的事业后继有人,关乎国家前途命运。立德树人成效是评价改革效果和检验学校一切工作的

根本标准。换言之,要明确教育评价的本质目的,强调教育评价回归"教育"。这就要求高校秉持"立德树人"的教育目标,注重培养"人"的教育观。解决"五唯"问题,最根本的是要让教育回归其本质,成为一种培养人的活动。"五唯"问题产生的背景在于以往教育资源分配不均,往往将有限的资源投入到各项重点工作中去,如重点学校、重点学科、高职称教师等。教育对"人"的培育演变为对"人才"的培养,这就导致了学校通过"五唯"的竞争进入政府的重点建设序列,师生通过"五唯"的竞争成为"人才"。若上述思想得不到转化,那么"五唯"问题依旧不会得到改变。由此,转变现有的"五唯"教育评价体系,首先应转变现有教育评价的观念,将"教育"的本质落脚于对"人"的服务,将"立德树人"理念服务于更广泛、更平等的受教育群体。[1]

落实立德树人根本任务,全面推进校内评价改革,还需要坚持以解决问题为导向,促使评价改革取得实质性突破。应全面对标对表《总体方案》及国家关于"破五唯"的一系列指导文件和政策要求,从教育规律和人才成长规律出发,在"唯"与"不唯"之间找到平衡,搞清楚从哪里突破、规则是什么、路径是什么,注重破立结合、以立促破,着力解决堵点难点,促进评价改革取得实质性突破。一方面,系统梳理学校规章制度和管理流程,建立问题清单。学院、部门要对学校的规章制度和工作事项做系统、全面的梳理,找出与文件精神不一致的各种做法、规定,集中推进制度废改立工作,从制度层面打造多元评价、科学评价的根基。同时,在深入开展调查研究的基础上,深度挖掘问题原因,明确与问题清单相对应的工作清单,明确"改什么""怎么改"、时间点、责任人。另一方面,审视评价机制,对评价要素存在的问题进行反思。对学校的各类评价机制进行整体、深入的审视,反思评价目标、评价主体、评价对象、评价标准、评价内容、评价指标、评价方式、评价流程、评价结果应用等要素中存在的问题,并予以针对性地整改。要注意在每次评价中,评价的功能定位是什么,评价的证据从哪里来,评价结果如何运用。要留意是否存在评价主体不权威、评价标准不适切、评价内容片面化、评价指标碎片化、评价方式过于量化、评价流程不公正等负面现象。

《总体方案》在深化教育评价改革的主要原则中明确提出:"坚持科学有效,改进结

---

[1] 石中英.回归教育本体——当前我国教育评价体系改革刍议[J].教育研究,2020,41(9):4—15.

果评价,强化过程评价,探索增值评价,健全综合评价,充分利用信息技术,提高教育评价的科学性、专业性、客观性。"因此,高校在改进内部评价体系时,还应该完善"四个评价",坚持科学有效的原则。改进结果评价是对功利性评价文化的反思,应以质量为中心,改进结果评价。强化过程评价强调评价的动态性和持续性,应以状态为中心,强化过程评价。探索增值评价有利于克服评价结果的固化性,应以进步为中心,探索增值评价。健全综合评价意涵着对评价全面性和多元性的强调,应以全面发展为中心,健全综合评价。

三、目标对接:促进评价对象的高质量发展

放眼中华民族伟大复兴的战略全局、世界百年未有之大变局,我国经济社会已经进入了必须谋求高质量发展的新阶段。"建设高质量教育体系",这是中央明确的新时代教育发展的新主题、新方向、新目标、新任务。[1] 在此背景下,高校需要展开研究,明确自身高质量发展的内涵和定位,以特色发展为引领,通过评价改革助力以特求高、求强。当然,高校教育评价改革涉及的领域非常广泛,不仅涉及宏观、理念、中观制度、微观技术等不同层面的变革,还涉及教师、学生、院系等不同主体,教学、科研、社会服务等不同领域的完善,因此是一项长期系统的工程,是场硬仗。《总体方案》分阶段明确了5~10年以及至2035年的改革目标。对于高校而言,不仅要确定中长期目标,更需要将目标细化至每一阶段、每一年度。一般来说,高校启动的评价改革目标应涵盖以下方面。

其一,以教师评价改革为抓手,促进教师队伍的高质量发展。大学是传知育人、文化传播、思想再造的沃土,高校教师则是大学的声誉和象征,是促进社会文明进步的精英,正所谓"大学者,非谓有大楼之谓也,有大师之谓也"。教学、科研、社会服务,是现代大学在历史发展过程中逐渐赋予教师的责任和义务。其中,教书育人是教师的天职,是大学起源的本质属性。同时,在科教兴国、人才强国和文化强国战略背景下,大

---

[1] 周洪宇.建设高质量教育体系 迈向教育发展新征程[J].民主,2020(12):9—11.

学教师履行的科研和社会服务职能对社会发展起着基础性和先导性的作用。因此,我们要以教师评价改革为抓手,坚决克服重科研轻教学轻社会服务、重论文轻育人的做法,不断促进教师的成长,实现教师队伍的高质量和专业化发展。

其二,以学生评价改革为抓手,促进全体学生的高质量发展。要以学生评价改革为抓手,坚决克服重智育轻德体美劳、重分数轻素质的做法,不断促进学生身心健康及全面发展,实现学生的全面发展和可持续发展。同时,人才培养质量是高等教育的生命线,在高等教育普及化、社会对人才需求多样化的新形势下,建立一套科学完善、实践操作性强的教育教学质量保障体系,是进一步提高人才培养质量,甚至是高校生存与发展的必然要求。因此,要以教学质量评价改革为抓手,坚决克服重流程推进轻质量管理、重工作布置轻质量监督的做法,通过推进教育教学质量保障和监控体系建设,为学生的高质量发展保驾护航。

其三,以院系绩效评价改革为抓手,促进校内二级单位的高质量发展。二级单位、特别是院系,是现代大学的基本组成单位和各项职能的履行主体,其建设与发展状况直接关系着高校整体的办学质量。深化校院两级管理体制改革,对于优化学校内部治理结构和提高治理水平既重要、又紧迫。同时,加大管理重心下移力度,发挥院系在教学科研管理、师资队伍建设等方面的自主权和主动性,是学校实现内涵式发展的必然要求。因此,要以绩效评价改革为抓手,坚决摒弃重结果轻建设引导、重奖惩轻支持的做法,不断促进院系办学主体作用的发挥和干事创业的热情和活力,不断促进职能部门提升全局意识、统筹谋划能力和服务支撑作用,实现校内二级单位的高质量发展。

四、工作对接:改革治理体系,完善育人体系

应充分发挥教育评价的正面引导作用,通过教师评价、学生评价、院系绩效评价的完善,倒逼高校的教育综合改革,提升治理体系现代化水平。要将《总体方案》的根本要求,与高校教学、科研、社会服务的基本功能紧密结合起来,将科学教育评价的内涵导向转化为学校工作的机制和内容要求,实现治理体系、育人体系完善与教育评价改

革的无缝对接。工作对接的内容至少应包括以下几方面的内容。

第一,明确战略导向,巩固战略定力。坚持科学性和客观性,避免机械解读《总体方案》的相关要求。应在充分考量高等教育发展环境变化带来的机遇与挑战的基础上,结合学校办学定位与使命任务,明确学校事业发展的价值和战略导向,坚持"有所为有所不为",坚持以"为"为重点确定具体目标和建设任务,以"为"为重点确定评价导向和评价标准,以"为"为重点推进特色发展、可持续发展的实现。

第二,坚持立德树人,完善育人体系。落实立德树人根本任务,把立德树人融入课堂教学、课外指导、实习实训及学生管理等各环节,融入思想政治教育、通识教育、专业教育、生涯规划等各领域,以"为党育人、为国育才"为核心,开展育人体系的系统性改革。要结合学科专业特点,紧密对接国家和地方经济社会发展需求,在服务地方和社会发展中培养人才,凝练育人特色。要坚持问题导向和战略思维,优化学科专业布局,着力培养社会急需的拔尖创新人才和新兴领域相关人才。

第三,优化标准机制,完善指标体系。指标是评价内容的载体,构建多元教育评价体系必须从指标体系入手。将《总体方案》相关指标要求贯彻到教学、科研、管理工作中去,将总体要求和技术细节转化为工作标准和行为标准,以标准引导教学评价、科研评价和管理体制的完善,引导师生的教、学、研等工作走到科学正确的道路上来,引导高校的管理工作服务于人才培养中心工作,服务于科学研究和社会服务,服务于师生的成长与发展,最终实现高校的高质量内涵式发展。

第四,重视评价能力提升,加强专业队伍建设。应加强对各类评价者的专业培训。例如,在学生评价上,教师是学生学习评价的主要设计者和实施者,广大教师的认同和支持更是教学评价改革成功的有益助力。因此,可以将有关学生学习评价方面的培训纳入教师专业化发展体系中,或者开发专门的助教团队,研究如何将人才培养目标转换成具体的学习结果,如何开发和使用有效的测评工具等,为教师提供最直接的指导和支持,解决他们在评价过程中所遇到的技术、资源、方法等方面的困难,助力教考评价改革的全面铺开。同时,应加强学生工作队伍建设,坚持不懈地推进辅导员职业化、专业化建设,夯实学生思想政治教育工作者的理论基础,提高从事学生工作的教师及学生管理团队的业务水平,为高校科学育人打下坚实基础。

五、技术协同：建设大数据平台助力评价升级

多元评价体系的建设，依托过程性信息的积累，因此高校应该通过建设大数据平台、开展大数据评价，以实现评价的升级迭代。也就是说，各高校要充分利用现代技术手段，特别是大数据、区块链、人工智能等技术推进现代信息技术与教育评价深度融合，革新教师评价、学生评价、院系绩效评价等各条线的评价方法和手段。例如，在院系绩效评价上，要重视建设学校大数据平台和质量监测系统，充分运用大数据技术，实时掌握学校发展状态，并完善基于数据的自评机制。重视开展院校研究，重视院校数据的挖掘、开发与利用，善于让数据"说话"，全方位多维度反映高校、学院、教师、学生发展状况和学校办学质量。重视基于大数据的自评机制的建立与完善，重视基于自评和大数据的发展建议，建立和完善数据驱动型决策机制。

在师生评价上，新兴技术同样发挥着重要作用，大数据评价同样大有作为。第一，通过对教考过程进行数据管理和挖掘，实现对课程考核的多维度、全过程、立体式、全景式考查，不仅从结果的角度，更能从过程的角度进行全面学业绩效评价，将教育评价从散点式的成绩记录转向全景式的数据采集。而且，通过跟踪和记录学生的学习过程并适时发起学习干预，可以为教师和学生提供动态、实时的评价反馈，有利于及时调整教学进程。[1]第二，通过科技手段反映学生在读期间学习、生活、品行真实状态，把从思想道德、知识学习、能力素质、文化素质以及身心健康等多维度采集到的数据作为学生综合素质评价的重要参数，解决以往主观评价缺乏客观性的问题，真正做到精准评优和助学，充分发挥系统的诊断和激励作用。第三，建立相关高校、学科及专业的就业状况大数据库，依托大数据库开展深度数据挖掘，为高校提供多元化的就业状况跟踪调查分析研究报告，为深化高校各方面改革、促进高校毕业生更充分更高质量就业提供优质服务与支撑。

---

[1] 杨宗凯.利用信息技术促进教育教学评价改革创新[J].人民教育，2020(21)：30—32.

第二节 改进教师评价 推进践行教书育人使命

科学合理的考核评价,不仅为教师的入职、晋升、聘任、培训和奖惩提供了基础和依据,也有助于调动教师的积极性和创造性,促进教师教学、科研水平和工作效率的提高,从而整体性提升教师队伍的素质和水平。教师考核评价改革是高校教师人事制度改革的重点难点,是建立中国特色现代大学制度的主要内容,是当前和今后一段时期深化我国高等教育综合改革的紧迫任务。在教师评价改革进程中,应当明确以引导教师回归教书育人初心作为改革的核心导向,并对各相关工作条线进行优化。

一、引导立德树人,落实师德师风评价

师德师风建设既关系到学生成长、教师发展、高校建设,又关系到全社会教育水平的提升,更关系到办好"人民满意的教育"目标任务的落实。建立科学、系统、合理的考评体系是落实师德师风建设的有力手段,发挥教师评价体系的监督和保障功能,有助于教师明确自身行为的对照标准,时刻保持警醒,规范自身言行,提升职业道德素养。

(一) 指导思想:明确立德树人导向

深化教育评价改革的目的是为了发挥正向引导作用,全面落实立德树人根本任务,因此必须坚持把立德树人成效作为评价根本标准,在教师队伍建设中坚持师德第一标准,在制定师德师风评价体系框架内容中要凸显社会主义核心价值观精神,师德评价指标设置要做到有根有据,向上对标看齐。习近平总书记对教师先后提出了"三个牢固树立"、"四有好老师"、"四个引路人"、"四个相统一"等要求,这是新时代教师师德师风建设的根本遵循。指标设计时,可以对标这些重要讲话、要求和《中华人民共和

国教师法》《新时代公民道德建设实施纲要》《高等学校教师职业道德规范》《新时代高校教师职业行为十项准则》《关于加强和改进新时代师德师风建设的意见》等法律法规和政策文件。尤其是在设计一级评价指标时,法律法规和中央、教育部等文件中有明确要求的,有具体指标和刚性任务的,要予以重点落实。

(二)评价原则:突出师德为先

师德师风的好坏,直接影响着立德树人根本任务,关系着我们党、国家和民族的未来,具有重大而深远的意义。培养一代又一代拥护中国共产党领导和我国社会主义制度、立志为中国特色社会主义奋斗终身的有用人才,要求我们必须坚持把教师队伍建设作为基础工作来抓,把师德师风作为评价教师队伍素质的第一标准,建立起一支德才兼备、以德为先的高素质专业化教师队伍。破除"五唯"对于教师评价的桎梏,把选拔和培养高素质教师与服务高校发展充分结合起来,把师德师风、教学能力、科研能力和发展能力充分结合起来。重视师德评价,从思想意识抓起,选拔任用和培养一批有高尚师德师风能勤勤恳恳教书育人的好教师。有关教师的评价指标设置时,应强化对教师政治素质、职业道德和师德师风的要求,对其相关指标设置更大权重。涉及政治安全、意识形态的,设置"否决指标"制度,出现重大事故的,要"一票否决"。

(三)评价体系:建立健全综合评价体系

目前学术界关于师德师风评价的标准问题尚未完全达成共识,但普遍认为要进行全面的师德评价。而在实践操作中,许多高校往往把教师的理想信念、职业行为、师德师风、教育教学作风、科研成果和社会服务等有机地结合在一起进行评价。由此可见师德评价并非一个单一评价指标,而是一个系统工程。所以,师德评价体系建设一是要做到对评价对象——校内各类不同教师群体的全覆盖。在高校构建"全员育人、全程育人、全方位育人"的格局过程中,切实改变只针对专任教师进行评价的情况,将高校的教学科研、管理服务各个岗位的教职员工全部纳入评价范围。根据不同要求,分门别类设置评价标准,合理进行评价工作。二是要做到评价内容——教师管理全过程的全覆盖。严格师德考核,注重运用师德考核结果,将师德师风作为教师招聘引进、职称评审、岗位聘用、导师遴选、评优奖励、聘期考核、项目申报等的首要要求和第一标准。三是要考虑师德评价体系自身的长期性、实用性和可操作性,做到及时对标,不断修订、完善考核指标。

(四) 建设重点:强化制度建设

虽然各高校先后出台了师德师风长效机制建设的意见或实施办法等,但总体上看,在师德考核评价细节的具体落实方面还不完善,还需要以制度建设为抓手,进一步明确评价的奖惩机制,强化考核评价结果的运用。要通过建立健全教师荣誉体系建设,发挥典型示范引领作用,明确高尚的师德师风是评先评优的基础,实现以评促德促能。通过建立健全教师职业道德行为规范,规范教师职业行为,使教师职业行为有法可依。通过建立健全教师师德失范行为处理和通报警示制度等,明确底线行为,加强警示震慑,增加教师的忧患意识、责任意识和服务意识。

(五) 评价方法:注重定量与定性相结合

师德师风评价要注重可操作性,但不宜片面追求量化指标。量化的指标可以在师德考评时提供直接依据,使考核结果更为直观。但师德师风所包含的内容,除了相对比较易于量化的教师行为规范方面的内容外,还包括一些道德层面的不易被量化的内容。此外,高校教师师德评价,除了狭义的"德"方面的评价,必然也涉及教学、科研、社会服务方面的评价,这些方面的表现体现教师的"师德",却又不完全是"师德"。因此,哪些内容可以量化,量化过程中各项指标占比多少,还需要进行科学的设置,尽量做到少而精、易操作,能定量的定量测评,不能定量的则采用定性测评,不强求量化。

二、尊崇教书育人,改革教学成果评价机制

(一) 以教学实绩、贡献和影响为导向

教学是高校教师的根本任务,高校教师的能力和才华只有体现在教学上才能真正哺育学生。新时期高校教师评价应该以教学评价为核心,强化教学能力评价,并以此

带动高校教师教学业务素质的提升。要尊重教育规律做好教师评价,首先需要设置科学的评价标准和评价指标,克服唯论文、唯学历、唯职称、唯奖项的评价倾向,突出品德、业绩、能力的指标权重,推行代表性成果评价;注重参评教师标志性成果的质量、贡献和影响力,将教师在某学科领域的影响力、重要学术组织中的任职经历以及研究成果的原创性等作为重要评价指标;改变片面追求论文、科研项目、科研经费、专利数量的做法,只将论文发表数量、引用频率和影响因子等作为评价的参考要素;坚持师德为先、教学为要、科研为基、发展为本,注重以能力、实绩和实际贡献来评价教师。同时,创新评价方法,实施教师分类评价标准等值替代,柔性处理教学业绩和科研业绩之间的对冲和互换;尊重教师成果产出的多样化,以研究成果主体,将质量和实际贡献贯穿在不同类型成果形式和不同类型教师评价的过程中,兼顾不同类型成果的差异,实行科学的分类评价。

(二) 完善多元化、多维度的教学评价机制

在评价主体上,单一主体的教学评价方式不可避免会因主体主观因素干扰影响评价结果的科学性。其中,在教学评价上,可采取学生评价、同行评价、教学督导评价、学院领导、教研室互评等多元主体的评价方式,也可以尝试引入教师自我评价。在评价方式上,结合校内外的多种情况,采取形成性评价与终结性评价相结合的评价原则,注重中期反馈与期末终结性评价,并且采用定性评价为主、兼顾定量评价的方式,通过多元评价主体对教师的教学作出客观科学的评价。

(三) 设置分类、科学、专业的教学评价指标体系

首先,制定科学的职称评价标准,建立自主评审体系,根据实际需要,设置多种类型的职称评审标准,实施分类别评审。其次,推进职称评审方式多元化。在评价指标设置上,传统的教学评价体系只对教师课堂教学基本行为进行评价,事实上教师教学质量评价工作不应该仅仅包括教学成绩,还应该加强对教学的过程性评价和考核。教师教学评价的内容主要包括知识与技能,过程与方法,情感、态度、价值观以及实施效果等层面。通过将教学行为作为一个整体闭环来认识,综合运用整体分析方法和内涵分析法,把课堂教学分成若干层级指标和要素赋以不同的权重,采用层次分析法和模

糊综合评价结合的综合评价量化模型进行赋权和信息处理。指标的确定采用定性与定量相结合的方式,设置更丰富、更柔性的质性评价指标,将高校教师的师德师风、敬业精神、服务社会的能力,综合纳入教师评价体系,力求对高校教师的评价更全面,更能体现教师评价促进高校教师发展的目的。

(四) 细化考核要求

深化职称评聘改革,加大教学工作和教学成果在职称晋升、评优评奖等方面的权重。在职称评审中,对于以教学效果、课程构建、教材建设、教学改革成果、学生辅导、教学改革项目、专业建设、队伍建设、人才称号、科研成果、科技转换、国际协作、协同创新、获奖状况、智库咨询等考核观测点的要求可以进一步细化,打通不同条线工作中的教学评价壁垒,充分发挥不同类型教师工作岗位的特征和效能,突出分类管理的重要意义和价值。此外,完善以合同管理为基础、优秀人才能够脱颖而出、充满生机与活力的用人机制;建立开放、动态的教师管理机制和流动有序、能进能出、能上能下、待遇能高能低的良性竞争机制。

(五) 建立动态教师教学评价体系

目前部分高校的教学质量评价体系中未将教师的成长与发展作为教学评价的重要指标,不利于教师教学能力的可持续长效发展。因此,在评价方向上,应树立教学评价的发展性、动态性理念,不仅关注教师工作中的当前表现,而且更加侧重教师个人专业能力的可持续发展。

重视提升高校专任教师教学水平,加强现代化教学能力,需要拓宽教师培训渠道,做好师资培训规划。以更新教育教学理念、提升教学科研能力为主要目标,认真做好新进教师的岗前培训工作;以强化现代教学理念、教学方法为主要内容的全覆盖教学培训;邀请专业学者开展专业核心课程、教学方法、教学研究方法、现代教育技术、人文通识等方面的培训课程。

大力支持教师访学、进修、学术交流、挂职锻炼等活动。以五年为一个周期,确保学校每位教师外出进修或实践时间达半年以上,重点资助5%以上教师赴"双一流"高校或著名科研院所从事博士后研究或作访问学者,每年选派若干名教师赴国(境)外进行学术交流、教学研修、访学等。

充分依托教师教学发展中心,加强对教师培养、培训、竞赛、发展、评估的顶层设计。协调校内外相关教学资源,广泛开展岗前与岗中教师培训、教学研究、教学咨询以及职业发展咨询等工作,提升教师尤其是青年教师的专业能力。

(六)营造积极教学评价氛围

有效的教学评价和考核不能是单向度的行政化绩效考核,只有调动教师参与的积极性,才能真正实现反馈的有效性,也才能真正感染学生进行自主学习而非被动接受,学有所用,学以致用。营造良好的教学生态,完善教学文化建设至关重要。高质量的教学文化和教学制度的建设,能够促进良好的教学环境、更有吸引力的教学激励、更完善的教学制度以及更富创新的教学改革成果等。通过管理机制体制的建立形成催人奋进、陶冶情操的教学文化氛围,创造良好的教学生态以引领教师发展。

加强同行督导,学习世界先进经验,组织同行专家对教育教学工作进行"视导"。域外学者对教育(教学)视导有不同的定义,如"教育视导乃指学校制度内所提供的专业上及教学上的服务,以协助教师改进课程及教学与学习情境"、"教学视导乃是在教育组织内所设计以改进教学的一种行为体系。包括对教育目标、课程发展、教学行为、教学人员、在职教育、教育结果等方面的审查与评价"。[1] 可见,使用"教育/教学视导"而非"教育督导",实际上反映出一种倾向:意在通过同行专家(非行政官员),强化督导(视导)的指导、辅导和技术性服务的功能,而弱化行政性督导(视导)的监督职能。同时,教学视导不限于课堂听课,可覆盖教育教学全过程,以及利用多种评价手段。

三、突出贡献导向、强调影响力,深度评价科研成果

坚持立德树人、科研育人,充分尊重学术规律,尊重学者自发追求真理、探索真知的诉求,为学术研究营造宽松、包容和理解的氛围。突出质量导向,建立以学术贡献、

---

[1] 邱锦昌.教育视导之理论与实际[M].台北:五南图书出版有限公司,1991:20—35.

社会贡献、同行评价为重点的学术评价机制。

(一) 坚持立德树人,坚持科研育人

始终坚持社会主义办学方向,坚持教书育人是教师的首要职责,以立德树人为根本,以提升学术质量为核心,以服务贡献为重点,完善学术评价制度,形成优良的学术文化。进一步明确"教书育人是教师的第一学术责任",要把教书育人的投入与成效纳入教师学术评价体系。鼓励教师将科研成果融入课程,推动科研成果转化为教学内容,实现科研反哺教学;鼓励教师吸纳学生参与研究课题,培养学生创新实践能力;鼓励教师将重要科研成果通过讲座、选修课等形式列入教学活动与课堂教学计划;资助教师科研成果的转化。以高层次学术讲座、论坛的建设为抓手,推进科研育人,培养学生的学术热情和探索精神,提高学术研究能力。

(二) 强调"代表作",全面评价科研成果

在评价体系上,一是明确学术研究的导向,强调立德树人的重要性。弄清高校教师的首要责任是什么,学术研究的导向在哪里。如何把落实立德树人根本任务、强化价值引领、弘扬优良学风、追求学术报国,贯穿科学研究、论文发表、成果转化全过程,自觉学习贯彻习近平新时代中国特色社会主义思想,全面贯彻党的教育方针,坚持正确的政治方向。

二是突出质量导向,强调"代表作",将立质量放在建立符合中国特色世界一流大学治理体系和价值追求的学术评价制度的首要地位,注重科学研究的突破性和创新性。厘清学术成果的数量与质量的关系,摒弃简单地按照 SCI 论文的篇数、引用数量的多少和刊物的影响因子来评价学术的模式。突出代表作在学术学业评价中的重要性,将具有创新性和显示度、得到同行公认、业界贡献度大的标志性学术成果作为评价教师科研工作的核心依据,有助于提供一个更加科学、客观的评价方式,进而引导教师潜心从事原始创新和聚焦国家重大战略需求。

三是取消论文与奖励的简单挂钩,多维度评价教师科研成果。第一,强调代表性成果,强调成果质量,鼓励科研成果的转化,实行综合性考评。科研奖励不与论文简单挂钩。在进行绩效分配或科研奖励时,以北大核心、南大 CSSCI 确定的刊物等级仅作

为参考。在此前提下,进一步发挥校学术委员会、同行专家在学术评价方面的地位和作用;探索将相关权限全面下放二级学院,由二级学院根据教师学术贡献、社会贡献以及支撑人才培养情况,开展科研绩效分配和奖励。第二,落实上级关于教育评价、"破五唯"等文件精神,突出科研成果质量导向、服务导向,加大对高水平科研成果、高层次科研成果奖的培养和支持,着力提升学术成果社会服务影响力。第三,扩大学术成果认定的范围,探索多元评价,发挥各类研究成果的学术影响力和社会影响力。学术成果认定范围不仅应包括传统的论文、著作,还应包括决策咨询报告、重要专报(内参)文章、重要报刊文章、重要网络文章等。进一步优化针对优秀网络文化成果、中央和地方主要媒体上发表的理论文章以及决策咨询报告的评价机制。

四是修改优秀科研奖评选规则,进一步完善代表作制度。完善校内各类优秀科研成果奖的评选规则,不再计算量化积分,申请人以代表作参评。不论是论文、著作还是智库成果奖,同级别奖金完全相同。奖项由学校科研管理部门组织校内外专家初评,校学术委员会复审。

五是重视服务社会的职能,强调学术的社会评价影响力。兼顾时代发展需要和学校战略安排,通过校内奖项、项目设置和项目申报辅导,引导学者关注党和国家重大需求,关注社会实际问题,承接更多重大横向课题,在服务社会过程中实现自身价值。

(三)完善学术同行评价,更加充分发挥第三方评价作用

同行评价是科研评价的通用做法,高校应该以学术共同体作为学术评价的基本力量,尊重学术共同体的学术判断,充分发挥学术委员会、同行专家在学术标准制定和学术评价过程中的地位和作用。强调同行评价,确保评价的准确性、权威性。行政权力并不直接参与学术评价,而是仅为学术评价活动提供必要的组织与保障服务。同时,怎样有效发挥学术共同体在学术评价中的作用,如何保证同行评议的严格、公正、独立,而不受任何因素的影响,值得认真思考。高校需要真正发挥同行专家作用,在评审中引导专家不简单以权威核心期刊论文相关指标代替专业判断,而是负责任地提供专业评议意见,并倡导建立评审专家评价信誉制度。

在进一步确立教育部门作为高校科研评价的主体的同时,应当鼓励学术团体、专家协会、民间组织和用人单位参与高校科研评价活动,积极探索政府、社会组织、公众

以及研究成果受益者共同参与的高校科研评价机制。鼓励建立专业第三方高校科研评价中介机构,引导社会咨询机构或学术团体强化高校科研评价功能,加快建立规范、权威、连续的高校科研评价机制。要重视第三方评价组织建设的制度化、规范化。尽量有效避免既当"运动员"又当"裁判员"尴尬式的科研评价,提升我国高校科研评价方法的合理性、评价标准的客观性、评价程序的规范性。

(四) 深入推进分类评价

实行科学合理的分类评价,积极探索针对人文学科、社会科学等不同学科领域,基础研究、应用对策研究等不同研究类型,教学为主型、教学科研型等不同教师岗位类别,以及"绝学"、冷门学科等特殊领域,制定不同评价指标。对于不同类型、层次教师,按照哲学社会科学、自然科学等不同学科领域,基础研究、应用研究等不同研究类型,建立科学合理的分类评价标准。对从事基础研究的教师主要考察学术贡献、理论水平和学术影响力。对从事应用研究的教师主要考察经济社会效益和实际贡献。对科研团队实行以解决重大科研问题与合作机制为重点的整体性评价。

在职称评聘时,落实分类评价,不搞"一刀切"。各个系列、学科、岗位有自身的特点和规律,简单的"一刀切"考评会造成不公平和低效率。学校基于学科特性和发展规划,建立科学合理的分类评价标准,根据教师特点组织差异化的分组评聘,比如,把专业教师系列细分为教学科研型、科研为主型、教学为主型、公共课类别、智库科研岗。对取得重大理论创新成果、前沿技术突破、解决重大工程技术难题、在经济社会事业发展中作出重大贡献的,申报高级职称时论文可不作限制性要求。

(五) 加强科研诚信建设,建立合理评价周期

加强学术共同体建设,进一步优化学术委员会、学术道德委员会的运行机制,注重吸收年轻学者参与,强化学术自律与监督。加强科研诚信建设,健全集教育、预防、监督、惩治于一体的学术诚信体系。坚持学术不端"零容忍",在职称评审、项目申报、成果奖励等方面对学术不端行为从严设限,加大惩治力度,营造风清气正、互学互鉴、积极向上的学术生态。

建立合理的科研评价周期,探索长周期评价。教师科研评价周期原则上不少于3

年;科研团队考核评价周期原则上不少于5年。统筹年度考核、聘期考核、晋升考核等各类考核形式,根据绩效情况,可以减少、减免考核,适当延长考核评价周期。共享考核评价结果,避免不必要的重复评价。

四、注重社会影响和长远利益,综合考评教师社会服务工作

在知识转型和实施创新驱动发展战略的背景下,我国高校需要向从"纯学术"转向更加注重应用和社会影响。

(一) 转变评价理念,提升科研服务社会能级

高校不仅要评价教师的学术水平,也要关注教师服务社会的水平、能力和效果、效益。"社会服务"应成为高校教师职称评审等教师评价活动中的重要指标,评价理念、评价标准、评价对象及评价主体等方面应该进行重大改革。同时,坚持需求和服务导向,主动对接国家战略,重视社会服务的评价导向,提升科研社会服务能级。通过这一评价导向,来鼓励引导教师主动服务国家创新驱动发展战略、地方经济社会发展、行业进步与革新;鼓励引导教师积极开展科学普及工作,提高公众科学素质和人文素质;鼓励引导教师主动推进文化传承与传播,弘扬中华优秀传统文化,发展先进文化。

要契合这个评价理念,高校教师就需要具备更强的综合素养与能力,不仅需要扎实的学术专业功底,还需要具备较强的社会参与能力与知识转化能力等社会素养。与此同时,高校一方面可以畅通晋升渠道,改革学校人事分配制度,使得更加注重社会服务在职称评审、岗位聘用和绩效分配中的正向激励和引导作用。另一方面,可以改革以知识价值为导向制定的分配政策,建立以学校科技成果出资入股并获得股份与分红的制度。[1] 要把服务地区、国家创新发展的血脉融入高校的整体发展,集聚力量深

---

[1] 青岛科技大学.破除科技成果转化体制机制障碍,激励教师更好服务经济社会发展主战场[J].山东教育(高教),2021(Z1):32—33.

入推进体制机制改革与创新,激发创新活力,产出创新成果,构建大学服务新格局。另外,以国家级重大项目的培育与攻关为抓手,依托高校学科的优势力量,鼓励和支持教师开展决策咨询研究、积极承担横向课题,服务国家和地方发展战略需要。以学校为第一单位发表或提交的决策咨询研究成果以及被党和国家机关采纳或得到党和国家机关领导人批示的决策咨询成果,学校按照相关办法予以相应的认定。

(二) 完善评价标准

传统的高校教师评价标准过分强调学术指标,对于教师所发表的论文、参与的课题、教学工作量及荣誉奖项等硬性指标作出了较多明确细化的规定,但当前大学教师工作的多元化和融合性对传统评价方式提出挑战,尤其是教师参与的公共合作和专业服务并非简单的知识应用和公益活动,而是建立在其专业基础上的知识生产和创新创造。因此,评价学术成果既要坚持学术标准,也要关注社会需求,既要看学术影响,更要看社会影响。将教师社会服务工作在经济、社会、文化、公共政策、生活环境与质量等方面的影响作为考察其社会影响的重要维度,考虑教师所取得的成果"是否有用、是否符合社会需要、能否产生一定影响"。同时,综合考评社会服务,既突出当下产生的社会效益,又考察可能存在的长远利益、频率、效益、影响力等,以走出数量和表面化的囹圄。

另外,目前我国高校科研评价对学术论文和科研项目赋予了较高的权重,而对专利和成果转化的权重赋予较少。应当借鉴美国高校重视论文和科研项目的原创性和质量的经验,进一步通过评价维度和评价指标的设计来引导科研数量和质量双增、基础和应用研究并重,孵化出有利于社会的科研成果。构建多维科研评价内容,把科研环境、科研应用等因素考虑进来,实现科研生态的整体优化,使科研环境、科研产出、科研应用的耦合效应进一步突显。

(三) 拓宽评价范畴

高校普遍认可的教师成果形式主要分为教学类、科研类、社会服务类奖、奖励与荣誉等类型。实际上,无论是教学还是科研的成果形式,主要就是论文、课题、专利、著作、课程与课时量、荣誉奖项等一些方便统计的可量化的成果,只有极少数高校对其他社会服务成果进行了认可,如应用咨询报告、制定出版国家标准或规范等[1]。在创新驱动发展战略的实施背景下,高校对经济社会发展的参与及贡献程度都显著提升。高校要进一步拓宽对于社会服务成果的认定范围,要肯定教师服务于创新驱动发展战略的成果价值,这既包括专家顾问、产品、材料、知识产权等,也包括成果商业化、改进措施、产业改进倡议甚至是有社会影响的网络作品等。

(四) 探索多元评价主体

按照社会和业内认可的要求,建立以同行评价为基础的业内评价机制,注重引入市场评价和社会评价,发挥多元评价主体作用。基础研究人才以同行学术评价为主,加强国际同行评价。完善评价主体的选择机制,建立同行评价机制,将同行评价和通识评价相结合。目前我国高校普遍的做法是在职称评审等工作中引入同行评价,不仅校内有学术委员会,还有校外的"大同行"专家外审,部分高校在机制、流程这方面都有较为成熟的实践经验。虽然这个做法对于科研、教学方面成果的评价是契合的,但社会服务工作要求与社会需求相对接,高校还应探索将产业人员、服务对象、社会大众等作为评审主体的一员。因为同行专家评价仍然是以学科为基础的评价方式,无法从跨学科角度去评价教师开展的各类服务经济社会的活动。应探索多元评价主体,可以更为广泛地建立专家库,其中不仅包含同行专家,而且包括广泛的相关从业人员,能够更为科学地评价教师社会服务工作的社会影响。

第三节 改进学生评价 促进德智体美劳全面发展

学生的成长是大学最大的成就,学生的发展前途和影响力是一所大学教育效果的

---

[1] 聂翠云.世界一流大学教师职称评审政策中的"社会参与"研究——以悉尼大学、帝国理工学院和康奈尔大学为例[D].南昌:江西师范大学,2020.

重要体现。对高校人才培养的要求,不仅仅是看获奖数量、招生就业率等数字指标,更重要的是看学生的思想品德、学习能力、实践能力、创新精神等基本素质,以及毕业若干年后的适应能力和可持续发展能力。促进大学生德智体美劳全面发展,是新时代教育评价改革的重点任务。

一、完善招录机制设计,健全生源综合评价

我国高校考试招生的综合评价改革试行已有数年,一些自主招生类的项目较早破除了单一评价机制,但社会认可度不够,制度形态尚不健全。《总体方案》明确提出了"健全综合评价"的任务和要求。高校可围绕促进学生的全面发展与可持续发展,从以下关键方向发力,助力生源综合评价机制的完备。

(一) 强化评价育人导向

评价导向是决定评价活动如何实施的风向标,具有引导评价对象朝着理想目标前进的功能。高校健全生源综合评价的第一个关键方向,便在于强化评价育人导向,落实"五育并举"。以往,由于统考统招制度和公平至上理念的影响,本科招生逐步异化为"唯分数"评价,基础教育阶段促进学生全面发展的教育目的被异化为对分数的狂热追逐,进而导致中小学生的综合素质培养流于形式,更遑论创新精神和实践能力的培养。因此,不仅要破除"唯分数""唯升学"论,更要强化"五育并举"的评价育人导向,坚决改变用分数给学生贴标签的做法,落实对德智体美劳的全面考察。

考试招生制度改革对推进"五育并举"具有"指挥棒"作用。首要的任务是要探索推进将考生综合素质评价档案的运用从"软着陆"转向"硬挂钩"。一方面,提升学生成长记录的科学性、公信力是重要基础。另一方面,高校须真正参考、查阅高中提供的综合素质评价档案,在全面了解学生品德发展与公民素养、修习课程与学业成绩、身心健康与艺术素养、创新精神与实践能力等方面的记录基础上,结合学校专业培养需要进行综合评价,作出判断。高校在校测环节,可以通过面试或专项测试,从不同角度印证或补充从综合素质评价档案获取的信息。高校也应允许学生自行提交艺术作品、创新

产品、项目报告等附加材料,来积极展示个人风采。[1]

显然,强化以"五育并举"为导向的综合评价,可以有效发挥高招指挥棒的积极作用,倒逼中小学素质教育的深入实施,为教育系统输出优秀的全面发展的社会主义建设者和接班人奠定坚实的基础。例如,大学招生中,切实考虑品行表现、特别是在践行社会主义核心价值观与弘扬中华优秀传统文化等方面的突出表现,引导中小学生养成良好的思想道德、心理素质和行为习惯;切实考虑课程修读情况与各学期的学业成绩及其变化趋势,引导中小学生提高自主选择能力和自我管理能力并不断追求进步;切实考虑日常体育和体育赛事的参与情况、体质健康监测结果、专项运动技能测试表现,帮助中小学生养成良好的锻炼习惯和健康生活方式并培养体育精神;切实考虑学习艺术类课程以及参与艺术实践活动情况,促进中小学生形成艺术爱好、增强艺术素养并提升对艺术的审美感受、理解、鉴赏和表现的能力;切实考虑学习劳动教育课程以及参与校内或社会志愿服务的情况,引导学生崇尚劳动、尊重劳动并养成劳动习惯。

(二) 评价标准关注大学成功潜能

录取标准是决定选拔考生的依据,直接关系着评价目标的达成。高校健全生源综合评价的第二个关键方向,应为关注大学成功潜能,促进大中学衔接。我国高校招生人员普遍重视考生已经显示出的成就,而对未来可持续发展的潜力的思考和关注较少。但高招制度的根本目的在于为大学寻求合适的教育教学对象,并通过接受基础教育之上的专业教育,习得进入社会不同领域就业所需的专业知识和技能。能否在大学获得成功,则是决定学生日后能否成长为社会所需的专门人才的基础。同时,招生工作作为大学全程育人、全方位育人的开端环节,也是大中学衔接的主要桥梁。众所周知,人才培养、特别是创新人才培养,是一项系统工程,需要各教育阶段的合力。建立大中学衔接机制,无疑是打造人才培养的系统教育链条的关键所在。而关注大学成功潜能,正是促进大中学衔接的"立新标"之举。

那么,具体如何关注大学成功潜能呢? 首先,要明确大学成功潜能的内涵。由于大学的教育理念为课内外全方位育人,大学生活由学业和实践活动两部分组成,大学

---

[1] 万圆.健全新高考综合评价应发力两大关键方向[N].中国科学报,2021-06-08(5).

成功潜能涵盖在大学取得学业成功和取得个人成功的潜力与可能性两个维度。前者指生源入学后能够持续学习至顺利毕业、获得学位，这是决定录取资格的底线标准；后者指生源入学后能够积极融入校园生活中并有所成长，这也应当成为录取决策的重要考量。大学招生人员需要同时关注这两个维度。

其次，对指向未来的大学成功潜能的甄别，需要综合观测考生的已有成就、成长记录和个人品质。也就是说，除了查看考试分数、获奖情况等显性的成就指标，还要掌握学生的过往成长情况和连续发展状态，更需重视对个人品质的考察。个人品质指向一系列"无形"的品性与素质，包括责任心、领导力、参与精神、团队合作能力等。根据诸多研究的证实，个人品质是预测大学两方面成功乃至社会成功的积极指标，在学业成功上至少可以解释50%的大学学业表现差异，在个人成功上也能明显增加对大学个人成就（比如，担任社团领导人物）的预测效度。

最后，大学应该借助送课上门、举办招生夏令营、邀请高中生到校修读大学先修课程以及参与研究项目、社团活动等大中学项目，对学生在项目中的参与情况和相关表现进行观察、记录，并纳入综合评价范畴中。这些表现作为考生在仿真模式下的自然反应，能够真实折射他们是否具备适应大学学业和校园环境所需的学术热情、科研潜质、创新素养、组织能力等，从而直接揭示大学成功潜能。

因此，关注大学成功潜能，是完善"见分又见人"的综合评价机制的下一程。目前，政策已提出高校要加强与中学人才培养衔接，建立基于大学成功潜能考察的综合评价机制，则可以帮助大中学从以往的分离、漠视走向衔接与密切。对高等教育而言，对大学成功潜能的关注，不仅会督促高校开发更多的大中学衔接项目，而且会促使其向下看，通过思考如何影响中小学培养大学成功所需的基本知识、能力与素质，来达到招收更多理想生源的目的，从而提高自身的人才培养效率与质量。对基础教育而言，录取标准中大学成功潜能的增加，将促使中小学向上看，围绕大学成功的内涵与要求开展匹配的预备性的教育教学活动，为学生的可持续发展打下根基。因为个人品质能够迁移，一旦形成便具有稳定性和可持续性，但其培养是一个长期的过程，在基础教育阶段就要开展，方能有效迁移至大学。[1]

---

[1] 万圆.健全新高考综合评价应发力两大关键方向[N].中国科学报,2021－06－08(5).

(三) 评价内容兼顾统一和个性要求

要从教育规律和人才成长规律出发,构建引导学生德智体美劳全面发展的考试内容体系,继续完善综合素质评价体系建设。关于综合素质评价的基本内涵的理解,目前已经形成共识,接下来一方面要不断规范化、标准化、统一化基本考察手段,另一方面,考虑到每个高校在招生录取过程中基于各校的发展特色和培养定位,必然会对综合素质评价的具体内容有所侧重。因而进一步明晰综合素质评价的内涵,科学定位综合素质评价在高校招生中的角色,是综合素质评价有效实施的前提条件,此举将有助于高中和高校明确自身的职责与作用,也能使高中教育教学"有章可循",积极发挥高校招生的导向作用。这就要求在招生录取过程中须将全社会形成统一共识的"基本素质"和与高校发展特色、人才培养定位匹配的"特殊素质"相结合,在此基础上确定综合素质评价的具体维度和衡量方法。[1]在基本顶层设计的范围内给予学校充分的自主权,允许不同学校根据自身定位、特点和需要探索适合自身发展的综合素质评价模式和招生录取模式。

另外,在选考学业水平考试科目的规定上,要坚持"遵循人的认知规律,尊重人的个性发展"的原则,实现国家对人才的需求和学生个人选择空间的平衡。在语文、数学、外语必考科目以外,根据人文社会科学和自然科学的差异,在人文社会科学类别下强化文史基础要求,在自然科学门类下强化数理基础要求,留给考生基于个人兴趣和意愿自行选择其他课程的空间,避免出现大规模弃考物理等科目的现象。

二、明确过程化考核责任,严格学业考评机制

高校需要提升学校各方面参与内部评价及学业过程化考核力量的主动性、积极性和创造性,通过细化评价制度,对过程化考核的评价主体、评价对象、评价内容和标准、

---

[1] 靳培培,周倩. 新高考背景下高校招生综合素质评价的问题与对策[J]. 当代教育与文化,2019(11):86—87.

评价方法和路径、评价程序、评价结果呈现与运用作出明确的界定。改变高校学业过程化考核的随意性和行政化。首先,要恰当地分配管理人员、教师、学生的职责。管理人员主要负责学业考核活动的安排、组织、协调,评估数据和评估材料的收集、整理、储存,对学业过程化考核进行必要监督,提供必要的人力、物力、培训支持。学院要引导教师深度参与到学业过程化考核过程中,从评估体系设计,评价标准制定,评价方法、评价内容确立,到评价标准的制定、评价工具的开发(如制定课堂教学评价标准,开发课程学习经验问卷),学校重要评价结果的解释和研究,再到一些评价活动的实施以及评价结果的解释和运用,都依赖教研团队的分解落实。[1]这为学业过程化考核的真实性、有效性和层层落实提供了保障。

在研究生的学业评价机制上,可以考虑实施学术型学位与专业型学位在学业考核上的分类评价制度,学术学位的学业评价指标多向科研能力倾斜,专业学位的学业评价指标则多向实践能力倾斜。要充分发挥师生在过程化考核中的作用,赋予其更多参与权和主导权,针对不同专业、不同学段、不同课程类型所独有的教育特点,要求教师根据课程建设实际改进结果评价,强化过程评价,探索增值评价,健全综合评价。真正围绕"严起来、难起来、实起来、忙起来、提起来",让学生合理"增负",构建多元的学业过程化评价考核机制。另外,高校应建立健全内部的评估机制,包括水平评估、教学评估、专项评估和合格点评估等,全面提升教育质量评价,从而反哺学业评价。

三、倡导五育并举,推进综合素质评价工作

高校要保持开展评优评先工作的初衷,重视评优评先的教育价值与后续工作的推进。通过对综合素质的结果性评价向过程性评价和增值性评价的转变,不断提升学生对于综合素质评价的好感度和吸引力,提高评价的发展性和诊断性,弱化终结性,强化激励性,把综合评价体系作为对学生进行思想政治教育的重要抓手和载体,既起到先

---

[1] 仲宁,刘华.高校自我评估改进:由行政管理式到共同治理式[J].教育发展研究,2019,38(9),34—39.

进典型的标杆引领作用,又起到教育学生立志听党话、跟党走,立志扎根人民、奉献国家的作用。要充分发挥评价的指挥棒作用,加大德育、体育、美育、劳育课程建设投入力度,通过评价体系引导师生、家庭、社会树立科学的教育发展观,营造一个有利于学生全面发展的内外部环境。

高校应进一步健全优化综合评价体系模块,考核评价体系的构建要具备科学性、可靠性;评价指标、标准、权重的设置方法要合理;信息资料的收集要完整齐全,操作实施要简便;能真实反映大学生学习过程的特点和问题,有效发挥评价的鉴定、导向、激励、诊断、调节、监督等功能。要重视将思想政治品德评价引入评价指标体系中的作用,全面加强学生思政评价;要通过建立制度的形式,从评价主体、评价标准、评价内容、评价程序等方面全面规范综合素质评价,建立健全评价组织机构,形成多元主体参与的评价机构。

构建科学有效的综合素质测评内容需要以德育、智育、体育、美育、劳育"五育"为纲。涉及学生综合素质评定的职能部门,例如学工部、教务处、团委、体育部等部门要联合商定考核标准,优化设计综合素质、党团建设、精神文明建设、学习科研、专业实务、职业技能、体育竞技、体育文化、文化艺术、劳动实践、创新创业等奖励布点,探索符合时代需求的测评体系,有效提升学生整体素质的同时积极倡导个性、特色发展,且奖励模式更为多元,真正实现分类分层、培优扶弱,把综合测评的考核模式从"一刀切"向科学定性与日常定量相结合转变。

四、完善学位论文评价,提高学位论文质量

(一) 肯定本科毕业论文价值,多管齐下提高质量

毕业论文(设计)是本科阶段人才培养的最终环节,其质量高低是对本科教育教学质量的有效检验,也是衡量学生是否达到毕业要求的核心标尺。这一点在应然和实然状态下都成立。尽管当下存在本科生毕业论文(设计)存废之争,但它绝非"鸡肋"。在应然价值上,本科生毕业论文(设计)的质量是对个人专业和通用双维度下知识、技能的检验,其创作过程更是一次珍贵的学习和锻炼机会。就检验而言,毕业论文(设计)

作为一项系统工程,可以集中反映学生在本科阶段对专业知识的掌握与运用程度,以及时间管理能力、自律能力、表达能力、信息收集能力、知识整合能力等。而且,毕业论文(设计)属于终结性考核,课程成绩则属于过程性考核,两者相结合既符合测量学原则,又符合高校对人才培养的期待。因此,缺一不可。就学习和锻炼而言,在认真创作毕业论文(设计)的过程中,上述各项知识与能力无疑会得到夯实与提高。例如,学生在大四阶段平衡求职需求和创作需求,离不开有效的时间管理能力与自律能力。而且,值得强调的是,完成毕业论文更是很好的思维和写作训练,而写作能力是21世纪人才的基本技能,也是几乎各行各业从业者不可或缺的技能,因为公文写作、沟通交流、对外展示等都离不开良好的写作能力。另外,现在的本科生读研比例高,完成毕业论文也是一次规范的科研训练,可以培养学生初步的科研意识与素养,奠定良好的学术基础。不取消本科生毕业论文(设计),也已经成为政策共识。例如,教育部在2018年10月印发的《关于加快建设高水平本科教育 全面提高人才培养能力的意见》中明确提出:"加强对毕业设计(论文)选题、开题、答辩等环节的全过程管理,对形式、内容、难度进行严格监控,提高毕业设计(论文)质量。"可以说,加强本科生毕业设计(论文)管理,是狠抓本科教育教学的一项举措。

解决本科生毕业论文(设计)存在的诸多缺陷,万不可因噎废食,而是应该多管齐下,切实提高其质量。一方面,从理念入手,一改"宽出"态度,肯定、重视毕业论文(设计)对保障人才培养质量的重要性。在微观形式上,不局限于学术论文,而应根据人才培养的性质和定位,选取合适的形式进行毕业考核。另一方面,抓好技术操作,包括引导学生处理好就业与撰写毕业设计(论文)的关系,加强指导教师的队伍建设和指导投入,强化制度规定的实施和过程管理,严格评价标准,将修读写作课程纳入学分要求,等等。至于多元化考核,可将大学四年的课程成绩纳入,但与毕业论文(设计)各自的权重由高校及各专业自行确定。另外,学生的获奖情况、教师评语等可作为参考指标。高校可以考虑和高中一样,为每位大学生建立综合素质评价档案,动态追踪其成长过程,既可真正测量高校所提供教育的价值,又可为雇主提供聘用依据。

(二)优化研究生学位论文管理机制

第一,分类制定学术学位研究生和专业学位研究生学位论文的学术规范和质量标准,保障学位论文学术规范、形式规范,提升学术价值和实践价值评价的规范化、科学化和标准化。

第二,完善学位授予的流程体系。在博士学位授予中,在现有学位论文防剽窃检测、双盲评审、预答辩、答辩和事后抽检的监控体系基础上,增加中期检查制度、年度科研报告制度、学位论文报告会制度,发挥学位授予环节对研究生学位论文研究的进展督促和质量把关作用,完善分流措施,同时构建由导师评价、学位论文答辩委员的专业评审和院系学位评定分委员会三级共同组成的实质审查评审体系,严格学位授予标准,建立研究生学位论文阶段淘汰制。

第三,完善学位论文的公开制度。博士学位申请人科研成果予以公示和公开,博士学位论文评阅人名单及其评阅意见,博士学位答辩委员会成员名单、答辩决议书编入研究生学位论文并公开,博士学位授予人员名单经校学位评定委员会审议通过后,予以公示公开,不涉密的研究生学位论文通过一定的方式全部公开。

第四,完善学位授予的分级审核流程。强化导师对研究生学位论文的学术指导和质量把关,充分发挥答辩委员会在研究生学位论文学术评价中的关键作用,其组成人员名单和答辩决议须公开并接受监督,学位评定分委员会根据学位授予标准对评阅有不通过意见、评阅和答辩得分最低的学位论文进行逐一、全面、实质审核,作出暂缓授予学位、不授予的建议。

第五,完善学位授予抽检联动机制。以学位论文事后抽检为手段,构建倒逼机制,压力前移,逐步实现开题、预答辩、评审、答辩环节的过程分流,严格落实研究生导师对研究生论文质量的把关责任,进一步加大对已授博士、硕士学位论文事后抽查力度,根据学校《研究生学位论文抽检办法》,将抽检不合格情况予以公开,并根据情况给予约谈、停招和取消导师资格的处理,将其作为导师晋升、考核和评优的重要依据。

(三) 健全研究生学术能力的过程评价与综合评价

不少高校取消研究生在学期间的发文要求这一举措,给科学评价研究生、特别是博士生的学术能力带来新的挑战。临近毕业才提交的学位论文是结果性学术产物,开题、预答辩、答辩三个环节的把关,一般以校内评价为主。相较之下,在学期间得以公开发表的论文,特别是在核心期刊发表论文,相当于经受住了学界的检验。鼓励研究生发表学术论文与把公开发表学术论文作为学位授予必备条件,不同高校不同学科专业的评判是有差异的。如何准确判断研究生的科研素养并保证其培养质量,值得重视。目前的困境是,研究生尤其是博士生在学术市场求职时,发表论文基本上是最重要的敲门砖,拥有高质量的期刊论文越多,往往越有竞争优势。由于求职时间多在毕业答辩前夕,没有论文在手,可能连面试的机会都会丧失。研究生发表学术论文的要求,不仅关乎学位申请,而且关乎社会评价。

研究生学术能力评价,必须依据《深化新时代教育评价改革总体方案》的精神,强化过程评价、健全综合评价。第一,增强对学位论文、特别是博士论文写作过程的质量监控与评价,通过增设文献综述汇报、研究方法汇报、资料分析汇报、研究结果汇报的定期报告会制度,使导师组对写作环节层层把关。如此,不仅可以大大提高博士论文的质量,还可以让各位导师在每次听取汇报时进行相应打分,评价结果便能成为评价博士候选人学术能力的重要依据。第二,将学术论文写作设为必修课程,并增加校外会议论文发表的硬性要求,将在写作课和其他研究性课程中的作业表现以及会议论文发表情况共同纳入有关学术能力的综合评价指标体系中。一方面,开设小论文写作课是域外高校培养研究生的普遍经验,研究生在课程教师的指导下围绕感兴趣的选题完成一篇小论文,可以获得初步的系统训练。而不同课程的作业作为阶段性成果,有助交叉验证研究生的研究基础、实力与潜能。另一方面,学术会议作为学界交流的重要平台,收录的论文对质量有一定要求且有校外专家的评审,但相较期刊论文要求更低、发表周期更短得多。而且,参加学术会议展示研究成果可获得研究反馈并建立学术人脉,亦是研究生日后职业发展的重要路径。该要求可以在引导研究生有所产出、提高综合能力的同时避免发表焦虑。在保障就业权益上,则需要联动招聘单位扭转评价观,改变只重期刊论文、忽视学位论文的思维惯势,将学位论文(未答辩的亦可)的质量作为重要用人标准,同时查看求学期间的学业记录和综合表现。另外,仍应鼓励博士生发表期刊论文。期刊论文与学术论文不应该是非此即彼的关系,前者可以是后者的组成部分。事实上,在我国一些学科或境外不少高校,博士生可以将已发表的2—3篇期刊论文合并成学位论文予以提交答辩。经过了长时间的连续研究和学界同行的检验,博士论文的质量更能得到保证。[1]

五、重视用人单位反馈,对接社会需求

高校培养的人才最终要踏入社会走上工作岗位。高校人才培养质量和高校人才综合评价体系是否符合社会发展需求,是否符合用人单位对人才的需求,用人单位最有"发言权"。开展用人单位评价的主要目的是进一步提高学校的教育质量和人才培养质量,建立及时有效的人才培养反馈机制,使高校的教育教学方案设置同用人单位人才需求同步,同社会发展同步,培养适应国家和社会发展的人才。因此,高校应加强对用人单位评价的重视,通过对用人单位聘用的毕业生使用评价、能力、素质及知识需求等进行专题调研和具体分析,以了解和掌握用人单位对人才在基础知识、专业技能、实践能力和思想品德等方面的要求,及时了解需求侧反馈的学校在教育教学和人才培养方面存在的问题和不足,并及时反馈到学校办学的各个环节,以此作为修订学生评价方案的依据,以便于更有针对性地改进学校的教育教学和人才培养工作,提升毕业生与岗位的匹配度。同时,调查结果还应该应用于学科建设、教学评估、专业设置、教学改革、就业服务等高校办学各方面的成效评价和工作参考,以全面助力学校的高质量发展。需要注意的是,不同类型的高校,其办学特色、人才培养类型、质量标准等因素均不同,用人单位评价需结合高校办学性质和专业特色建立相适应的评价标准。而且,不同地区、不同类型的用人单位对毕业生评价有不同偏好,应对此进行深入研究,细致了解用人单位在毕业生能力方面的不同要求。

另外,高校可加强与用人单位的深入合作,建立校企联合评价平台。一方面,邀请校外职场专家共同制定和完善人才的培养方案,参与人才培养管理与评价,构建人才培养质量多元化评价体系,适应市场需求。同时,用人单位借助实习实训可以对学生进行德、智、体、美、劳全方位、多维度的综合考察和评价,招聘到真正适合自身需求的人才。另一方面,通过评价内容的完善,引导学生将理论知识应用到实际工作中,从而

---

[1] 万圆.取消发论文要求后,博士生培养质量怎么保证[N].中国科学报,2021-05-25(7).

提升就业能力,更加准确地抓住用人单位对人才需求的关键点,这对提高学生对就业市场的认知度,帮助学生树立明确的职业发展目标,促进其长远发展具有重要意义。最后,用人单位可以根据考察学生的实际情况,调整用人标准,改变以往的"唯学历论"、"唯文凭论"等落后的选人理念,制定科学的用人制度。

六、探索增值评价,促进人才培养质量提升

在《总体方案》中,增值评价与结果评价、过程评价、综合评价一起被视为保证教育评价科学有效的手段。相较其他三种手段,增值评价的理念与实践在全球范围内都更为新兴,因此,《总体方案》提出探索该方式在我国各教育阶段的运用。增值评价的服务面向广泛,可用于诊断人才培养、教师教学、校长管理、教育改革项目乃至学校整体办学的价值和进步空间,目的在于使评价客体立足于自身情况,通过努力获得发展。对于高等教育阶段而言,如果合理运用增值评价,可以很好地保障并提升人才培养质量。作为受教育者,学生从高校提供的各类教育教学活动和资源中获益的程度是高校培养成效评估的核心关注点。开展基于学生的增值评价则是实施培养成效评估的最佳切入点,是提高高校教育质量的杠杆,因为它既可以检测高校教育真正为学生的成长提供了什么价值,也会兼顾对高校教育实践状况的自查。

在具体实施中,高校可以开展三位一体的增值评价,即融合学生自评、他人评价、与其他学院学生的对比,来共同测量学校教育带来的增值。与传统单主体的评价方式相比,这一评价机制特色鲜明,体现为多主体的评价实现了对学生在教育中获益程度的三角验证。在学生自评中,可以通过自行设计的问卷,调查学生对学校各项办学举措的满意度以及对自身成长的感受,也通过座谈、发言或报告观察等多种途径寻找相关证据。其中,学生在通用性能力和学科性能力两大类别下知识、能力和素质三个维度的增长情况应是关注的重点,以落实立德树人的根本任务,打造既博又专的复合型人才。如果没有在入学前进行基准性评价的干预,则可以采用面向所有学生的间接回顾式调查,即询问学生自我感受到的在知识、素质、能力三方面的增值。在他人评价中,可以通过访谈教育共同体的各类成员,包括任课教师、导师、导生、辅导员、家长、管

理者等利益相关者,获取他们对学生成长的评价,从不同视角探测高校教育的价值。考虑到操作性,调查可以以抽样调查为主,即在各类别评价主体中分别抽取一定数量的样本进行相关主题的调查。与其他学院学生的对比,则通过引入第三方提供的通用于全国同类高校的学情调查工具,比较两类群体的评价结果差异,以及观察两类群体在同一竞赛、活动或考试中的表现差异,来识别不同学院的教育成效。可以预期,三位一体增值评价的实施,既能够鉴别学生接受高校教育后的进步与成长状况,也能够鼓励学校的办学积极性,并明确自身建设过程中存在的不足,实现以评促建的初衷。[1]

第四节 改进院系绩效评价 为学校发展蓄势赋能

院系绩效评价科学与否,最终的衡量标准在于是否激发了院系的办学活力,促进了二级组织的可持续发展,并最终促进了学校整体的高质量发展。学校应以二级管理体制改革为契机,以院系绩效评价体系改进为抓手,建立学校与学院的良性互动关系,激发学院的办学积极性,从"让我谋发展"转变为"我要谋发展",提升高校应对外部机遇与挑战的能力。同时,院系绩效评价是高校的基本管理制度和手段,院系绩效评价改革必须以治理能力和治理体系现代化建设的大逻辑的明确为前提。而直接的理论依据就是治理理论和法治原则。因此,院系绩效评价的改进之路,在于遵循依法治校的思路来改进评价机制,提升学校治理水平,从而为学校发展蓄势赋能。

一、依法治校视野下院系绩效评价的定位

要在依法治校的视野下看待高校院系绩效评价工作,必须弄清楚依法治校和高校

---

[1] 杨忠孝,丁笑梅.运用增值评价提升人才培养质量[N].中国科学报,2021-05-25(7).

院系绩效评价的本质内涵,以及两者之间的关系。

(一) 依法治校的含义

法治化是现代化的重要特征。在法治中国建设的背景下,教育的依法治理成为教育治理能力和治理体系现代化的重要内容。早在 2003 年,教育部就颁布了《关于加强依法治校工作的若干意见》;2012 年,发布《全面推进依法治校实施纲要》。2018 年底全国教育法治工作会议进一步明确提出,要"牢牢抓住依法治校这一重点,全面提高各级各类学校治理水平"。可见,依法治校已成为高校治理和管理的关键词,成为高校体制机制改革的关注点。

依法治校至少有两层含义。一是高校履行法定职能,按照法律法规的规定办学,即依法办学,属于秩序性法律规制的范畴,保障高校运行的规范性。二是运用法治思维,健全内部体制机制,保障学校办学目标的实现,即依法促进办学,属于促进性法律规制的范畴,保障高校发展性目标的实现。

(二) 院系绩效评价的定位

首先,绩效评价是高校的法定义务。《高等教育法》明确规定,"高等学校应当建立本学校办学水平、教育质量的评价制度,及时公开相关信息,接受社会监督"。院系是承担高校人才培养、科学研究、社会服务等基本职能的基本单位,欧美的大学甚至被称为学院的联合体。因此,对院系的办学水平、教育质量开展科学评价,不仅是高校作为主体对二级办学单位的评估与监控,更是对学校办学水平和教育质量的自我评估,是以整体高质量发展为目标的自我建设,是办好人民满意教育的法定义务和责任。

其次,绩效评价既是对高校及内部单位依法办学情况的合规性审查,又是对体制机制能否促进高校发展性目标实现的效果督查。换句话说,绩效评价既要评价院系的规范性办学情况,也要评价体制机制是否能够促进高校的高质量发展。

此外,院系绩效评价具备的多重功能,决定了其在高校治理体系中的重要地位。第一,信息反馈功能。通过评估,诊断、反馈院系发展过程中存在的问题和薄弱环节。第二,督促矫正功能。通过评估,督促其进行针对性的建设,并引导院系管理工作走向制度化、规范化,使院系发展目标、方向与路径不产生偏离。第三,资源配置合理化功能。通过评估,完善资源分配机制,引导相关资源重点向建设成效显著的院系投入,激励和调动院系开展建设的积极性,从"让我谋发展"转变为"我要谋发展"。第四,决策科学化功能。通过评估,获得院系发展的主要数据资料,在此基础上,对不同院系发展水平作纵向和横向比较,描述院系发展轨迹,为学校在资源配置等方面的重要决策的制定提供客观依据。因此,开展绩效评价是落实院系办学主体地位、激发内部组织活力的重要措施,是推动学校管理改革的重要举措。

(三) 依法治校与院系绩效评价的关系

首先,依法治校是保障学校办学目标实现的基础,绩效评价是检验办学目标实现情况的手段,二者具有目的上的一致性。

其次,依法治校的效果要通过绩效评价来检验,绩效评价要通过依法治校来规范和促进,二者具有内涵上的相互渗透性。

第三,依法治校是高校治理的关键手段,绩效评价是治理体系的重要组成部分,二者具有逻辑上的一致性。

因此,从依法治校的视角看待高校院系绩效评价,意味着绩效评价既关注是否由"合法"主体开展评价的问题,又关注是否能够按照程序公正的原则实施评价,还关注评价结果应用的科学性,尤其是能否通过评价达到促进院系、进而促进高校高质量发展的目的问题。

二、依法治校视野下院系绩效评价的原则

(一) 权威性原则

权威性原则是确保评价机制能够发挥最大作用的关键原则。欲使院系绩效评价的开展真正实现以评促建的价值,必须确保评价主体、评价组织实施者、评价结果的权威性均得到被评价者——院系的认同认可。首先是评价主体的权威性,即由合法主体

开展评价,确保评价源头的权威性。其次是组织实施者的权威性。既要确保评价机构的专业性,又要保证具体实施者(评价专家)的专业权威性。第三是评价结果应用的权威性。评价结果的确定,尤其是是否和资源配置、干部考核、政策激励乃至机构、个人奖惩挂钩以及如何挂钩均要纳入正式的决策程序,由权威机构确定。

(二) 公正性原则

公正是法治的核心要义,也是保持社会有序运转、有效治理的基本原则。院系绩效评价必须秉持公正性原则,将其贯穿于评价机制的设计与执行中。公正的评价是对评价对象的负责,公正的评价结果更能让关注高校办学绩效的利益相关者信服。[1]

首先,要保障评价机构和实施者的中立性。作为评价的组织者,评价机构必须要秉持中立立场,因此自身不是被评价者、与评价对象无利益关系是首要准则。换言之,评价机构不能心存主观偏向或偏好,不预设结果和有干扰或诱导行为,能够使评价活动公正、客观地反映院系办学的投入与产出关系。作为评价的实施者,专家组也同样要保证客观的立场,不偏不倚,能够客观评价院系的发展水平和建设绩效。

其次,要保证程序的公正性。评价运行公平,才会产生评价结果公平。在评价过程的组织上,保持评价程序或步骤的客观中立,要确保利益相关者的广泛参与,坚持评价过程和决策程序的公开、透明,给予所有参评单位平等的待遇,避免因程序不当造成评价结果的偏颇。评价结果要被客观、系统地呈现,不主动隐瞒信息,不片面展示结果,并将评估结果在必要范围内公开。

第三,要确保评价标准的一致性。评价标准要取得广泛共识,指向高质量发展。在评价指标的设计上,应该综合考虑影响院系办学绩效的定性和定量指标,定性和定量指标都必须具有清晰的概念和确切的计算方法。[2]定量指标应有客观衡量依据。对定性指标,要明确其含义并按照某种标准赋值,使其能够恰如其分地反映指标的性质。应有典型代表性事例和数据作支撑,尽量排除人为干扰的影响,避免"印象指标、

---

[1] 刘茂梅.我国高等学校绩效评价模式研究[D].长沙:湖南大学,2017.
[2] 王韬.高等学校院系绩效评价研究[D].长沙:湖南大学,2007.

人情指标、关系指标",保证评价的客观性,营造公平的环境。在选取投入与产出指标时,应尽可能覆盖被评价对象投入产出全过程,既全面、又有重点地如实反映评价对象的情况。

(三) 准确性原则

准确性原则和目的、目标直接相关。在立法领域,"合目的性"是科学立法的原则之一,它关注目的的达成效度,以有效为皈依。在依法治校视域下,基于效用的"合目的性"应成为院系绩效评价的基本原则。

首先,要考虑评价能否客观、准确地反映评价对象的实际水平。根据评价规律,评价具有目的性,评价的功能越复杂,适切性可能越弱。合乎目的的,才是准确的。要将发展目标作为评价目标,评价目标既是出发点,又是落脚点,贯穿于评价活动的全过程。换言之,评价需要以"目标"为导向,以"实现目标的程度"为评价标准,通过最优的评价手段实现预定目标。也就是说,评价活动是否采取了最有效的手段实现评价目标,能最大程度地满足目标实现的评价手段就是科学、准确的。评价离开了目标就失去了意义。

其次,评价目标和评价内容、评价标准和评价结果的运用导向应保持一致,即均以院系和学校的高质量发展为导向。具体而言,院系绩效评价目标的精准确定,与该评价自身的定位相关,更与院系以及大学整体的办学使命、目标和性质相关。要明确院系建设的目标,通过绩效评价检验建设成效与目标之间的契合度,以目标为标尺检验建设方向是否准确。绩效评价是一种价值判断活动,高校院系绩效评价是评价主体运用科学的标准、方法和程序,对院系在教学、科研及社会服务等活动完成情况的绩效进行评定及划分等级,[1]评价的总体目标是促进院系和学校的高质量发展。院系绩效评价的具体目标设定,至少应包含科学诊断教学科研单位发展状态,促进可持续发展,并建立良性竞争的资源配置机制,提升学校发展效率。只有院系绩效评价的评价内容、标准、结果等与评价目标保持一致,才是适切、准确的院系绩效评价。

---

[1] 游晓欢. 我国高校二级学院办学绩效综合评价研究[D]. 福州:福州大学,2011.

三、依法治校视野下院系绩效评价的应然机制

如上所述,权威性、公正性、准确性是依法治校视野下高校院系绩效评价的理念遵守,是院系乃至高校高质量发展目标达成的保障。那么,如何实现、保障院系绩效评价的权威性、公正性和准确性呢?答案是借鉴法治思维,运用法治方法。按照社会主义法治建设的内涵要求,即要遵循十六字方针:有法可依、有法必依、执法必严、违法必究。首先,高校应制定院系绩效评价的制度和规范,将绩效评价制度作为学校的基础性制度进行建设,使得该项工作有章可循,夯实"法治"基础。其次,完善绩效评价工作的实体性依据,严格按照制度办事,将开展周期性院系绩效评价作为学校治理的基础性工作来抓,做到有章必循。第三,严格执行评价制度,从评价主体的合法性、组织实施的科学性、结果应用的适切性等各个层面保障制度执行的严谨性,确保执法必严。第四,在院系绩效评价制度执行过程中出现违纪、违章等行为的,必须严肃追究行为人责任,做到违法必究,维护制度的权威性。具体而言,就是要在法治思维、法治理念的引领下构建高校院系绩效评价机制。

(一)院系绩效评价主体的合法性——谁是委托人

随着高校之间竞争日趋严峻,高校逐渐从被动的从属地位向自觉的主体地位相结合,更加主动关注自身办学效益,努力实现内涵式发展。在政府主体和第三方主体评价基础上,希望通过自我评价提升办学质量,以期在与其他高校竞争和博弈的过程中实现更好生存和更大发展。这一过程加速了高校绩效评价主体由政府和外部社会评价向高校内部评价变迁。在建立现代大学制度进程中,高校管理模式转变的重要表现是建立集权与分权相结合的二级管理体制,从传统的人事权、财务权集中在学校行政部门的集权管理向二级学院权责统一的校院二级管理体制转变。为了让资源得到合理配置,高校在身兼评价主体和客体实施自我整体评价的同时,开始重视通过绩效评价手段对二级学院进行指导与管理,通过绩效评价考量不同学院的办学效益和办学产出。

按照权利运行规则,举办者是评价主体,高校的举办者是政府部门,政府有权对高校开展相关评价。《高等教育法》第三十七条规定:高等学校根据实际需要和精简、效能原则,可自主确定教学、科学研究、行政职能部门等内部组织机构的设置和人员配备。因此,高校具有自设内部机构的权利,内部机构的设置者是内部机构的评价主体。在此基础上,才能探讨评价主体的合法性,也就是谁具有评价"二级学院"的权利问题。

那么,高校中谁才能代表高校行使主体权利呢?

首先,高校的基本管理体制决定主体。依据《中国人民共和国教育法(2018修正)》第三十九条规定:"国家举办的高等学校实行中国共产党高等学校基层委员会领导下的校长负责制。中国共产党高等学校基层委员会按照中国共产党章程和有关规定,统一领导学校工作,支持校长独立负责地行使职权。"中共中央出台的《关于坚持和完善普通高等学校党委领导下的校长负责制的实施意见》,再次明确党委领导下的校长负责制在我国高校管理体制中的根本性、决定性和指导地位。

其次,院系绩效评价的性质决定主体。根据《关于坚持和完善普通高等学校党委领导下的校长负责制的实施意见》和"三重一大"决策制度,院系绩效评价工作的性质是学校最重大的决策事项之一,党委作为高校权力主体,是开展校内评价的决策机构。

第三,院系绩效评价结果的应用范围决定主体。院系绩效评价结果关乎学校资源分配、学校政策倾斜、院系领导班子或干部任用考核问责、院系发展方向和路径把控等,党委是决定这些事项的学校最高决策者,也是社会监督或舆论引导的信息权威,是主导评价工作、把关评价方向的领导权威。因此,党委是高校的领导核心,是院系绩效评价的唯一主体。

(二)院系绩效评价机制的合理性——科学授权机制

调研涉及的高校院系绩效评价方案中,评价主体通常授权给高校内设职能部门——人事处、科研处、发展规划处、教务处甚至组织部门等负责实施,其科学性、权威性备受质疑。从评价指标的构成、不同指标的权重,乃至评价的程序都采取由上而下的方式,行政部门占据评价的话语主导权,学院努力程度等质性因素难以得到反馈。

作为一种学术型组织,高校的各项活动展开及运转围绕着"高深知识"而进行,学术权力理应在评价过程中占据主导作用。长期以来,我国高校内部形成了以行政权力为主导的治理架构,行政权力和学术权力的二元权力结构构成了维系现代大学运转和发展的不可缺少的支撑力量。在院系绩效评价改革中,如何平衡行政权力与学术权力的关系,更好发挥学术组织和教师在评价中的主体作用,激励教师群体参与自身职业发展的绩效评价制度建设。因此,在委托具体评价组织实施者中,应综合考虑学术权力和行政权力,由行政组织和学术组织共同作为被委托人,负责开展院系绩效评价工作。

按照管理的科学性原则,党委作为评价主体,应构建以"共治"为核心的科学授权机制。根据治理理论和管理原则,决策与执行、监督与被监督的权力必须分离。因此必须建立科学的授权机制。第一层次的授权发生在评价主体和执行者之间。在涉及评价的校内治理结构中,作为评价主体的组织权力(党委)在权力结构的顶端,是评价的领导者,决策者。学校党政管理团队和学术组织机构共同参与,承担评价方案的设计、评价活动的组织等工作。第二层次的授权发生在评价的组织实施者和具体执行者之间。即行政权威和学术权威基于共同协商确定的评价方案,遴选合适的机构具体施行评价工作。学术权力与行政权力的博弈不仅体现在评价方案的制定过程中,还可能体现在方案的实施过程中。比如,对于专家组结构的把握和成员的遴选,学术权威机构应发挥主要作用;对于评价机构的遴选和设置,行政权威机构可能需要发挥更大作用。当然,对于评价结果的认定和评价结果的使用建议,行政权威机构和学术权威机构应分别发挥所长,共同制定科学合理的方案。换句话说,由党委领导,校长负责遴选组织实施者开展评价工作,学术委员会发挥专业优势参与评价组织应成为高校院系绩效评价的基本领导体制。

(三) 院系绩效评价实施者的权威性——专业机构和同行评价的意义

鉴于高等教育活动的复杂性、多功能性和绩效评价工作的专业性,机构的遴选至少要符合中立性、专业性两个特点。要满足这两个条件,目前主要有两种途径。一是委托第三方专业评估机构开展院系绩效评价。第三方专业机构的优势在于具有专业权威性,拥有丰富的评价资源和评价经验。其不足在于第三方机构对于高校及院系办学理念、办学定位的理解不够深刻,对于院系基础、优势与不足的了解程度受限,有碍于实现"自评"性质的高校内部评估目标,难以与外部评价的功用实现互补。二是建立校内相对独立的专业评估机构。自设机构的优势在于对于校内情况熟悉,对于学校、学院的办学理念、定位、目标了解,可以提高评价的适切性。不足在于视野受限,需要专业的团队支撑,不是所有高校都有资源和能力组建,且中立性会受到挑战,需要具体的机制设计进行弥补。

建立领域广泛的专家团队,充分发挥"同行"的权威。同行评议是进行柔性评价的有效方式。高校内部二级学院绩效评价可以通过同行评议和现场评估来完成柔性评价,从而更好地体现以人为中心的评价目的。要充分考虑院系的学科属性和办学定位,细分院系绩效评价的内容和领域,"量身定做"专家团队,实现真正的"同行"权威评价。学科与学术水平评价,需要有学科专家;育人水平评价,需要有教育专家;社会服务水平评价,需要有相关领域实务专家;办学绩效评价,需要有管理专家、财务专家等。要科学界定"同行"的界限和领域,科学运用"同行"专家意见,尊重各领域的"专家"权威,在不同的领域运用相应的"同行"权威意见,避免"专家不专",既损害专家的权威性,又影响评价的准确性和客观性。

(四)院系绩效评价程序的科学性——组织路径及结果应用层面的公正

程序正义是现代法治的核心概念。院系绩效评价必须保证组织路径的科学性,实现利益相关者的广泛参与,由"简单的单向度评价"向"多元深度评价"转变。强调专家评价与互动评价相结合,强调评价专家组与院系领导班子、师生开展深入交流,充分听取院系教授会(院系教学委员会、学术委员会等)、工会等内部组织的意见,以及院系利益相关者的意见。重视分类评价与综合评价相结合,给予学科差异、任务差异与基础差异以重点关注,多维度考察院系办学绩效。坚持量化评价与质性评价相结合,运用客观指标和主观专业判断共同测量显性和隐性的办学水平。坚持材料评价与实地考察相结合,深入课堂教学、教育活动、办公的一线,实地了解办学状况。坚持结果评价与过程评价相结合,在注重事业发展关键指标成效的同时,关注院系事业发展过程。坚持诊断性评价与发展性评价相结合,鉴定办学水平及存在问题,并提出改进方向,促进院系发展。关注特色评价与增值评价相结合,注重优势评价、特色评价,鼓励进步空间,激发全体参评单位的办学积极性。

必须保证评价结果应用的适切性和激励导向。注重评价结果应用与评价目的的对接性,注重发挥政策、资源配置的激励作用。控制整体评价结果与后续资源配置的挂钩强度,保证评价对象可持续发展所需的资源供给,避免评价演变为"生死符",衍生出为获得更好的评价结果而简单迎合评价指标,忽略生态发展或在评价过程中弄虚作假等乱象;加大优势、特色评价结果的挂钩强度,正向激励特色发展,使长板更长;加大发展性指标的挂钩强度,对逐年的进步空间予以专门的奖励和政策扶持;对发展成效不佳的原因进行具体分析,明确限制条件的属性为自身原因还是客观原因、历史短板,针对性地给予"处方"。

四、依法治校视野下院系绩效评价机制完善的行动策略

(一) 领导机制的完善

首先,应明确院系绩效评价是高校党委的法定职责之一。高校党委应全面贯彻落实中共中央、国务院颁布的《深化新时代教育评价改革总体方案》,紧紧抓住评价改革的"指挥棒",从把握办学方向的高度,重视包括院系绩效评价在内的评价改革,推进实现高校的高质量发展。

其次,高校应遵循"共治"理念和科学管理原则,建立党委统一领导、管理职能部门与学术组织共同组织施行的评价机制,通过制度与议事规则的完善等措施建立起科学的协调机制,促使管理权威与行业权威实现合作共赢,在协同治理的基础上制定出科学完善的绩效评价方案。

(二) 组织实施路径的完善

专业机构负责院系绩效评价工作的组织实施。根据学校实际情况,确定选择社会评估专业机构还是校内专门机构具体施行院系绩效评价工作。如果选择校内专业评估机构,建议为独立设置的评价办,或由高教所组织实施,以保障绩效评价所需要的中立性、客观性、专业性。同时在专家组的组成方面增加校外专家的比重。如果选择社会专业评估机构,则建议重视校内专家的参与,重视专家组与学校领导、职能部门和院

系领导、参评单位师生等各个层面的交流与互动,弥补校外机构对学校办学定位、目标及参评单位状况感性认识的不足。

细分领域组织同行专家执行评价,并基于专家意见进行多维评价和综合评定。秉持专业精神,组织校内外专家参与评价,以细分领域为基础,切实施行同行评价、专家评价,避免出现两三位专家一评到底的情况。专家类型至少包括学科专家、教育专家、管理专家、行业实务专家等。切实落实专家是仅限于特定领域的专家,在相应领域要尊重专家的权威性意见。要充分发挥专业评价机构的专业性,基于院系办学定位与目标、专家权威意见和评价理论形成多维评价结果,形成基于学校使命与目标的总体分析报告,基于院系实际的个性化分析报告、基于资源使用效益与配置机制调整的分析报告等多维分析报告,提出改善及发展建议。

管理职能部门和学术组织综合评定结果,应该报学校党委审定,把院系绩效考核与学校使命与目标、发展战略与价值导向、资源配置、政策激励统筹协调起来。

(三) 结果运用的完善

评价主体基于评价结果作出相应决策。要充分利用专家组的专业意见和专业评价机构的专业性,充分利用评价机构在给出评价建议结果的同时提交的专业分析报告。要依据院系绩效评价结果作出一体化的决策,避免多头评价、标准多元、政策不衔接。决策内容包括班子及干部考核、奖惩、任免等组织措施,资源配置调整、体制改革等涉及全局的重大改革措施等。高校内部绩效评估要做到有记录、有调查、有分析、有结果、有反馈,对被评估专业院系进行"诊断",明确"顽疾"所在,对出现的问题开出"配方",力促院系整改更有针对性和实效性,真正体现"促发展"的意图和导向。

参评单位依据评价结果改进工作。参评单位应依据综合评定结果和个性化分析报告,反思不足及原因,明确改进的路径及措施,形成明确目标、任务、责任人和时间节点的整改落实方案,并坚定整改落实。

职能部门依据党委决策部署推进改革,优化管理。在严格执行党委决策部署的基础上,职能部门要对规章制度、管理流程进行全面梳理,破除不利于院系发展的体制机制障碍,为院系改进保驾护航。

评价机构要开展追踪研究和元评价。跟踪院系的改进成效,检验以评促建的成效,并进一步完善绩效评价体系。

(四) 保障机制的完善

发挥纪委监察部门的监督作用,确保评估顺利开展。对绩效评价过程、程序及结果进行全程跟踪,依纪、依规追究危害评估工作的行为人责任,如弄虚作假、谎报绩效等;依纪、依规追究危害学校绩效建设中的行为人责任,如挪用绩效经费、违规用人、违反财经纪律等。

附 录

华东政法大学教育评价改革纪实

近年来,华东政法大学将教育评价改革作为学校治理体系和治理能力现代化建设的重要抓手,深入贯彻落实《总体方案》,坚持以评价改革促进建设发展。2019年,探索全面建立二级单位绩效评价体系,推进二级单位绩效评价与领导班子考核、干部考核一体设计,一体实施。2020年,以上海市教育综改项目"破除'五唯'与构建科学教育评价体系的实践探索"为契机,完善教学质量评价体系,全面启动学情调查,进一步完善教师分类评价体系。2021年,以"深化新时代教育评价改革"为主题召开年度工作务虚会,凝聚共识,将评价改革全面纳入学校"十四五"发展规划,将教育评价改革融入学校各工作环节,结合国家和上海市的评价改革要求,分领域梳理负面清单、任务清单,正式出台《华东政法大学深化新时代教育评价改革实施意见》。同时,成立教育评价研究中心,该中心被上海市人民政府教育督导委员会办公室认定为首批"上海高等教育督导评价研究基地"。2022年,上海市教委公布"华东政法大学实施二级学院分类绩效评价改革"入选2021年度上海市教育评价改革优秀案例。华东政法大学教育评价改革的总体思路是,遵循教育规律,立足学校实际,坚持分类评价、多元评价和综合评价,推进机制改革和制度创新,全面构建科学的教育评价体系。主要包括:以师德师风为第一标准,突出教育教学实绩为核心,深化教学质量评价体系改革;坚持以学术贡献、社会贡献以及支撑人才培养为重点,突出质量导向,深化分层分类的科研评价体系改革;坚持以德为先、能力为重、全面发展,深化多元多维的学生综合评价体系改革;坚持以科学定位、特色发展、分类评价,实行单位评价与资源配置、干部考核挂钩,深化二级单位绩效评价体系改革。

第一节　教师评价改革纪实

一、师德师风评价改革

(一) 改革思路

百年大计,教育为本。教师是教育的第一资源,高校的建设必须坚持把高素质教师队伍摆在突出位置,而衡量高素质教师队伍的第一标准是师德师风。要坚决克服重科研轻教学、重教书轻育人等现象,把师德表现作为教师业绩考核、职称评聘、评优奖励首要要求,强化教师思想政治素质考察,推动师德师风建设常态化、长效化。健全教师荣誉制度,发挥典型示范引领作用。全面落实新时代高校教师职业行为准则,建立师德失范行为通报警示制度。华东政法大学坚持把立德树人成效作为根本标准,坚持把师德师风作为第一标准,重视把握高校加强教师队伍建设的时代性和规律性,多措并举,把师德师风建设融入到立德树人根本任务之中。

(二) 改革举措

第一,坚持思想引领与制度建设相结合。一是加强思想引领,坚持以习近平新时代中国特色社会主义思想武装教师头脑,通过"讲""学""用"引导教师增强"四个意识",坚定"四个自信",做到"两个维护",不断提高思想政治素质。通过校党委中心组、二级党委和教工党支部学习活动,党外人士座谈,各类讲师团宣讲等多层次、多形式的学习宣教活动,把社会主义核心价值观贯穿到教师教书育人全过程。二是在制度上围绕师德师风建设"强体制""建机制""讲法治"做好文章:"强体制",就是通过学校师德师风建设委员会全面领导、整体部署师德师风建设,党委教师工作部负责统筹协调教师思政工作,形成一整套职能明确、分工合理、监督有力的体制架构;"建机制",就是构建领导与实施、调查与评估、培训与研修、考评与奖惩、监督与问责等机制,细化完善《华东政法大学关于进一步加强和改进教师师德师风建设的实施意见》《华东政法大学全面落实研究生导师立德树人职责实施细则》《中共华东政法大学委员会关于教师荣誉体系建设的实施意见》等一批操作指南;"讲法治",就是进一步梳理更新涉及师德师风建设的校内党政规范性文件,严把入职、评聘、晋升关口,推动师德"一票否决制"落细落实,为师德师风建设规范化、科学化提供制度保障。

第二,坚持问题导向与目标导向相结合。坚持问题导向,处理好三对"点"的关系:一是处理好涉及教师工作各部门的"结合点"与"空白点",做好主导统筹与协助配合的职责划分,防止教师思想政治工作的缺位或弱化,避免师德师风建设工作的冲突与矛盾。二是找准师德师风建设的"着眼点"和"着力点",把加强师德师风建设与促进教学科研有机结合起来,掌握高校思想政治工作的主动权和主导权。三是针对师德师风建设的"痛点"和"难点",积极开展工作,增强师德师风建设的责任感和紧迫感。坚持目标导向,一方面,始终聚焦思想引领和师德师风的目标诉求,对教师思想政治工作进行系统谋划和统筹安排;另一方面,坚持教育者先受教育,引导教师提高育德意识,使广大教师更好地担负起学生健康成长指导者和引路人的责任,深刻理解、准确把握新时代"四有"好老师和"四个引路人"的内涵和要求。

第三,坚持顶层设计与基层落实相结合。坚持顶层设计,以战略思维构建并完善由校党委决策抓总、党政领导班子成员分工负责,党委教师工作部牵头协调,基层党组织、职能部门负责人为第一责任人的师德师风融合式建设格局;以整体思维建好教师培训体系、荣誉体系、考核体系等工作体系,形成责任明确、沟通及时、协调到位的工作机制。注重基层落实,以系统思维在全校范围深入协同推进师德师风学习、宣传、教育、表彰、督查等活动,覆盖教学、科研、思政、管理、服务等各支队伍;以创新思维在各教学单位、基层党组织和职能部门中探索形成落实主体责任的新机制、新抓手,创新师德师风建设的载体和形式,增强教师思政工作的亲和力和感染力。

第四,坚持倡导激励与规范约束相结合。一是坚持倡导激励,引导广大教师以德立身、以德立学、以德施教、以德育德。完善师德师风荣誉体系,发挥榜样激励示范作用,积极开展师德师风宣传,展现优秀教师典型事迹。二是完善考核机制,划清红线、亮明底线,做好警示教育和防范工作。

(三) 改革成效

一是师德师风机制日益完善。尊师重教氛围日益浓厚,学校达成立师德师风、促教风学风的共识,教师责任意识明显增强,尊师重教、师生同心的氛围更加浓厚,教师的职业荣誉感明显提升。师资队伍建设日益优化,各学科教师团队氛围日益融洽,干事创业决心更足、梯队结构更为合理,形成了人尽其才、才尽其用的良好局面。全校教师积极参与教师思政和师德师风政策咨询论证工作,2019年《高校教师思想政治工作研究(2018卷)》正式出版发行,2020年承办上海高校教师思政工作骨干培训班。师德师风建设工作获得认可,2017年、2020年学校分别在上海高校师德师风建设工作会议上作交流发言。

二是教师师德师风明显提升。教师理想信念更加坚定,广大教师树牢"四个意识"、坚定"四个自信"、做到"两个维护",通过教学、科研、社会服务等积极做习近平新时代中国特色社会主义思想的研究者、传播者、实践者。潜心教育担当作为,广大教师潜心学科建设、教育教学改革、教书育人事业,同时积极开展"回华政学民法典"宣讲、讲授"四史"法治微党课、援藏援疆教育扶贫、"停课不停学"等工作。育德意识和育德能力得到提升,广大教师坚持立德树人,既做"经师"又做"人师",2016年以来,12个教职工集体获全国党建工作样板党支部等市级以上荣誉,2020年学校入选上海高校"三全育人"综合改革市级示范学校。

三是师德师风典型不断涌现。传承"以教师为第一、以学生为根本"的文化传统,学校于2019年在教师荣誉体系上率先发力,形成了"四纵四横"教师荣誉体系组织架构,每年评选教学贡献奖、科研贡献奖和管理服务贡献奖。累计近400人次入选青年长江学者、百千万人才工程、"万人计划"、"国家教学名师"和"全国优秀教师"等各类市级以上人才称号、荣誉称号等。

二、教学评价改革

(一) 改革思路

以学生为中心、以结果为导向、质量持续改进是教学评价体系的三大核心理念。

1. 落实"以学生为中心"的理念

促进学生全面发展是教学评价改革的基本出发点。改革始终着眼于"学生的成人、成才",以学生的学习和发展为中心,推动教师教学活动和学校的教学管理实现从以"教"为中心向以"学"为中心的转变,充分尊重学生主体地位(价值),为提高学生的学习质量、实现学生的全面发展提供良好的平台。

2. 强调"基于结果导向"的评价

"以学生为中心"的教育理念在实践中落实为"聚焦于学生受教育后获得什么能力和能够做什么的培养模式"。教师教学质量评价工作无论从指标设计、过程评价或是工作机制设计,都应围绕助力实现预期的学习结果而展开。各主要教学环节的教学质量评价坚持用以结果为导向的方法论来指导工作,牢牢把握住目标的设定、过程的实施和结果的检验"三个要点"。

3. 打造持续改进的质量文化

评价只是保障质量的手段和方式,是提升教学质量的必要条件而非充分条件。学校始终把握"评价的最终目标是通过评价持续地改进教师教学质量"这一基本准则,坚决摒弃为"评"而"评"的做法。通过评价体系和评价方式的改革,把教师教学质量评价作为教育教学水平提升的重要抓手和内生变量,不断促进人才培养目标的达成,确保毕业生能力素质水平能够与外部国家和社会经济发展需求相适应。

(二) 改革举措

1. 完善"四位一体"的教师教学质量评价体系

学校根据系统管理理论,设计和组织教学质量管理的各个阶段、各个环节,形成了相互联系、循环推进的教师教学质量评价体系,保障了人才培养目标的实现。

教师教学质量评价体系内含四个互为支撑、有机融合的部分。一是教学质量目标制定机制,即明确人才培养目标,制定各专业、课程教学、实践教学等其他环节质量目标,为教学评价提供依据;二是教学质量监控机制,即通过对教学过程各关键控制节点进行监测和评价,达到过程调控目的;三是教学质量信息反馈机制,即通过拓展教学信息统计渠道,为全面分析和反馈教学信息提供科学依据;四是教学质量改进机制,即通过对教学质量监控结果分析,对教师教学活动进行质量改进,持续提升教师教学质量。

2. 健全"以学生为中心"的教师教学质量评价标准

教师教学质量评价以学生评教为基础性评价,以教学督导、同行听课认定性评价和领导听课审核性评价为依据。教师教学质量评价主要从教学态度与投入、教学工作量、学生评教情况、专家或同行听课反馈情况、参与教学改革情况、指导学生情况、课程和教材建设、教学成绩和成果等八项正向指标,教学事故、教学工作量未达标等两项负向指标,下设若干个二级指标。各二级指标项下对教师的开课、备课、授课及考核四个教学环节作细化规范,明确教师开课、教学大纲制定、教材建设、全英语课程建设、双语课程建设、课程考核及课程档案管理的质量规范,明确具体观测点和量化标准。教师教学质量综合评价定级结果分为优秀、良好和不合格三档,为教学各环节质量监控提供依据,全方位、全过程测评教师的教学投入与成果情况。

同时,针对学生评教结果区分度低、指标设计模糊、数据分析缺乏专业性等问题,学校调研 15 个校内学院、7 所兄弟院校,召开多次师生评教座谈会,于 2019 年下半年启动本科课程学生评教体系改革。本次学生评教改革的核心目标,在于运用评教结果帮助任课教师分析课堂教学存在的问题并以此提高教学质量。主要通过明晰什么是合格的课程、确定 N 个标杆教师、划分六大课程类别、设置层次化的问卷指标体系、采用 ReliefF 算法降维和聚类分析算法等核心改革措施,最终实现三层级教师集合、教学水平档次划分和刻画教师个人教学风格的改革目标,进一步提升了学校学生评教体系的科学化。

附表1 教师教学质量综合评价测算方式

序号	指标	占比	计算标准
1	教学工作量	40%	任现职以来的年限 * 任现职以来的完成教学工作量的年数。
2	学生评教情况	30%	课程学生评教90分以上的,计10分,累计加分不超过30分。
3	教学成绩和成果情况	8%	(1) 获得国家级教学成果奖,计6分;获得市级教学成果奖的,主持计4分,参与计2分;获得校级教学成果奖的计2分。同一成果按照就高原则计算。 (2) 教学团队获国家级立项的,计6分;市级立项的,计4分,校级计2分; (3) 获得国家级教学竞赛奖项,计6分;市级教学竞赛获奖的,计4分;获得校级教学竞赛计2分;累计加分不超过8分。
4	参与教学改革情况	4%	主持市级及以上教改项目并结项的,计4分;参与市级及以上教改项目并结项的,计2分;主持校级教改项目并结项的,计2分。发表教改相关论文的,计2分/篇。累计加分不超过10分。
5	课程和教材建设	6%	(1) 主持国家级课程建设项目的,计6分,参与计4分;主持市级课程建设项目的,计4分;参与计2分;主持校级课程建设项目并结项的,计2分。 (2) 主编国家级规划教材的,计6分,获市级优秀教材奖的,计4分。副主编相应计50%。累计加分不超过10分
6	专家或同行听课反馈情况	2%	任现职以来,该类听课未出现70分以下的,计2分。每有一次记录,扣1分,累计扣分不超过2分。
7	指导学生情况	8%	教师指导本科生及研究生撰写毕业论文的,一篇计1分,获奖的另计1分。累计加分不超过8分。
8	教学态度与投入	2%	教师教学态度端正,认真备课,注重学生课堂纪律管理。参与教师发展中心组织的相关培训,一次计入1分。累计加分不超过2分。
9	教学事故	负向指标	重大教学事故,两年内不得晋升职称。
10	教学工作量	负向指标	未完成教学工作量两年内不得晋升职称。

3. 构建"多主体参与"的课堂教学质量评价工作机制

学校发布了《华东政法大学全日制本科生课堂教学质量评价管理办法》,从制度层面进一步完善多元主体参与的教师教学质量评价工作机制。《办法》中明确规定教学质量评价主体包括：(1)修读课程的学生；(2)学校及学院督导；(3)同行专家；(4)参与听课的相关领导。同时，对教学督导、同行专家和领导听课评课的工作内容、工作形式和工作频次提出了具体要求。

在评价信息反馈工作机制方面，学校每学期形成《华东政法大学课堂教学质量评价结果分析报告》，通报各学院情况。其中，每位教师的学生评教信息向全校公布，教师教学质量综合评价定级结果分为优秀、良好和不合格三档，直接与教师职称评定相挂钩。教师评教排名后10%的，必须参加教师教学发展中心相关培训进行教学能力训练与提升。

(三) 改革成效

1. 有效激励了教师精心教书、潜心育人

教师教学质量评价改革方案将教师超课时完成本科教学工作量、开展教学改革和教学方法创新、尝试网上课堂和考试改革、坐班答疑和自习辅导、指导学生参加各类竞赛、教师教学竞赛、青年教师助教、教学团队建设等教学投入纳入评价考核范畴，并将之与教师个人的职称晋升、奖项评定、团队评优等相关工作相挂钩，不断加大教学指标在教师职称晋升和评优评先等综合评价中所占比例，有效激励了广大教师投入教学，将"教学为本"理念落到实处。教师的教学质量意识逐步加强，教师参与教学改革的积极性逐步提升，教学过程更加规范化，学生评价满意度持续提高。据统计，我校教师年均教学研究立项数得到大幅提升，调停课现象得到有效控制，教师参与教学竞赛、课程观摩等教研活动的人数不断攀升，教师投入教学的内生动力不断增强。

2. 有效解决了评价结果"千人一面"的问题

学生评教改革方案实施后，每位老师均可获得一份量身定制的"体检式"报告。新的评教方案实行分类评价模式，根据不同的课程类别采取不同的评价量表，以校情为基础，通过学院推荐、参考以往评教结果及各类教学获奖情况，科学确定每类课程的10～15位标杆教师。以这种统计学计算方法得出的评价结果科学性强、可信度高，受到了广大教师的普遍认可。同时，该评价结果明确指出受评教师与标杆教师对比之下的教学短板之处，有针对性地帮助其提升教学技能，有效解决评价结果"千人一面"的

问题,有助于改善教师队伍整体的课堂教学效果。

3. 实现了系统化全覆盖的教学质量监控

改革后的教师教学质量评价体系覆盖了从标准制定、过程管理、反馈提升的评价工作全过程,有效落实了教学质量的"闭环"管理。在评价形式上,以日常教学检查和专项教学评价相结合,常规教学检查通过信息化技术手段覆盖了开课日的所有课程,专项教学评价以"教学质量月"的形式对教师调停课、坐班答疑、毕业论文检测等开展重点专项督查,着力规范教学活动。学校的教学质量主体责任进一步明确,教学质量管理工作流程进一步理顺,全校上下教学质量服务意识不断增强,"教学质量为先为重"已成为各个部门和整个教师队伍的普遍共识和行动自觉。从第三方调查报告来看,毕业生对学校教育教学反馈良好,学生学习的积极性和主动性不断提高,对教师课堂教学效果满意度较高。

三、学术评价改革

(一) 改革思路

"十三五"时期,学校科研工作坚持以习近平新时代中国特色社会主义思想为指导,全面贯彻落实党的教育方针,落实"立德树人、德法兼修"根本任务,推动"科研育人",弘扬华政"学术卓越"精神,加大科研创新投入,健全科研管理体制机制,完善学术评价机制和科研考核制度,聚焦高质量学术成果的产出,倡导优良的学术风气,营造校园浓郁的学术气氛。

(二) 改革举措

以上海市地方高水平大学建设为契机,以制度建设为抓手,在校党委统一领导下,学校科研、人事、财务通力合作,共同推动科研体制机制的不断优化发展。

一是修订学校科研管理工作纲领性文件。学校于2016年、2019年两次修订《华东政法大学科研工作纲要》,进一步建立健全科研管理体制和运行机制,完善激励制度,营造良好自觉的学术生态环境,建立公开的学术评价体系,抵制各类学术不端、学术失范行为等。

二是改进学术委员会运行机制。2019年,学校修订《华东政法大学学术委员会章程》,制定《华东政法大学教学委员会组织规程》等四个专门委员会章程,进一步改进学术委员会运行机制,发挥学术共同体在学校科研评价中的作用。

三是鼓励高质量学术成果出版。2017年、2019年,学校先后制定并修订完善《华东政法大学学术专著出版资助管理办法》,鼓励和支持高质量学术成果的出版,提高学校整体学术竞争力和学术影响力。

四是规范科研项目管理与评价。2016年,学校制定《华东政法大学国家级项目管理办法》等各类科研项目管理办法,进一步推进项目管理的科学化、规范化,提升项目研究质量,提高项目的结项率。

五是完善职称评定的科研评价规定。2017年,学校制定《关于在高级专业技术职务聘任工作中试行代表作学术评价制度的方案》,突出科研成果层次和质量。2019年,进一步完善职称评定,强调综合评价,突出代表性学术成果地位。

(三) 改革成效

总体来看,为推进学校科研评价的优化完善,在校党委统一领导下,学校科研、人事、财务处等管理部门,通力协作,共同制定和完善高级职称聘任"代表作"方案、科研经费管理办法、校级科研奖评选办法,以及智库系列文件,基本形成了以"科研纲要"为统领,全面覆盖学术权力机构运行、科研智库机构建设、科研成果培育管理的较为科学的科研评价制度体系,并与改革之中的高级职称评聘制度和科研经费管理制度相衔接,优化了科研评价方式。

1. 初步开展分类评价

针对法学、政治学、文学等不同学科,以及教学科研与专职科研等不同教师岗位,根据学科与教师岗位的特点,制定不同科研工作量考核指标。

2. 持续推进多元评价

将国家专利、艺术作品、指导学生比赛等纳入科研考核评价的范围。在智库成果方面,划分专报、媒体咨文、决策咨询活动、决策咨询课题、国际智库成果五大类别,将优秀网络文化成果、主要媒体理论文章以及决策咨询报告纳入科研评价。鼓励教师承担横向项目,经费达到一定数额的,可由项目负责人申请,可用于折抵科研考核工作量。

3. 研究健全综合评价

在科研贡献奖评选中,坚持把师德师风作为第一标准;自2020年起,将教学任务、评教排名等教育教学相关指标作为评选前提条件,将获得高水平智库成果并转化为服务国家或区域发展战略成果作为评选优先条件;自2020年起,在优秀以上级别奖评选过程中设置科研成果"展示"环节,对候选人进行品德、能力、业绩和质量、贡献、影响方面的全面实质评价。

学校在聘任工作改革中,将制定专业技术职务综合评价办法,对教师学术成果提出多元化指标,对学术研究进行综合评价,同时实行教师岗位分类评价,围绕品德、知识、能力、业绩和贡献等要素,建立科学合理、各有侧重的分类评价标准,进行定性与定量评价相结合的分类综合评价。

4. 试行代表性成果评价

华东政法大学的代表作评价方案,突出科研成果层次和质量,鼓励教师在权威学术期刊发表论文,例如,申报教授(研究员)需在指定权威期刊(根据所属学科,见附件)独立或第一作者发表2篇学术论文。与此同时,注重科研成果学术和社会影响力,在合理范围引入同行评议机制。

同时,2020年学校改革图书出版资助制度,支持高质量学术代表成果的出版,对入选"华东政法大学学者代表作"的5~7部中文优秀著作,由学校统一联系学术出版单位,并由学校资助全部出版经费。

5. 积极探索同行评价

在智库成果认定标准细化、特殊科研成果的实质性个案评价以及学术诚信案件处理方面,自2019年校学术委员会换届之后,进一步发挥校学术委员会以及科学研究委员会、学术道德委员会等专门委员会的作用;广泛邀请校外同行专家,参与国家社科基金项目申报辅导、校级科研项目评选、图书出版资助遴选、外文科研成果以及其他科研成果认定、学术不端鉴定等工作。

四、社会服务评价改革(以智库建设为例)

加强智库建设是高校服务国家战略和地方建设的责任所在,是推进一流政法大学建设的战略举措,也是优化丰富科研评价方式的重要途径。华东政法大学以特色新型高端智库建设为抓手,改革教师科研评价机制,提升服务国家和上海发展战略的水平。

(一) 改革思路

1. 服务法治中国战略,做好科学定位

学校的智库建设及成果评价坚持以习近平中国特色社会主义思想为指导,以服务国家和社会发展战略为中心,以法治研究为特色,聚焦法治中国、法治政府、法治社会建设,旨在打造为全面依法治国战略实施咨政决策和上海经济社会发展提供智慧服务,在国内法治研究领先、国际上具有重要影响力的高端智库基地。

2. 响应实践发展需求,注重咨政建设

学校的智库建设及成果评价注重围绕中国特色社会主义法治的实践创新、理论创新和制度创新等重点领域,从政策、体制、技术、行业等多个方面注重学科与社会的连接,转变研究导向、优化智库成果,实现学术研究和政策研究相结合,同时凝炼一支跨院系、跨学科、跨领域的高水平、负责任的研究队伍,促进学者型人才向智库型人才转化、学术研究成果向对策建议转换。

3. 依托治理能力基础,推进机制创新

学校的智库建设依托法治人才培养、法学理论研究、法律实务应用和法治文化引领等方面的能力基础,坚持改革创新,努力形成既把握正确方向、又利于激发智库活力的管理体制,通过科学的成果评价机制为华政的智库建设提供可持续发展的制度保障。

4. 科学合理评价人才,构建多元发展通道

坚持"决策需求"的核心导向,构架更加完善的智库成果评价机制。在传统考核办

法基础上,将更多形式的智库成果纳入教师考核内容。优化以人为本的制度环境,积极构建利于智库成果产出的激励体系。

(二) 改革举措

学校重视发挥制度建设的基础性作用,探索制定了"1+3"系列智库建设管理文件,即1个纲领性文件《智库建设管理办法》,3个配套文件《智库成果认定细则》《智库研究序列高级专业技术职务聘任实施细则》《哲学社会科学研究成果报送和发布管理细则》,基本形成以"智库建设管理办法"为统领,全面覆盖智库成果评价、智库人才队伍建设、智库成果发布的较为科学的智库建设制度体系。

1. 坚持党管智库,把准智库的政治方向、服务宗旨和价值取向

实行党委统一领导、部门分工负责、校院有机联动的管理体制。成立智库建设领导小组,校党政主要领导担任双组长,负责决定智库建设重大事项,科学施策,抓好智库建设顶层设计。牢固树立国家安全意识、信息安全意识、保密纪律意识。健全舆论引导机制,发挥智库阐释党的理论、解读公共政策、增进社会共识的作用。

2. 加强基地、队伍建设、项目管理和平台建设

基地建设方面,强调智库建设以优势学科为依托,建设国家级的特色新型高端智库,培育市级重点智库;明确学校向各智库研究机构提供建设经费支持。队伍建设方面,加强对智库研究的培训,鼓励师生以己所学服务国家战略;明确学者的核心地位,首次提出实行智库团队首席专家负责制;建立智库与学院人才有序流动机制。项目管理方面,强调依托国家级重大项目开展智库研究,产出高水平智库成果;学校每年确定主攻方向,支持重点研究项目。平台建设方面,围绕重大问题建设专题数据库,加强与政府研究机构、社科院、国际智库的平台合作。

3. 制定智库成果认定细则,完善评价机制

根据《智库建设管理办法》等文件精神,结合学校实际,在广泛调研和征求意见的基础上,尤其是在对标对表兄弟高校智库成果认定规则的基础上,修改了《智库成果认定办法(试行)》,更名为《智库成果认定细则》。《细则》根据智库发展新趋势,增加了参加重要座谈会、提供个别咨询、完成特定公开招标课题以及担任党和国家机关法律顾问、咨询委员会委员、行政复议委员会委员等智库成果新形式,尤其是增加了决策咨询

成果被中共中央文件或法律法规采纳的情况。为了实现智库评价多元化,特别规定确属新情形或复杂情形的,提交智库建设领导小组办公室研究,必要时提请校学术委员会或校科学研究委员会审议。对批示成果区分单篇与非单篇、独作与合作、本校合作与外校合作,考虑作者、单位排名等情况进行更科学合理的评价。

4. 规范成果报送、成果发布和考核评价

智库成果报送方面,学校加强党委信息主渠道建设,同时探索主渠道与多渠道报送协调机制。成果发布方面,学校加强智库成果发布管理,规范发布流程;搭建宣传平台,充分发挥智库的舆论引导和社会服务功能。考核评价方面,要求智库研究机构制订年度工作计划,学院把智库建设纳入年度工作计划,科学设定考核指标,突出质量和绩效导向,探索开展智库成果实质性评价。

5. 优化智库梯队,打造智库共同体

学校着力建设以中国法治战略研究中心为核心,以22家科研机构为支撑的智库梯队。同时制定《智库研究序列高级专业技术职务聘任实施细则》,专门设置"智库研究"高级专业技术职务岗位,用于聘用以决策咨询等智库研究为主要职责的教师,构建智库研究人才发展通道。符合任职条件的科研为主型岗位教师和教学科研型岗位教师均可申请应聘"智库研究"高级专业技术职务岗位。

(三)改革成效

1. 培育智库骨干,强化改革引领力。2018年以来,在学校智库建设推动下,中国法治战略研究中心、知识产权学院、经济法学院、国际法学院、新闻与传播学院等多位青年教师脱颖而出,迅速成长为学校智库骨干,先后报送一大批高质量决策咨询报告,获得有关方面高度认可。其中部分老师因智库成果突出,先后评上高级职称,既是智库建设的踊跃参与者,也是科研评价机制改革的受益者。

2. 产出优秀成果,提升社会服务力。2020年,学校180余项智库成果获得省部级以上部门采用或领导批示。尤其是疫情防控期间,多个研究团队共报送疫情相关舆情分析报告超过100篇。传播学院智库团队撰写《华东政法大学疫情信息传播研究日报》迄今报送98期,中国法治战略研究中心编印《华政智库专报》100期。

3. 塑造品牌效应,增强智库影响力。华政智库注重发挥高校智库引领主流舆论的社会功能,经过学校通力开展智库建设工作,其品牌效应日渐扩大,社会影响力逐步提升。2019年12月10日,学校华东检察研究院入选上海高校智库"一类智库"名单,中国法治战略研究中心入选上海市高校"二类智库"名单。2020年,中国法治战略研究中心获批中宣部直报点。华政智库的建设成效获得了学习强国平台、《解放日报》等多家官方主流媒体以及业界同行的肯定。这些正面的社会评价充分反映了国家有关部门、业界同行以及主流媒体对华政智库建设事业的高度认可。

五、教师国际化水平评价改革

(一) 改革思路

1. 加强教师国际化水平的考察。教师国际化水平提高是教育对外开放的基础。习近平总书记提出的构建人类命运共同体理念,是习近平新时代中国特色社会主义思想的重要组成部分,充分展现了我国将自身发展与世界发展相统一的全球视野、世界胸怀和大国担当。教育对外开放作为对外开放的重要组成部分,加强教师队伍的国际化建设势在必行,应适当增加国际化指标及权重。

2. 教师国际化水平的评价要开展多维综合考察。加强教师队伍的国际化建设,除了要不断积极引进海外人才,也要科学理解教师"国际化"水平的内涵,避免采取狭隘的考察维度。不能仅仅关注其学习背景和经历,要综合考量国际化学术交流能力、国际化人才培养成果、国际合作成果产出、国际声誉评价,特别是国际学术话语权和影响力等指标。

3. 教师国际化水平的评价要跟学科发展特点结合。华政作为以法学、政治学等学科为主体的应用研究型大学,要结合学校的发展规划,重点关注与上海"五个中心"建设和国家治理体系、治理能力现代化建设紧密相关的人才培养。既强调比较借鉴,更注重独立自主,推动建设中国特色社会主义法学学科体系、学术体系和话语体系。

(二) 改革举措

1. 在人才引进工作中

一是调整学校人才工作领导小组,加强对人才引进工作的统一领导、统筹规划和高效决策,加强对意识形态和师德师风的审核把关,加大人才引进的工作力度。

二是制定加大海外引才力度工作方案。创新工作机制,建立优秀青年人才储备制度;依托上海高校青年英才揽蓄工程,定期举办国际青年学者论坛;利用境外出访、外事活动、校友活动、校友会等各种渠道广开才路;加强与国内外著名高校、研究机构的工作交流,有计划地组织学院外出开展人才招聘工作,加大对海外人才的招聘工作力度。

三是构建灵活多元的青年教师选聘机制,实施"经天学者"优博计划,加大博士后培养力度。借鉴一流大学在人才评价中的做法,设置特聘副研究员,加大经费配套支持力度,实行"非升即走"等灵活聘用方式,使人才评价的结果发挥实质作用。

四是实施更积极、更开放、更有效的海外人才引进政策,积极探索制定《华东政法大学人才揽蓄行动方案(试行)》、《华东政法大学外籍教师管理办法(试行)》、《华东政法大学优秀青年人才储备计划("菁英揽蓄计划")》,在人才引进中对于国际化水平的评价,积极采用同行评价及"代表作"制度,关注其学术地位及国际影响力。

2. 在人才培育过程中

一是注重国际化的教育和职业经历。通过制定和修订教师出国(境)访学进修办法,加强对教师,特别是青年教师出国(境)访学进修的平台建设和政策资源配置。在专业技术职务聘任和人才项目遴选等晋升、培养的评价中,将国外学习和访学经历作为综合评价的内容之一,引导教师重视国际化的教育、职业经历和国际学术交流能力的养成。

二是注重国际学术成果的多元化和影响力的评价。在专业技术职务聘任、人才项目遴选、任职考核等涉及教师评价的事项中,将国外发表学术论文、出版著作以及国际学术会议报告等纳入到评价指标中,将国外发表的高质量学术成果与国内高质量学术成果作相同对待,并着重评价成果的学术贡献和社会影响力,尝试实行代表作评价,积极利用校内学术委员会和校外同行评审相结合的形式,全面客观考察教师学术能力和潜力。

三是注重对出国(境)访学进修教师国际交流成效进行实质性评价。在教师出国(境)访学进修的申报中,建立校内外同行专家评审机制,对访学进修的必要性和实效性进行评价。在教师出国(境)访学进修的考核评价中,要求在完成个人访学研修任务之外,还应努力促进学校与国外高校、科研院所间的学术交流与合作,签订国际合作协议,积极为学校联系、推荐国际高层次人才,引进国际化课程等。

(三) 改革成效

1. 教师队伍结构不断优化,国际化水平显著提高。招录人才中具有一年以上海外经历的人员占比稳健提升,其中,2018 年占比 15.73%(14/89),2019 年占比 29.23%(19/65),2020 年占比 56.86%(29/51)。教师中能够开设双语课程、海外发表论文、参与国际会议并发言、指导学生参与国际竞赛的比例越来越高,在高水平涉外法治人才培养中发挥的作用更加凸显。

2. 学校教师派出项目渠道更为丰富,推动教师派出团组及人数增长。一方面,通过海外高校合作机制,为我校教师提供欧盟"伊拉斯谟+"项目、校际教师交换项目、海外授课项目等常规合作项目,另一方面,持续开拓教师境外培训项目,与美国尼亚加拉大学、澳大利亚昆士兰大学、新西兰奥克兰大学等高校合作培训国际化师资。"十三五"期间,学校海外高层次人才引进人数从 2015 年的 3 人增长至 2019 年的 11 人。教师派出团组及人数从 2015 年的 114 批次 338 人次增长为 2019 年的 150 个团组 367 人次。

3. 在学校 2019 年开始"经天学者"人才计划的选聘中,40 名教师入选不同级别人才岗位,其中既有功成名就的知名学者,也有初入学校的青年才俊。有 5 人曾接受学校资助公派访学,多人拥有参加国际论坛、讲座经历。截至 2021 年 4 月,学校前后共有 22 人次入选东方学者客座教授、特聘教授、青年东方学者,29 人次入选浦江人才计划,这些入选者普遍国际交流工作经验丰富,青年教师入选比例高、人数多,学校培育和遴选推荐的结果充分体现了业绩导向和服务国家重大需求的教师评价导向,让各类人才特别是具有国际化视野的青年人才脱颖而出,持续对提升学校的国际化水平作出重要贡献。

第二节 学生评价改革纪实

近年来,我校坚持落实立德树人根本任务、坚持目标导向、问题导向,坚持科学有效统筹兼顾的原则,稳步推进招生多元评价录取、完善学业评价制度建设、构建分层分类学生荣誉体系和实施就业创业引导,积极探索学生发展的全过程、全要素评价,着力以评价引导学生,以评价促进学生全面发展。

一、深化考试招生制度改革,推进多元评价录取

现行的招生体制机制中长期存在着"唯分数"问题,表现在无论是高考还是研究生招生录取过程中,都以统一的高考或研究生成绩高低进行排名,确定名次,只以成绩高低来确定是否录取。这是对全面发展的教育目的的根本性偏离,并逐渐诱发评价育人目的的异化、评价多维指标的简单化、评价发展功能的遮蔽化和评价实施操作的绝对化等现象。[1]

近年来学校积极探索本科生和研究生招生多元评价之路,主要举措包括:

(一) 本科生招生评价:实施多维度评价和综合评价

1. 改革思路

自2015年上海市实行普通高校春季考试招生试点方案和2017年华东政法大学在秋季高考部分招生专业中实行大类招生以来,学校积极贯彻落实教育部、上海市教

---

[1] 刘志军,徐彬.综合素质评价:破除"唯分数"评价的关键与路径[J].教育研究,2020(2):95—96.

委有关高考制度改革的部署,不断探索创新人才选拔与培养模式,尝试多元录取机制,促进学生全面发展,努力为促进教育教学改革发展贡献力量。

学校在春考校测过程中的多元化评价录取实践主要通过科学参考和使用综合素质评价信息实现,通过考察学生的社会责任感、综合素养、创新精神和实践能力等综合素质给予学生全面评价。

2. 改革举措

2017年起,学校在春考校测考核环节中持续尝试、不断优化使用和参考高中学生综合素质评价信息,在春季考试招生校测工作方面积累了丰富经验,逐渐摸索出一套适合学校实际的、实现学校选拔优秀人才目的的、较为科学的、规范的系统性考核办法。

(1) 制定多维度考查的校测方案

学校按照"精心组织、严格管理、规范操作、加强监督、提高服务"的工作要求,研究拟订招生校测方案,对校测流程、面试内容、面试专家等重点问题进行全面深入的分析,经校长办公会通过后报市教委备案,向社会公布。学校还制定了校测执行工作方案、考场规则、命题保密责任书、考官和考务人员廉洁自律承诺书、考务人员职责及岗位要求等一系列配套文件,确保校测整体工作规范有序推进。

(2) 加大综合素质考察力度

在春招校测面试中,学校将考生综合素质纪实报告作为校测面试的重要参考依据,并以社会责任感、综合素养、创新精神和实践能力等作为观测点给予考生全面的评价,评价结果纳入面试总成绩中。面试专家组成员既积极参考和研判考生的高中综合素质纪实报告信息,同时以面试过程中观测到的综合素质、社会责任感等能力的情况互为补充印证,通过对考生多方位的考察与评估,既确保对标学校人才培养目标,也有利于选拔符合本校人才培养目标要求的特色人才。

(3) 确保选拔过程公平公正

具体操作过程中,为确保招生录取的公正性和公平性,学校制定并严格执行回避制度、承诺制度,加强考前培训,确保面试考官及考务人员在春招校测期间严格遵守相关纪律。并在面试前将所有考生综合素质评价信息从上海市普通高中学生综合素质评价信息管理系统下载打印,注意隐去学生的姓名等信息。同时,在面试提问前,给面试专家组足够时间查阅考生综评信息(不少于8分钟)。

3. 改革成效

(1) 实现全面考察和选拔人才的目标

通过春季招生校测中的多元评价录取尝试,学校更加明确了自身校测面试工作的定位,在考生已经完成统一文化测试的前提下,锚定学校人才培养特色开展面试工作,实现"既看分又看人"。同时,实现准确把握综合素质评价的价值定位,将综合素质评价结果纳入高校招生录取体系,在纸笔考试以外推动全面衡量招收学生德智体美劳全面发展,考察学生的学习能力与专业学习之间的匹配度。

(2) 调动学院参与人才培养的积极性

学校招生工作在巩固原有成绩基础上取得了进一步的发展,招生类型更趋多样化,不仅生源质量得到培养单位的肯定,也更加调动了更多学院和专业参与春季招生进行人才选拔的积极性。通过校测自主选拔程序,一方面为考生提供了展示自己的舞台,另一方面学校也能通过面试选拔到更符合专业要求的优秀学生。

(3) 进一步增强学生对专业的认同度

经过多元评价录取的学生,在双向选择和全面了解的基础上进入学校,不仅在校测过程中得到了成长和锻炼,同时心理准备更加充分,加深了对将要所学专业的认同和喜爱,专业认同度得到进一步提升,从而更加有利于其在学校的成长成才。

学校以春考校测环节中对综合素质评价信息的运用为抓手,有效地将多元评价录取精神贯彻到招生工作实践中,在春考校测过程中逐渐形成了"思政+专业+素养+心理"为基本构成的评价主体,有力地提升了考试评价的思想性、多元性和科学性,促进全面衡量和招收德智体美劳全面发展学生。

(二) 研究生招生评价:加强科研创新能力和实践能力的考察

1. 改革思路

华东政法大学自1981年开展研究生招生工作,目前,共有16个博士专业、47个硕士专业对外招生。40年来,学校研究生招生工作体系逐步健全,管理制度不断优化完善,形成了《华东政法大学招收攻读博士学位研究生管理办法》《华东政法大学硕博连读研究生选拔暂行办法》《华东政法大学资格申请制博士生招生暂行办法》《华东政法大学招收攻读硕士学位研究生办法》《华东政法大学招收推荐免试攻读硕士学位研究生办法》《华东政法大学招收全日制硕士研究生复试管理办法》《华东政法大学招收港澳台研究生暂行办法》等一系列招生规章制度,推进了学校招生的公开、公平、公正,也构建起了一套科学、规范、有效的招生评价制度。

2. 改革举措

(1) 改进博士生选拔模式,注重科研创新能力、发展潜力的评价

学校为吸引具有优秀科研业绩、培养潜质、创新能力的人员攻读博士学位,在对考生实施普通招考的评价方式之外,推行博士生硕博连读和申请考核制选拔评价方式,打破"唯分数"的招生格局,发挥博士生导师的招生自主权,坚持全面考察、客观评价,突出对专业素质、科研潜质、创新能力的考核,坚持公正公平、政策透明、程序公开,推进博士招生考试由普通招考向申请考核评价方式的全面转变。

(2) 采取多种形式,加强生源提前介入的全面型考核评价

从2014年起,学校开展暑期夏令营,吸引优秀生源了解学校招生政策、培养目标、培养要求等。招生夏令营最初在法律硕士考生中开展,逐步扩大到大部分的招生专业。优秀考生通过暑期招生夏令营,在取得所在本科院校推免资格的前提下直接录取,大大提高了研究生生源质量。

(3) 扩大推免生招生比例,加大对综合素质和创新能力的评价

在硕士层面扩大推荐免试生的招生比例,也是摆脱研究生"唯分数"评价的有效方式,通过直接对具有推免资格的考生进行复试,有利于对考生综合素质和发展潜力的科学评价。华东政法大学近年来连续扩大推免生招生比例,目前已接近当年总招生人数的近30%。

(4) 增强对考生复试的科学评价

学校坚持科学选拔,德智体美劳全面衡量,全面考查,突出重点。在对考生德智体等各方面全面考察基础上,突出对专业素质、实践能力以及创新精神等方面的考核。坚持公平、公正,实行"双盲"复试,做到政策透明、流程规范、监督机制健全,维护考生合法权益。坚持二级学院在复试工作中的主体地位,强化现代教育测量理论和手段在复试中的应用,坚持以人为本,增强服务意识,切实做到尊重考生,服务考生,维护考生合法权益,确保复试评价工作的依法依规和效率公平。

3. 改革成效

学校加强研究生招生工作的统一领导,通过一系列研究生招生改革,在一定程度上打破了研究生招生"唯分数"的痼疾,形成了分类考试、综合评价、多元录取、严格监管的研究生招生评价模式,树立了研究生招生的权威性、公正性,对于进一步提高研究生生源质量具有积极意义。

(三)书院分流综合评价:落实对德智体美劳的全方位评价

1. 改革思路

将综合评价纳入学生专业分流成绩构成,是华东政法大学在招生多元评价录取方面所做的尝试。按照大类招生专业的学生,将在大一结束时实行专业分流,这些学生的专业分流基本依据"高考入学成绩+大一学习成绩+综合评价成绩"三部分组成的总成绩进行,其中,"综合评价成绩"为对学生大一期间德智体美劳各方面表现的评价指标,作为分数以外的考察点,实现对学生全方位评价的关照。

2. 改革举措

按照大类招生专业的学生在大一后的专业分流过程中,"综合评价成绩"由培养单位设置评价指标,对学生在大一期间德智体美劳各方面表现进行全方位评价。

(1)形成兼顾综合表现的分流方案

学校在广泛调研论证的基础上,形成归一化办法后的高考成绩(占50%)、第一学年绩点(占40%)、大一阶段综合表现(占10%)构成的分流综合成绩,既将目前标准化程度最高的高考成绩作为主要占比,又参考了大学期间的学习成绩,同时兼顾了对学生全面考察的综合表现情况,赋予了分流成绩更高的科学化水平。在多方论证和研究的基础上,形成大类分流方案和相应配套文件。

(2)科学设计综合评价成绩组成要素

"综合评价成绩"由基础素养成绩、发展素养成绩和违纪减分项三部分组成。基础素养成绩是指书院学生完成基本的教育教学和成长发展任务即可取得的成绩,包含政治思想素养、组织法纪素养、学习实践素养、科学人文素养、生活健康素养五个部分。发展素养成绩是指书院学生在基础素养养成的基础上,全方位拓展自身知识、素质、能力所取得的成绩。违纪减分项特指书院学生在大一期间因违纪行为受到违纪处分,根据违纪处分类别给予相应减分。

（3）坚持全面发展和过程评价原则

在整个大类分流过程中，既注重体现书院的育人导向，又兼顾促进学生全面发展和确保规范公正实施。注重工作推进中的规范性操作，并做好整个分流全过程中的咨询和解释工作。专业大类分流工作过程中，提前根据模拟分流志愿的填报情况，科学测算专业计划安排，广泛讨论分流工作中所涉及到的宿舍调整、军训时间、学生政策解答、专业介绍、高考成绩归一化算法和英语绩点等问题，做好分流前的充分准备。

3. 改革成效

大类分流中综合评价成绩的运用，进一步明确了学校人才培养导向和评价目标，增强学生的专业认同度，实现以评价促进学生全面发展。通过大类分流中的综合评价成绩构成和运用，实现了对学生在大一期间德智体美劳各方面的全方位评价，是对破除"唯分数"评价的有力实践和经验积累，值得学习借鉴。

二、完善学业评价制度建设，严格学业标准

华东政法大学在推进"双一流"建设进程中，全面贯彻全国高校思想政治工作会议和全国教育大会精神，进一步转变理念，人才培养模式从"追求学习结果"转向"注重学习过程"，从"以知识传授为中心"转向"以能力培养为中心"，聚焦"给学生合理增负"，通过狠抓过程考核、组建学习中心等举措，切实让学生忙起来，老师导起来，办学质量强起来。

（一）改革思路

华东政法大学本科生学业评价遵循教育规律，针对不同专业、不同学段、不同课程类型教育特点，引导教师根据课程建设实际改进结果评价，强化过程评价，探索增值评价，健全综合评价。围绕"严起来、难起来、实起来、忙起来、提起来"，让学生合理"增负"，提升学生的学业挑战度，激发学生的学习动力和专业志趣，提高人才培养质量。积极构建以"评估－干预－再评估"（Program Learning Assessment, Intervention,

Reassessment)的 PLAIR 评估模式为指导,坚持"以人为本、以学生为中心"的理念,从加强学业评价结果的分析、反馈和应用着手,针对学生可能存在的学业问题实行有预见性、过程性干预,在大数据技术处理的帮助下,着力构建学生学业评价-预警-帮扶机制,实现教育教学水平和人才培养质量的不断提升。重视学生第二课堂建设,将教学延伸到课堂外,延伸到假期中,延伸到校园内外,构建起以夏季学期为特色、学习中心为实体的校本化特色课程育人体系。

研究生学业评价是研究生培养制度改革的重要内容之一,是学生评价中的重要方面。它是以恰当、有效的评价方法,全面、系统、完整地收集研究生在理论学习、科研和社会实践等方面的学业信息,并对其学业情况的变化进行价值判断的过程。目前,研究生学业评价的主要政策依据是《财政部国家发展改革委 教育部关于完善研究生教育投入机制的意见》(财教〔2013〕19 号)、《学生资助资金管理办法》(财科教(2019)19号)以及各省制定的研究生学业奖学金管理办法等,其中《学生资助资金管理办法》中《研究生学业奖学金实施细则》对研究生学业评价进行了原则性的规定。华东政法大学于 2014 年制定《华东政法大学研究生学业奖学金管理暂行办法》,作为研究生学业评价的基础性文件,并于 2020 年制定《华东政法大学全日制学术型硕士研究生学业评价指导意见》《华东政法大学全日制专业学位硕士研究生学业评价指导意见》。学校依托上述三个文件,从评价的基本条件、奖励比例、评价标准、评审组织与程序和资金管理等方面构建起了学校研究生学业奖学金评定的改革框架。

(二) 改革举措

1. 本科生学业评价

(1) 构建全覆盖的本科教学过程化考核实践体系

2018 年,学校确立了以"课程建设与改革"为核心的全面提升人才培养质量的基本战略方针,在深入调研和论证的基础上开展了课程过程化考核改革试点工作。经过五个学期的试点,课程过程化改革已经覆盖 14 个学院 626 门课程,涵盖了思想政治理论课、文化基础课、专业主干课、大学英语及外语类模块课等课程门类,改革试点初显成效。590 名教师参加了过程化改革试点,改变传统的"期中+期末"的终结性考核方式,将过程化考核嵌入教学全过程。利用课上释疑、课堂训练、课后巩固等环节,以课堂小作业布置、主题讨论组织、案例分析训练、读书笔记撰写等多样化形式,创新建立"考教一体"的新型教学模式,完善全过程、多元化、成长型的学生学业成绩评定体系,提升学生学习动力,进一步夯实学生知识基础,提升综合能力素养。

(2) 构建以学生为中心的"评价-反馈-改进"内循环学习改进体系

学校分类构建基于学业评价大数据分析的学业预警机制。学校积极探索学生学习经历评价,通过对学生学习状态进行跟踪管理,及时掌握学生学习过程中已出现或可能出现的问题,并在此基础上采取一系列措施有针对性地进行教育和帮扶,达到督促学生按时完成学习任务,顺利完成学业的目的。学校已制定了《华东政法大学全日制本科生课程考核管理办法》《华东政法大学推荐优秀应届本科毕业生免试攻读硕士学位研究生工作管理办法》《华东政法大学全日制本科生科研实践课程管理办法》《华东政法大学全日制本科生毕业论文(设计)反抄袭检测、校外送审管理办法》等25项制度,从课程修读、实践实训、论文撰写、毕业升学等人才培养的各个环节,完善学生学业要求,严格学业标准,加强学风建设,实现了学业评价制度建设在人才培养全领域、全过程和全要素的三个"全覆盖",全面确保人才培养质量。

实现了电子班牌考勤系统大中小教室全覆盖,并对应搭建了学生学业预警管理平台和学生学习行为信息管理平台。从考试成绩、日常考勤以及学籍状态等多方面对不同的教学主体开展跟踪管理,并进行有针对性、有预见性的过程性学业干预。并针对不同学生的不同情况制定了分类帮扶预警体系,通过追根究底,精准识别学业预警学生学习障碍类型;有的放矢,制定差异化帮扶工作方案,多措并举,建立健全"学院+家长+学生"三级联动制,防微杜渐,将学业评价和学业预警工作重心前移,构建学生学业评价内循环体系。

(3) 构建激发学生内驱力的"师生学习共同体"

学校建立夏季学期制度,引导学生根据个人志趣开展跨学科学习、研究型学习和创新性学习,提高其人文底蕴、学术视野和可持续发展能力;引导学生走出校园、深入社会,体察国情民意,提高学生对于我国社会主义制度的深刻认识;指导学生更好地开展专业实践,着力培养和发展学生的实践能力和职业能力;开设更多国际化课程,为学生提供更多参与国内外交流交换学习项目的机会,拓宽其国际视野。

依托各学院组建大学生学习中心,根据学院专业特点形成若干个学习服务支持枢纽,较好地发挥了开放、集约、共享、自治的平台支持作用。一是推行学习中心实体化运作,实行早八晚八全天候服务,以学生志愿者和专业教师为中心服务主体,实行学生自主预约、教师坐班答疑的运行模式,为学生提供了一个既可自主学习、又可互动研讨、亦有教师一对一指导的共享式学习空间。二是推行中心活动常规化进行。定期开展专题讲座、学生读书会、阅读写作指导等特色活动,形成了基础与特色并举、补差与培优并进、学生自发与教师引导并行的良好局面。

(4) 构建分层分类学生荣誉体系,加强德育体育美育劳育评价

建机制完善评价体系。学校通过设立华东政法大学奖学金及荣誉称号评审委员会、校学生资助工作领导小组、校研究生国家奖学金评审领导小组、院奖学金及荣誉称号评审小组等机构理顺评价机制,分类分层明晰综合评价所涉相关部门的权责,积极构建三全育人评价体系,提升素质评价的全面性、科学性和专业性。

强制度优化评价程序。以《华东政法大学全日制本科生奖学金、荣誉称号评定实施办法(试行)》《华东政法大学社会奖助学金管理办法》(华政办〔2019〕272号)为基础制度,各类奖项和荣誉实行"一奖(荣誉)一办法(细则)"。截至目前,涉及学生综合素质评价的校级规章制度有近60项。学校严格按照各类奖项细则的评选要求,强化班级民主评议、辅导员审核把关、学院推荐查缺补漏、校内公示反馈及时等程序,力争每个环节公平、规范、准确、细致,确保评选工作高效有序进行。

全指标突出评价导向。目前,学校学生荣誉体系以综合奖学金和社会奖学金为基础,涵盖综合素质、精神文明建设、学习科研、专业实务、职业技能、体育竞技、体育文化、文化艺术、志愿服务、劳动实践、创新创业、自立自强等奖励布点,积极引导学生"五育"并举,全面发展,提升综合素质,同时倡导个性和特色发展。

2. 研究生学业评价

(1) 确定评价的基本条件

要求热爱社会主义祖国,拥护中国共产党的领导;遵守宪法和法律,遵守学校规章制度;诚实守信,品学兼优;积极参与科学研究和社会实践。

(2) 确定评价对象

研究生学业奖学金适用于2014年秋季学期起在学校取得正式学籍并注册的全日制博士研究生和硕士研究生(定向就业研究生、港澳台籍生、外国留学生、MPA双证班

研究生除外)。

(3) 确定评价标准

研究生学业奖学金综合评定由基本分和附加分构成。基本分主要考核课程成绩(S1)、科研水平(S2)、导师评价(S3)、班级互评(S4)和社会实践(S5)等,基本分满分为100分。附加分(S6)主要考核研究生在科研、社会实践、学术竞赛等方面的突出表现。课程成绩(S1)最高分为40分,科研水平(S2)最高分为20分,导师评价(S3)最高分为20分,班级互评(S4)最高分为5分,社会实践(S5)最高分为15分,超过各项最高分值者按最高分计;附加分(S6)不设最高分限制。学生学业评价的最终分数为:总分 S = S1 + S2 + S3 + S4 + S5 + S6。

(4) 确定各评价标准的具体内容

① 课程成绩(S1)

二、三年级研究生以上学年课程成绩绩点为依据换算计分。

② 科研水平(S2)

科研水平包括发表论文、出版论著等。以软件、音像以及其他非纸介载体发表或出版的成果,不能列入评价指标。科研水平的认定一般以学校《科研工作纲要》相关规定为依据。

同时对作者署名进行了具体的规定。所称"发表",是指在有批准刊号的合法刊物上以"华东政法大学"的名义公开发表,不以"华东政法大学"的名义发表且未注明作者单位的,需证明作者身份。"出版",是指取得书号公开出版。发表的论文以期刊封面、刊物目录和文章复印件为证明;论著以著作版权作者予以计分。

科研水平按一般期刊、报纸、译文、校内期刊给予5~3分的加分。

③ 导师评价(S3)

导师评价主要结合申请人是否掌握本学科的基础理论知识,了解本学科发展现状与趋势,是否具有良好的团队协作精神,是否能够主动定期向导师汇报学习进展情况,是否能够很好完成导师布置的各项学习、科研任务,是否积极参与导师科研项目和科研活动等情况综合评分,鼓励采取导师组统一评价方式。

导师评分上报学院评委会后,学院评委会应结合本专业、学科整体研究生情况,对导师评价予以核准。同一年级同一专业研究生,得19~20分者不得超过该专业同年级人数的20%,16~18分者不超过该专业同年级总人数的50%。同一年级同一专业研究生总人数少于10人(含本数)者可参考上述规则,酌情处理。

④ 班级互评(S4)

班级互评由学院评委会指导班级拟定执行细则,并组织实施。班级互评通过学生互评赋分完成。

⑤ 社会实践(S5)

社会实践包括参加社会调研及其他实践活动的经历以及获奖等。一般包括社会实践获奖、担任学生干部加分,以及一些奖励性加分,如三好学生、优秀学生干部、优秀党员、优秀党务工作者、优秀团员、优秀团干部、团学工作优秀奖、优秀毕业生、暑期社会实践优秀个人、勤工助学先进个人等,并且成果需要在学校研究生管理信息系统完成科研成果登记和审核。同时根据是市级、校级、院级给予6分、3分、1分的加分。

⑥ 附加分(S6)

附加分是对上述科研评价和实践评价的进一步补充规定,主要涉及内容如下:

a. 在评价年度适用的《科学引文索引》(SCI)、《社会科学引文索引》(SSCI)、《工程索引》(EI)来源期刊上发表的与本学科相关的论文,每篇计30分;

在评价年度适用的《中文社会科学引文索引》(CSSCI)来源期刊上发表的与本学科相关的论文,每篇计20分;

在评价年度适用的《中文社会科学引文索引》(CSSCI)来源集刊、扩展版期刊上或北京大学图书馆中文核心期刊目录、中国社会科学院文献中心核心期刊目录发表的与本学科相关的论文,每篇计15分;

在上述核心期刊增刊上发表论文的,按照一般期刊标准计分。

b. 出版学术论著和译著,计分标准如下:

(a)学术论著包括个人学术论著、并列署名(无主编)的学术论著、作为立项课题成果的设主编的学术论著、教材等;

(b) 个人独立出版学术论著和译著的,计20分;

(c) 合作著作的第一作者按标准考评分值的70%计分,其他作者不计排名,按照标准考评分值的30%计分后除以作者数计算分值;合著著作有主编、副主编的,主编分值按标准分值的70%计分,副主编分值按标准分值的30%计分;主编、副主编为多人(三人以上)的,不计顺序,平均分配应得分值;编委等其他参编人员不计分。

c. 能够创造性地将理论应用到解决实际问题工作中,主笔的调研报告、案例分析或工作方案获得省部级部门正式采纳应用,并有相关证明的,每篇计20分。

d. 获国家级荣誉称号者,计20分。

e. 参加学术竞赛的,按团体竞赛和个人竞赛给予不同的附加分。

(5) 确定研究生学业评价等级的规则和步骤

① 考评总分值高者,排名在前;

② 考评总分值相同,科研水平考评分值高者,排名在前;

③ 如果上述各项成绩相同,课程成绩考评分值高者,排名在前;

④ 如果上述各项成绩相同,班级互评评分高者,排名在前;

⑤ 如果上述各项成绩相同,社会实践考评分值高者,排名在前;

⑥ 如果上述各项成绩相同,导师评价考评分值高者,排名在前;

⑦ 考评总分值、各项考评评分分值均相同,有在评价年度适用的《中文社会科学引文索引》(CSSCI)刊物上发表论文者,排名在前。

(6) 确定评价标准的例外规定

① 研究生有下列情况之一的,学业评价记为不合格:

a. 受到行政处分及以上处罚的;

b. 学位课程考核有一门及一门以上不合格的。

学业评价结束后,发现有上述情况之一的,追回奖学金和奖励证书。

② 如有下列情形之一的,可经本人申请并报请领导小组核准后调整其学业等级评定结果:

a. 参加专业实践完成的实践报告对我国经济社会发展和建设具有重大意义并获得省部级以上奖励;

b. 其他方面为学校争得较大荣誉、作出较大贡献的。

该项申请须由本人提出,导师推荐,院评委会组织申请者答辩,根据答辩情况确定评奖等级报领导小组审定。

（三）改革成效

华东政法大学着力构建育人育才为中心的学业评价机制,通过狠抓过程化学业考核,进一步加强对学生课堂内外、线上线下学习的全方位评价,改变以往"一卷定高低"的评价方式,学生学习投入度显著提升。组建学生学习中心,依托各学院组建大学生学习中心,根据学院专业特点形成若干个学习服务支持枢纽,较好地发挥了开放、集约、共享、自治的平台支持作用,学生学习自主性显著提升。构建教学延伸体,学校高度重视学生第二课堂建设,将教学延伸到课堂外,延伸到假期中,延伸到校园外,构建了以深度校本化特色课程为基础、以实务部门协同育人资源为特色的第二课堂教学育人体系,学生学习获得感显著提升。

过程化考核基本覆盖全校所有本科学生。教务处通过立项考核方式收集师生对于过程化考核的反馈,根据反馈调整改革方式和推进力度。通过确立"以学论教、教主于学"的核心理念,推行"先行先试、逐步推开、精准管理、优化调整"管理机制,让全校师生深度参与到改革机制和传统机制的对比评估当中,转变传统的学生课堂教学"一考定分"的考评模式,提升教师和学生对教与学的积极性和主动性。这个过程中,涌现出了国际法学院《国际公法》庭审式教学、法律学院《民法》案例研习课教学、外语学院"外语学习中心"师生研学共同体、传播学院"新闻采风田野"式教学、《法律职业伦理》一线法律实务大咖领航研讨式教学等形式多样的教考一体化模式。真正体现了基于学生发展面向的课程评定考核方式,促进学生知识习得和能力发展全面提升,让人才评价更全面、更科学,更好培养面向未来发展、肩负民族复兴重任的时代新人。

构建有利于帮扶—改进—提升的学业评价体系。据简要统计,通过学业预警和帮扶举措,学校每届毕业生中因学业问题需要延长学籍的学生比例能从10%降低到3%。这说明基于学业评价数据的学业干预是有效的。但目前学校的学业评价—干预—再评价举措仍主要停留在关注学业困难生以及帮助其如何能够达到毕业或学位授予的刚性要求的层面。下一步,学校考虑的是如何将"评价—反馈—改进"的内循环学习改进模式应用到全体体系,如何将之享用的对象扩大至整个学生群体,让优秀的学生更优秀,让拔尖的学生更拔尖。这对学业评价工作也提出了更高的要求,学校将探索创新新的评价工具,通过对学生进行采集个人信息、家庭信息、高考成绩、考勤信息、选课信息、学业成绩、综合测评成绩、危机情况、社团活动情况、网络使用情况等更多的数据情况,形成学生的个人数据画像,并在此基础上开展新的学业评价和干预探索。

构建各学院学生学习中心特色服务、错位发展、开放共享的良好模式。2021年华东政法大学正式推行"夏季学期",引导各学院利用夏季学期开设高阶课、前沿课、特色课、通识课、创新课、复合型课程和研究型课程,鼓励学院邀请校外专家来校开设课程,拓宽度、挖深度、提高度。以外语学院外语学习中心为例,该中心活动主打外语学习和跨文化交际能力培养特色,并面向全校学生开放,为学生在外语考试、留学申请、写作翻译等方面提供语言指导和服务,自2019年4月揭牌至今累计已接待学生759人次。

对研究生进行学业评价,是提高研究生创新、实践能力的培养的重要手段。华东政法大学研究生学业评价制度改革的基本特点有三:一是既保证了学生学业评价的结果达到学位标准和要求,又满足了社会对专门人才的需要;二是既完善了校内研究生学业评价体系,又建立了研究生学业评价的社会评估体系;三是既鉴定了学生的学业成绩,又实现了发展学生能力的要求。学校通过对研究生进行学业评价,在研究生群体中营造出一种竞争的氛围,改变了"一考定三年"的规则,冲击、消解过去学生较为懒散的学习状态,加强了对研究生学术、创新、实践能力的全面培养,通过机制激发了教育活力、提高了培养质量。

三、完善综合素质评价体系　促进全面发展

2017年2月27日,中共中央、国务院印发了《关于加强和改进新形势下高校思想政治工作的意见》,同年9月,教育部出台《普通高等学校学生管理规定》(教育部令第41号),国内各高校认真贯彻落实文件精神,坚持把立德树人作为根本任务,培养德智体美劳全面发展的社会主义建设者和接班人,将各方面资源和力量进一步聚焦到人才培养上,结合全国教育大会、全国高校思想政治工作会议精神,对学生综合素质评价体系进行了优化和完善。

(一) 改革思路

以习近平新时代中国特色社会主义思想为指导,全面贯彻党的十九大和十九届二中、三中、四中全会精神,全面贯彻党的教育方针,坚持社会主义办学方向,落实立德树人根本任务,遵循教育规律,系统推进教育评价改革,发展素质教育,引导全党全社会树立科学的教育发展观、人才成长观、选人用人观,推动构建服务全民终身学习的教育体系,努力培养担当民族复兴大任的时代新人,培养德智体美劳全面发展的社会主义建设者和接班人。

(二) 改革措施

1. 完善社会奖助学金评选体系

对标《规定》第三条培养育人的具体要求:"要坚持以立德树人为根本,以理想信念教育为核心,培育和践行社会主义核心价值观,弘扬中华优秀传统文化和革命文化、社会主义先进文化,培养学生的社会责任感、创新精神和实践能力",以合理设置社会奖助学金评价导向、细化具体评价指标、科学规范评选程序、厘清部门工作职责等问题为导向,学校从社会奖助学金的定位、机构、职责、设立、评审、发放、监督等方面着眼,对社会奖助学金体系进行了系统梳理,深入师生中调查、座谈、研究,经校奖学金及荣誉称号评审委员会专题讨论、学生座谈会、辅导员座谈会意见征询等环节进行了近十次稿件论证修改,由跟学生工作相关的各职能部门会签同意,报校长办公会议审定,校内公开征求意见后印发《华东政法大学社会奖助学金管理办法》(华政办〔2019〕272号)。《办法》共分为六章,从制定目标、社会奖助学金的概念、评选对象、评选原则等方面进行了规定,明确了各职能部门的机构职责、奖助学金的设立范围、评选流程、奖金发放和监督管理。《办法》在科学规范评选程序、完善评价导向指标、构建多元奖助模式、引领学生全面发展等方面发挥了积极作用。

2. 完善第二课堂评价体系

一是建立第二课堂的内容体系。课程体系是整个第二课堂的基础,需要按照德智体美劳的要求全面结合共青团工作的实际特点,真实反映出学生在第二课堂的参与度及成果。目前,各高校"第二课堂成绩单"的课程项目体系大致可分为以下7个类别:

思想政治、社会实践、志愿服务、创新创业、文体活动、团学履历、技能特长。其中"思想政治"主要记录学生发展入党、入团情况,参加党校、团校、青马班等培训经历及获得的相关荣誉证书。"社会实践"主要记录学生参与暑期社会实践活动、就业实习及其它实践活动的经历及获得的相关荣誉。"志愿服务"主要记录学生校内外等各类志愿公益活动的经历及获得的相关荣誉。"创新创业"主要记录学生参与学术科创活动的经历及获得的相关荣誉。"文体活动"主要记录学生参与校园文化活动的经历及获得的相关荣誉。"团学履历"主要记录学生在校内党团学(含学生社团)组织的工作任职履历及获得的相关荣誉。"技能特长"主要记录学生参加各级各类技能培训的经历及获得的相关荣誉。从以上内容体系可以看出第二课堂的内容覆盖面广,可涵盖学生德智体美劳全方位学习生活做工情况。

二是建立第二课堂的评价体系。记录评价体系是"第二课堂成绩单"的实施核心,主要是针对学生参与第二课堂活动的情况,建立系统的记录、审核、评价机制。学生根据自身实际情况不定期记录下在七个类别体系中的具体情况,并由辅导员对其提交的记录进行审核并给予评价,校团委采用向全校公开公示的方式,以做到让每位学生的评价都可以接受同学间的相互监督。

三是建立数据管理体系。网络数据管理系统是"第二课堂成绩单"的实施手段,通过后台的大数据分析,团组织可以全面分析、评估学生综合素质的发展情况,并根据情况调整各类团学活动的实施方式,以贴合学生需求、实现更大成效,为学生的全面发展作出更多有益探索。

(三) 改革成效

1. 有助于学校三全育人体系的科学构建。为改变学生评奖只是学生工作部门职责的固化认识,《办法》明晰了奖项设立及评选所涉相关部门的权责,在社会奖助学金设立评定实施过程中积极构建三全育人体系。进一步推动全员育人,校教育发展基金会负责筹集和管理广大校友和社会各界给予学校捐赠的社会奖助学金,财务处、审计处提供社会奖助学金专项财务支持和监督管理。各学院成立奖学金评审小组,除党政领导、辅导员代表外,鼓励专业教师参与其中,提高奖学金评价的全面性、科学性和专业性。进一步推动全方位育人,鼓励基金会、校友会、各学院引入社会资源,搭建各种实践锻炼平台,为学生成长成才提供保障。《办法》制定之后,社会奖助学金的设立和评选流程更加明确,提升了奖项设立的针对性和奖助学金发放的高效性,校内各职能部门和学院为学生成长发展提供全过程的支持保障,有力提升了育人实效。

2. 奖励布点和评价导向更加科学合理。以往社会奖助学金奖项设立存在来一项设一项,主要以尊重捐资方意见为主的情况,导致社会奖助学金的奖励布点存在不均衡、不周全、分类不明晰等问题。《办法》制定后,对已有的社会奖助学金进行了全面梳理,在奖励类别上进行了规约,以德育、智育、体育、美育、劳育等"五育"为纲,涉及综合素质、党团建设、精神文明建设、学习科研、专业实务、职业技能、体育竞技、体育文化、文化艺术、劳动实践、创新创业等奖励布点,有效提升学生整体素质的同时积极倡导个性、特色发展,且奖励模式更为多元,真正实现了分类分层、培优扶弱。既在奖项设立的时候对捐资方进行布点引导,也对学生在进行自身规划和评价时发挥了积极的正面导向作用。

3. 申报要求及评选程序更加细化规范。针对以往因各类社会奖助学金存在申报条件及推荐要求不明晰,容易导致重复推荐和多类奖项只集中在某几位学生获得的情况,《办法》对奖项的申报类别进行了分类,同时对于每位学生同一学年获得每类奖助学金的次数和向外推荐的次数进行了规约,避免了申报和评选过程中的资源集聚,确保了发挥奖助学金最大范围的正面激励和导向作用。同时学校严格按照社会奖助学金的评选要求,强化班级民主评议、辅导员审核把关、学院推荐查缺补漏、校内公示反馈及时等程序,力争每个环节公平、规范、准确、细致,确保评选工作高效有序进行。

4. 充分发挥"第二课堂成绩单"功效。

一是突出学生全面成长及收获。制度侧重反映学生在具体活动中扮演什么角色、承担什么任务、达到什么效果,引导学生记录下参与各类活动的成长经历。该制度与学分不挂钩,更多的挂钩于学生的综合能力与素养,是学生除学业以外的一份成长成绩单。二是充分激发学生参与第二课堂的积极性。团委对所有同学的评价结果都会予以公示,每位同学都可了解到身边其他同学在第二课堂活动开展过程中的具体评价,故为学生提供一个自我展示的舞台,促进学生间的相互学习、共同进步,也在自我教育和朋辈教育中不断获得成长和进步。三是为用人单位提供录用考量依据。以往学生需要通过用人单位的简历审核之后才能进入面试环节,并通过面试环节通过口述的方式向面试官证明自己在学校的发展经历,但对于用人单位来说,单纯就学生口述的内容来评价一个应聘者,其内容的真实性和信任度是不确定性的。而"第二课堂成绩单"制度却能很好并且及时地向用人单位展现学生的综合能力,成为用人单位录用的重要考量依据。

四、完善研究生学位论文评价,严把出口关

研究生学位论文是对研究生在校学习成效的最终评价,是研究生教育培养质量的重要衡量指标。为了提高和确保研究生培养质量,2014年国务院学位委员会和教育部联合发布了《关于加强学位与研究生教育质量保证和监督体系建设的意见》与《博士硕士学位论文抽检办法》,明确提出开展博士、硕士学位论文抽检工作。

(一) 改革思路

华东政法大学根据《中华人民共和国学位条例》、《中华人民共和国学位条例暂行实施办法》等法律法规和政策文件,制定了包括《华东政法大学硕士、博士学位授予办法》《华东政法大学研究生学位论文学术不端行为审查办法》《东政法大学优秀博士、硕士学位论文评选和奖励办法》《华东政法大学博士、硕士学位论文抽检办法》《华东政法大学研究生学术道德与规范》《华东政法大学学位评定委员会章程》等规章制度,建立起了涵盖事前、事中、事后监督,实体审查和程序审查在内的比较科学完整的研究生学位论文评价闭环系统。

(二) 改革举措

1. 实施论文开题报告制度

学校按照博士学位、学术型硕士学位、专业硕士学位分类制定学位论文评价标准,研究生在导师的具体指导下进行学位论文的选题、调查、研究与撰写工作。研究生确定学位论文选题后,学院、导师组举行开题报告会,开题评议小组由相关学科的专家

3~5人组成。研究生在开题报告会上,向开题评议小组报告学位论文的选题、选题目的和意义、选题研究状况、论文初步提纲、已掌握的资料情况、调研计划等。开题评议小组对申请人学位论文选题、研究方向和内容、资料收集和调查等计划和方案进行指导。开题报告制度为学位论文的继续撰写指明了具体方向,为保证论文质量奠定了坚实的基础。

2. 推行全面预答辩制度

学校所有的研究生学位论文都要开展预答辩。学校规定:博士学位论文答辩申请的3个月前,硕士学位论文答辩申请的1个月前,申请人须完成学位论文预答辩。学位论文预答辩由学院、导师组负责组织,预答辩小组由相关学科的专家3~5人组成。在预答辩过程中,研究生除介绍学位论文内容外,还应重点介绍学位论文的创新性及关键性结论。预答辩小组应结合开题报告等,对学位论文进行提问,要求研究生予以答辩,从而对其学位论文作出评价,指出修改、完善的方向。

3. 开展学位论文"双盲"评审制度

学校学位论文的评阅采取双盲评审的方式进行。学院应在举行硕士学位论文答辩的30日前,安排硕士学位论文评阅人对申请人的论文进行评阅;学院应在举行博士学位论文答辩的60日前,安排博士学位论文评阅人对申请人的论文进行评阅。硕士申请人的学位论文应安排2名专家进行评阅,博士申请人的学位论文应安排3名专家进行评阅,其中至少1名是校外专家。学位论文除参加学院组织的学位论文评阅外,还需参加上海市、学校组织的学位论文评阅。

4. 严惩学术不端行为

学校所有的学位论文都要通过学位论文系统进行检测,对涉及抄袭、剽窃他人学术成果,篡改他人学术成果,将他人学术成果列入本人科研成果列表等学术不端行为,将按照《华东政法大学研究生学术道德与规范》、《华东政法大学学生违纪处分规定》等有关办法给予纪律处分。同时,指导教师所指导的学位论文被查出存在严重学术不端行为,造成不良影响,且指导教师存在严重过错的,学校将按照教师规范及相关要求,追究其相应责任。

5. 建立科学的学位论文答辩程序

学校科学确定答辩委员会的构成。硕士学位论文答辩委员会一般由4~5名具有高级专业技术职务的同行专家组成,其中应有1~2名校外专家,博士学位论文答辩委员会由5~7名具有正高级专业技术职务的同行专家组成,其中至少应有2名校外专家,博士生导师一般应占半数或以上;学校科学确定学位论文答辩时间。硕士学位申请人答辩时间一般不少于30分钟;博士学位申请人答辩时间一般不少于60分钟;学校科学确定学位论文表决程序。表决在答辩委员会主席主持下进行,答辩委员会成员均有表决权,一人一票,实行无记名投票表决,答辩委员会应就论文、论文答辩情况形成决议,并现场向申请人公布,答辩委员会主席应在决议文本上签字。同时,学校规定了学位论文的重新答辩程序、异议救济程序等,确保学位论文答辩的公开、公平和公正。

6. 开展优秀博士、硕士学位论文评选和奖励制度

研究生学位论文的水平是研究生培养质量及学位授予质量的重要标志。学校每年开展校级优秀博士、硕士学位论文的评选,对评选条件、评选程序进行了科学规定,评选工作遵循"科学公正、注重创新、严格筛选、宁缺毋滥、保证质量、重奖精品"的原则进行。注重论文研究的成果,重点突出论文研究的创新性,取得了积极效果。

7. 推进学位论文抽检制度

学位论文抽检是学位论文质量保障体系的重要组成部分。学校实施国务院学位办、上海市学位办学校三级抽检机制。其中学校抽检是学位论文抽检工作的重要补充,是保证学校学位授予质量、维护学校声誉、提高研究生培养质量的重要措施。学校抽检由研究生教育院组织实施,一般每学年进行一次,抽检范围以上一学年授予的博士、硕士学位论文为主。学校抽检一般按学术学位二级学科和专业学位类别抽取。博士学位论文的抽检比例不少于上一学年学位授予数的15%,硕士学位论文的抽检比例不少于上一年度学位授予数的10%。对抽检出现问题的学位论文,将视情节轻重对指导教师、学院以及学位论文申请人给予处理。

(三) 改革成效

学校研究生学位论文评价机制的改革,对于保障学位论文学术规范、形式规范,以及学术价值和实践价值评价的规范化、科学化和标准化起到了积极的作用。

第三节　院系绩效评价改革纪实

院系是现代大学的基本组成单位和各项职能的履行主体。对院系进行绩效评价与考核,是高校治理体系的重要组成部分和应对外部评价的积极举措。华东政法大学本着以评价促建设促发展的理念,以二级学院绩效评价机制改进为抓手,多措并举,发挥评价引导作用,推动学校教育综合改革,提升了治理体系和治理能力现代化水平,促进了学校高质量发展。

一、改革思路

华东政法大学是一所以法学学科为主,兼有经济学、管理学、文学、工学等学科的办学特色鲜明的多科性大学,设有22个学院(部)。学校坚持尊重学科评价基本准则,依据学院历史条件、现有状况、发展重点、发挥功能的不同,开展分类评价,即将教学科研单位分为常规院系、特色院系两类。在全面评价目标达成绩效的同时,分类考察学院办学效能水平。常规院系为办学要素和功能完备的传统学院,共12家,如法律学院、经济法学院、政治学与公共管理学院、传播学院等。特色院系为办学功能重点和特色鲜明的单位,如承担新生通识教育的文伯书院、承担公共课程的体育部、重点开展理论研究和决策咨询研究的科学研究院等。针对两种类型,分别设置不同的指标体系和权重,进行分类评价:对常规院系人才培养、科学研究、师资队伍、学科建设、社会服务、国际交流合作等方面的成效进行全面评价;对特色院系则根据其特色职能进行选择性评价。

二、改革举措

(一) 评价标准多元,突出学科特色、质量和贡献

学校坚持破"五唯"评价导向,以多元的标准来整体判断学院的办学成效。指标体系依据组织科学与大学基本职能来设计,主要由两部分构成。第一部分是产出类指标(P)。包括三类:1)工作水平类指标(P1),主要考察年度目标完成情况,含党建与思想政治工作情况、立德树人根本任务落实情况、学院年度考核目标达成度、教学质量保障水平、单位内部管理水平和改革创新、办学特色6个一级指标,并根据年度情况确定若干观测点。2)办学成效类指标(P2)。常规院系含人才培养、师资队伍、学科建设、科学研究、社会服务、国际化6个一级指标,特色院系含人才培养、师资队伍、学科建设、科学研究、社会服务、国际化和特色指标7个一级指标。3)显著性加分指标(P3),含人才培养、科学研究、社会服务、师资队伍、学科与专业建设、国际交流合作等领域的显著性特色指标。例如,在人才培养上:获得1项国家级教学成果奖特等奖或一等奖,加10分;获得1项国家级教学成果奖二等奖,加5分;指导学生在国家各部委主办的全国性竞赛中获得特等奖,加2分;指导学生在国际比赛中获得特等奖,加2分。第二部分为投入类指标(I)。包括人、财、物3个一级指标。详见下表。

附表2 工作水平类指标

目标	权重	观测点	扣分项
O1 党建与思想政治工作情况	10	1. 学院基层党建情况; 2. 群众路线贯彻执行情况; 3. 思政工作意见落实情况; 4. 党风廉政建设及党内监督情况; 5. 巡视、巡查相关整改意见落实情况。	
O2 立德树人根本任务落实情况	15	1. 专项自评情况、舆情(扣分项); 2. 学院的办学理念、办学方向; 3. 巡视、巡查相关整改意见落实情况; 4. 文化传承创新落实情况	

续表

目标		权重	观测点	扣分项
O3	学院年度考核目标达成度	55	1. 学校规划任务完成情况； 2. 学校与学院约定任务完成情况； 3. 年度重点工作完成情况	见备注
O4	教学质量保障水平	10	1. 教学质量管理队伍及相关制度建设情况； 2. 定期召开教学工作会议情况； 3. 学生评教排名情况； 4. 学院领导、教研室主任、二级兼职教学督导听课工作完成情况	
O5	单位内部管理水平和改革创新	10	1. 制度建设 2. 运行机制 3. 改革创新	
O6	办学特色	8	在人才培养、科学研究及社会服务等方面取得突出成果或产生较大影响力	

备注：扣分项指出现以下负向指标即做扣分处理（以纪委、学术委员会等权威机构认定结果为准）：
（1）在教育教学活动及其他场合有损害党中央权威、违背党的路线方针政策的言行（上限－10分）
（2）教学事故，扣分参照《教学事故认定及处理办法》
（3）学术不端行为（上限－10分）
（4）损害国家利益、学生和学校合法权益的行为（上限－10分）
（5）违规使用科研经费以及滥用学术资源和学术影响（上限－10分）
（6）在招生、考试、学生推优、保研等工作中存在违规的行为（上限－10分）
（7）通过课堂、论坛、讲座、信息网络及其他渠道发表、转发错误观点，或编造散布虚假信息、不良信息的行为（上限－10分）
（8）擅自利用学校名义或校名、校徽、专利、场所等资源谋取个人利益（上限－10分）
（9）其他师德失范行为（上限－10分）

附表3 办学成效类指标体系（常规院系）

一级指标	二级指标	三级指标	权重
A 人才培养	A1 教学资源	A11.学院新开设课程数	2
		A12.教授为本科生上课的比例	3
		A13.省部级及以上精品课程数	2
		A14.省部级及以上规划教材、精品教材数	2
		A15.生均图书流量、电子资源访问量	0

续表

一级指标	二级指标	三级指标	权重
A 人才培养	A2 培养质量	A21. 教学成果获奖数	2
		A22. 学生获省部级及以上奖项数	3
		A23. 生均公开发表论文数	1
		A24. 学位论文抽检合格率	3
		A25. 初次就业率	3
		A26. 国内外深造比例	4
		A27. 毕业生满意度	1
		A28. 本科生学习参与度	1
	A3 支撑平台	A31. 省部级及以上教学、科研平台数	2
		A32. 创新创业示范基地数	1
B 师资队伍	B1 师资数量与质量	B11. 完成编制数比	6
		B12. 新增高层次人才数	3
		B13. 高层次教学、研究团队数	3
C 学科建设	C1 学科与专业建设	C11. 学科专业布局优化数	4
		C12. 优势学科数	4
		C13. 高水平专业数占比	2
D 科学研究	D1 科研经费	D11. 师均纵向科研项目经费(万元)	3
	D2 科研项目	D21. 师均新增省部级及以上科研项目数	3
	D3 科研成果	D31. 师均高水平论文数	3
		D32. 师均核心论文数	3
		D33. 师均高质量著作数	2
		D34. 获省部级科研奖项数量	2
E 社会服务	E1 决策咨询	E11. 决策咨询报告采纳数	4
	E2 横向课题	E21. 师均横向科研项目经费(万元)	4
	E3 社会捐赠	E31. 社会捐赠收入占比	4

续表

一级指标	二级指标	三级指标	权重
F 国际交流合作	F1 教师国际化	F11. 具有国(境)外学习工作经历的专任教师占比	5
		F12. 在本校开设全外文专业课程数	2
		F13. 外籍教师数占比	1
	F2 学生国际化	F21. 学生赴境外交流人数占比	3
		F22. 境外学生来华交流人数占比	1

附表4 办学成效类指标体系（特色院系）

一级指标	二级指标	三级指标	文伯书院	律师学院	法硕中心	体育部	科学研究院	法治战略中心
A 人才培养（0/25—40分）	A1 教学资源	A11. 学院新开设课程数	9	0	0	9	0	0
		A12. 教授为本科生上课的比例	13	0	0	14	0	0
		A13. 省部级及以上精品课程数	1	0	0	1	0	0
		A14. 省部级及以上规划教材、精品教材数	0	0	0	0	0	0
		A15. 生均图书流量、电子资源访问量	0	0	0	0	0	0
	A2 培养质量	A21. 教学成果获奖数	3	0	0	3	0	0
		A22. 学生获省部级及以上奖项数	0	10	9	9	0	0
		A23. 生均公开发表论文数	0	5	5	0	0	0
		A24. 学位论文抽检合格率	0	6	6	0	0	0
		A25. 初次就业率	0	6	6	0	0	0
		A26. 国内外深造比例	0	8	7	0	0	0
		A27. 毕业生满意度	1	1	0	0	0	0

续表

一级指标	二级指标	三级指标	文伯书院	律师学院	法硕中心	体育部	科学研究院	法治战略中心
		A28.本科生学习参与度	2	2	0	0	0	0
	A3 支撑平台	A31.省部级及以上教学、科研平台数	0	0	4	0	0	0
		A32.创新创业示范基地数	0	0	0	0	0	0
B 师资队伍(5—20分)	B1 师资数量与质量	B11.完成编制数	3	0	0	3	0	4
		B12.新增高层次人才数	1	0	0	0	2	2
		B13.高层次教学、研究团队数	1	0	0	0	1	1
C 学科建设(5—10分)	C1 学科与专业建设	C11.学科专业布局优化数	0	0	4	0	0	0
		C12.高水平学科数	0	0	4	0	0	0
		C13.高水平专业数占比	0	0	0	0	0	0
D 科学研究(15—60分)	D1 科研经费	D11.师均纵向科研项目经费(万元)	4	0	0	4	5	5
	D2 科研项目	D21.师均新增省部级及以上科研项目数	2	0	0	2	3	3
	D3 科研成果	D31.师均高水平论文数	4	0	0	0	5	5
		D32.师均核心论文数	7	0	0	7	9	8
		D33.师均高质量著作数	4	0	0	4	5	5
		D34.获省部级科研奖项数量	3	0	0	0	4	4
E 社会服务(10—20分)	E1 决策咨询	E11.决策咨询报告采纳数	0	0	0	0	12	11
	E2 横向课题	E21.师均横向科研项目经费(万元)	0	5	0	0	6	6
	E3 社会捐赠	E31.社会捐赠收入占比	5	6	6	5	0	0

续表

一级指标	二级指标	三级指标	文伯书院	律师学院	法硕中心	体育部	科学研究院	法治战略中心
F 国际交流合作（5—10分）	F1 教师国际化	F11.具有国(境)外学习工作经历的专任教师占比	2	0	0	2	3	3
		F12.在本校开设全外文专业课程数	0	0	0	0	0	0
		F13.外籍教师数占比	0	0	0	0	0	0
	F2 学生国际化	F21.学生赴境外交流人数占比	0	9	11	0	0	0
		F22.境外学生来华交流人数占比	0	0	0	0	0	0
G 特色指标（10—60分）	G1 特色指标	G11.个性化指标（详见备注）	27	34	30	29	37	35

注：特色指标部分特色院系细化指标如下：

（1）文伯书院（共27分）：

人才培养（1.第二、第三课堂活动数量和学生参与情况；2. 人均学生评教分数、我心目中的最佳教师人数，教师参与组织育人、担任本科生导师情况），权重18分；

艺术教育（1. 教师参与校内外艺术展览、表演、获奖数量；2. 指导学生参与校内外艺术展览、表演、获奖数量艺术创作），权重6分；

社会服务（教职工、学生参与社会志愿服务人数、影响力），权重3分。

（2）律师学院（共34分）：

实践类课程教师聘用情况，权重12分；

教学实践基地建设情况，权重5分；

实践类课程教材出版情况，权重5分；

社会服务（面向律师界的在职培训情况），权重12分。

（3）法硕中心（共30分）：

法律硕士教学案例入选全国及上海案例库的数量增长情况，权重15分；

组织全国性模拟法庭、上海市法律硕士模拟法庭等重大赛事活动，权重15分。

（4）体育部（共29分）：

教学工作（1.基于提高学生体育素养、身体素质目标，激发学生走出宿舍参与体育运动的热情；2. 鼓励教师将文化素养提升、思政教育等元素融于课程中，打造特色、金牌体育课程），权重8分；

运动队建设（1. 运动队管理制度健全，日常管理规范并建立台账。2. 运动队参加省、市、部级以及以上各类竞赛成绩逐年稳步增长。3. 加强高水平运动队建设，制定切合运动队特点的训练计划，提升队伍训练、竞赛水平及影响力），权重8分；

群体活动（1.晨晚跑制度健全，学生参与率保持稳定。2. 学生参加身体素质测试参与率保持较高水平直至全覆盖，合格率保持优良。3. 各类学生体育社团制度健全，活动开展管理规范并建立台账 4. 积极参与校园文化建设，探索开展校园体育文化节等各类体育群体活动项目。5. 建立与各学院及工会的联动制度，

固定指导教师,协助指导学院及工会开展学生及教师的各项体育活动),权重9分;

社会服务(与社会各单位团体对接开展服务,产生积极社会影响),权重4分。

(5) 科学研究院(共37分):

学术影响力(全国性学术影响力排名,教师参加境外学术交流及主讲学术讲座,主办承办国际性会议、学术论坛等),权重16分;

科研水平(高水平论文增长情况、学术文摘转载量增长情况等),权重12分;

科研队伍培育(科研能力训练、高被引作者等),权重5分;

服务国家、地方战略情况(参与青少年法治教育等),权重4分。

(6) 法治战略中心(共35分):

决策咨询成果要报,权重27分;

决策咨询项目,权重4分;

智库研究报告及丛书,权重4分。

附表5 投入类指标

一级指标	二级指标
人(I1)	I1 人员经费投入
财(I2)	I2 校内资金拨款总额
物(I3)	I3.1 设备总额
	I3.2 用房面积

在多元标准中,立德树人成效是检验学院一切工作和评价学院改革成效的根本标准。学校紧紧围绕落实立德树人根本任务,将人才培养质量置于评价的中心地位,赋予最高的权重(30分)。同时,设置负向指标,即在立德树人、师德师风上有失范行为,则作上限为负10分的扣分处理,比如,在教育教学活动及其他场合有损害党中央权威、违背党的路线方针政策的言行,或出现教学事故、学术不端行为等。

在多元标准中,学校淡化了论文收录数、引用率、奖项数等数量指标,代之以突出学科特色、质量和贡献。学校同时开展综合绩效评价和专项奖励。除了综合绩效评价中专门设立特色指标,专项奖励更是用以表彰学院在某一专项工作或在管理体制改革中取得的重要突破与成绩。专项奖励的评定标准为专项工作主要成效及其对学校发展目标及中心工作的贡献度,以及对其他学院和机构的辐射力、可推广性。原则上,相应定量模块指标得分排名为1—3名的教学科研单位才有资格入选专项工作奖励,允许领域空缺。年度专项奖励名额一般不超过参评单位总数的20%(教学科研单位不超过4个)。

（二）多主体多手段共同考察办学绩效

扭转单一评价体制的关键,在于从"一"到"多"。学校不仅使用多元的评价标准,更引入多主体、多手段,共同考察学院的办学绩效。一方面,基于学院绩效评价的管理工作性质,学校组建了包括学院自身、其他学院、校领导和具备丰富管理经验的校外专家在内的混合型评价团队,以获取不同视角的交叉评价结果,避免单一角色的偏见或刻板印象。

另一方面,在保证程序合理、公正的基础上,学校使用学院自评与互评相结合、书面评价与现场评议相结合、量化评价与质性评价相结合、主观评价与客观评价相结合的方式开展绩效评价。学院自评是基础,自评内容围绕产出类指标,与同质标杆学院或机构进行对比分析,并描述党建与思想政治工作情况、立德树人根本任务落实情况、学院年度考核目标达成度、内部管理水平和改革创新、办学特色、自我发展认知。同时,相关职能部门直接搜集、折算并负责解释各学院在办学成效类指标(P2)和显著性加分指标(P3)上的基础数据,以减轻学院参评负担,并由绩效评价办公室汇总和加工处理。统计数据用于各单位绩效的横向和纵向比较分析。在现场汇报评议中,评价专家依据自评材料、相关数据及现场述职情况,对参评单位在工作水平类指标和特色指标上的表现进行评议,评价结果权重占比90%。参评学院也在这一环节进行互评,权重占比10%。绩效评价办公室结合数据统计结果和现场汇报评议结果,汇总形成总体评价结果,经党委常委会讨论通过后予以公布。

（三）探索增值评价,关注学院办学进步空间

学校积极探索增值评价,形成存量评价与增量评价共存的模式,既注重多个具体指标的绩效增长,又评价整体建设的增值效果。学校不只是横向比较各学院的绝对绩效,更充分考虑不同学院差异化的发展定位、发展基础、发展阶段和学科专业性质,关注各单位自身通过努力取得的关键业绩指标的增量、均量和标志性成果。综合绩效评价结果的计算中,与上一年度对比的增长性产出绩效在传统学院的占比为35%,在无专业师资的单位则占比高达70%。通过纵向追踪、比较学院发展状况,对办学成效逐年的进步空间予以专门的奖励和政策扶持,使不同水平的评价对象都能看到"进步"的希望,都有发展的盼头和内生动力,避免出现排名区间相对固化,进而影响办学积极性的局面。

(四) 合理运用评价结果,提供诊断反馈

在评价结果的运用上,学校与评价目的对接,既重奖惩也重发展、既重数据也重分析、既重成绩也重问题,充分发挥评价机制的"闭环"效应。一方面,学校将评价结果作为学院年终绩效奖励核拨的依据,并与资源配置、干部考核适度挂钩。年终绩效奖励当年度按同一基数预拨,下一年度根据绩效评价结果结算。其中,综合绩效评价结果分为优秀、良好、合格、不合格四个等次:各类排名前20%的单位为优秀;20%～40%之间的为良好;其他为合格和不合格。评价等次为良好及以上的,额外增拨绩效奖励经费,评价等次不合格的,从下一年度核拨的日常绩效津贴中扣回。专项奖励方案则由学校根据年度事业发展实绩确定奖励金额,下一年度兑现。在资源配置时,明确评价的服务性质,保证学院发展所需的基本资金和资源供给,同时适度使用引导性政策资源激励学院服务学校战略发展,避免使评价演变为"生死符"和"丛林法则"的过度应用。

另一方面,避免单纯的奖惩和评比,重视基于评价结果分析的发展建议和可复制的发展经验的推广。绩效评价办公室既提供综合性的绩效考核年度报告,又提供个性化的"一院一案"的评估结果反馈。结合指标体系,全方位、多维度、可视化的呈现评价结果,从投入产出比、资源占有率(价值系数)等角度分析资源配置情况,立体描绘参评单位的发展面貌和发展水平,并提出发展建议。特别是诊断参评单位工作过程中存在的问题和薄弱环节并督促改进,对建设成效不佳的成因进行具体分析,明确限制条件的属性为自身原因还是客观原因、历史短板,针对性地"开处方"。

三、改革成效

(一) 分类不分等,学院更加重视特色发展

避免用一把尺子度量一切的分类评价,坚定了学院和学校走特色发展道路的信念,明确了"分类不分等"的评价和发展思路,形成了整体评价、优势评价、特色评价相互补充、相互支撑的总—分评价理念,鼓励了整体发展与特色发展相结合,凸显了各学

院的办学特色、特别是学科专业特色与独特社会贡献。对个性和特色的尊重,既做大做强了法学学科,使长板更长,也引导了多科融合,在不同学科、不同领域争创一流,使各学院都有出彩的机会,从而带动了学校核心竞争力以及整体办学水平的提升。

(二)评价结果信效度高,学院积极参与

学校贯彻多元评价、综合评价的思维,运用多维度的标准和指标对各学院办学的不同方面,同时开展多主体多手段多角度的考察,突破了单一评价囿于某些元素的片面性,改变了以简单的数字化的等级、分数、帽子或数量等显性指标给评价对象贴标签的做法,也避免了以某项具体工作评判学院的优劣、以个别指标直接决定相应的政策红利或失利,从而确保了评价结果的一致性、可靠性和应用合目的性。学院积极参与评价工作的实施,普遍认同评价结果。

(三)长效激励效应明显,学院更加重视可持续发展

绩效评价不仅仅成为学院工作的全面"体检",更成为难得的建设契机。通过运用增值评价、发展性评价等手段,反馈评价结果,沟通发展建议、相关政策及资源配置机制的调整和办学提升的追踪情况,产生了明显的长效激励效应:学院不仅用成绩鼓劲提气,而且从考核过程和结果中发现问题、学习经验,提高了对标对表目标指标的意识,促进了"比学赶帮超"的氛围;不仅进一步明确了自身的办学定位、目标和发展路径,而且更关注长远发展,统筹近期与中长期建设。

(四)激发学院办学活力,实现校院良性互动

通过科学绩效评价机制的构建与运行,学校不仅及时了解了各学院的建设绩效和发展状态,也建立了良性竞争的资源配置机制,激发了学院的办学活力,促进了学院办学主体作用的发挥和干事创业的热情和积极性,从"让我谋发展"转变为"我要谋发展",提升了学校的发展效率以及应对外部机遇与挑战的能力。同时,完善了院系、专业、学科的自我评估与校级综合绩效评估相结合的机制,优化了评价与资源配置、规划督查、战略调整的关系,建立了校院之间的良性互动,使"坚守初心、明确目标、积极行动、注重成效、科学考核"成为了全校工作的基本方式。

参考文献

一、著作和译著

[1] 北京师范大学外国教育研究所.美国和日本的研究生入学考试[M].北京:北京师范大学出版社,1987:22-26.

[2] [美]彼得·F·德鲁克.后资本主义社会[M].傅振焜,译.北京:东方出版社,2009.

[3] 陈玉琨,赵永年.教育评价[M].北京:人民教育出版社,1989.

[4] 陈玉琨.教育评价学[M].北京:人民教育出版社,1999.

[5] [美]E·格威狄·博格,金伯利·宾汉·霍尔.高等教育中的质量与问责[M].毛亚庆,刘冷馨,译.北京:北京师范大学出版社,2008.

[6] [美]埃贡·G·古贝,等.第四代评估[M].秦霖,等,译.北京:中国人民大学出版社,2008.

[7] 莫雷.教育心理学[M].北京:教育科学出版社,2007.

[8] 邱锦昌.教育视导之理论与实际[M].台北:五南图书出版有限公司,1991.

[9] 王汉澜.教育评价学[M].开封:河南大学出版社,1995.

[10] 谢健.高校复合应用型人才培养模式研究[M].北京:经济科学出版社,2019.

二、报纸

[1] 陈宝生.建设高质量教育体系[N].光明日报,2020-11-10(13).

[2] 田辉.国外高校教师多元化晋升机制面面观[N].光明日报,2019-10-24(14).

[3] 田慧生.提高教育质量培养更多更高素质人才[N].中国教育报,2017-10-08(1).

［4］谭南周.厦门大学：坚持校内自我评估提升本科教学质量[N].中国教育报，2012-6-4(1).

［5］万圆.健全新高考综合评价应发力两大关键方向[N].中国科学报，2021-06-08(5).

［6］万圆.取消发论文要求后，博士生培养质量怎么保证[N].中国科学报，2021-05-25(7).

［7］杨忠孝，丁笑梅.运用增值评价提升人才培养质量[N].中国科学报，2021-05-25(7).

三、学位论文

［1］杜瑛.我国高等教育评价的范式转换及其协商机制研究[D].上海：华东师范大学，2009.

［2］关燕.基于AHP_DEA的高校二级学院投入产出绩效评价与实证研究[D].北京：北京邮电大学，2017.

［3］卢红阳.大学基层学术组织办学绩效评估问题研究[D].沈阳：沈阳师范大学，2016.

［4］刘洪翔.促进创造力培养的大学生学业评价研究[D].长沙：湖南师范大学，2019.

［5］刘茂梅.我国高等学校绩效评价模式研究[D].长沙：湖南大学，2017.

［6］李吉桢.第四代教育评价理论的中国化研究[D].天津：天津师范大学，2019.

［7］聂翠云.世界一流大学教师职称评审政策中的"社会参与"研究——以悉尼大学、帝国理工学院和康奈尔大学为例[D].南昌：江西师范大学，2020.

［8］齐天.高校学生质性学业评价研究[D].石家庄：河北师范大学，2013.

［9］宋露露.美国威斯康星大学麦迪逊分校内部问责运行机制研究[D].武汉：武汉理工大学，2019.

［10］万圆.美国精英高校录取决策机制研究：一个多重逻辑作用模型的建构[D].厦门：厦门大学，2017.

［11］王韬.高等学校院系绩效评价研究[D].长沙：湖南大学，2007.

[12] 游晓欢.我国高校二级学院办学绩效综合评价研究[D].福州:福州大学,2011.
[13] 岳苗玲.校院纵向分权治理的改革研究——以上海交通大学为例[D].金华:浙江师范大学,2020.
[14] 张漫.美国高校教师教学评价研究[D].哈尔滨:黑龙江大学,2019.
[15] 张红梅.美国高校学生评价方法研究[D].上海:华东师范大学,2005.
[16] 张松.我国大学教师本科教学评价体系研究——基于教学学术理论视角[D].南京:南京理工大学,2017.

四、期刊与报告

[1] 操太圣."五唯"问题:高校教师评价的后果、根源及解困路向[J].大学教育科学,2019(1):27-32.
[2] 陈兴明,牛风蕊.基于绩效机制的高校二级学院办学效益评价研究[J].西南交通大学学报(社会科学版),2016(6):87-91.
[3] 陈学飞等.中国式学科评估:问题与出路[J].探索与争鸣,2016(9):59-74.
[4] 杜瑛.我国"双一流"建设实施绩效评价面临的困境与行动路径[J].教育发展研究,2020(3):22-28.
[5] 杜瑛.协商与共识:提高评价效用的现实选择——基于第四代评价实践的分析[J].教育发展研究,2010(17):47-51.
[6] 樊晓杰,吴云峰.学科评估未来发展趋势的思考[J].上海教育评估研究,2018(6):1-5.
[7] 樊秀娣.高校管理体制建设的一个开拓性尝试——同济大学开展校内院系办学绩效评估的实践与思考[J].评价与管理,2007(1):20-24.
[8] 樊秀娣.高校院系办学绩效评估的科学方法论——同济大学校内院系办学绩效评估引出的思考[J].上海教育评估研究,2015(4):44-48.
[9] 樊秀娣.校内院系办学绩效评估的实践与思考[J].大学(研究与评价),2007(Z1):55-59.
[10] 樊秀娣.校内院系办学质量绩效评估的探索与实践——以同济大学为例[J].大学(学术版),2012(11):49-52,48.

[11] 方二喜,刘学观,谭洪,王悦斌.以目标驱动为支撑的课程过程化考核探索与实践[J].实验科学与技术,2016,14(4):136-138.

[12] 冯晖.教育评价中的敏感性问题研究[J].华东师范大学学报(教育科学版),2007(2):37-41.

[13] 付八军.高校"五唯":实质、缘起与治理[J].浙江社会科学,2020(2):90-94,108,158.

[14] 付沙等.高校教师教学发展与评价体系探究[J].教育探索,2019(4):4.

[15] 方晓田.第三次科技革命与高等教育变革[J].高等农业教育,2014(11):11-15.

[16] 甘敏思,苏初旺.大学生综合素质评价体系存在的问题及其思考[J].高教论坛,2012(8):44-46.

[17] 高磊,赵文华.深化"院为实体"改革推进现代大学制度建设[J].现代大学教育,2003(5):65-68.

[18] 顾明远.中国教育路在何方——教育漫谈[J].课程·教材·教法,2015,35(3):3-16.

[19] 胡健,杨建国.为质量而问责:美国高等教育问责制及其启示[J].教育研究,2019,40(8):68-78.

[20] 郝冬雪等.土力学课程教学过程化考核的实践与探索[J].高等建筑教育,2016,25(1):105-108.

[21] 黄婕等.高校二级学院本科教学工作绩效考核评价体系的构建——以华东理工大学为例[J].化工高等教育,2017,34(3):24-29.

[22] 蒋红.解读《深化新时代教育评价改革总体方案》[Z].2021年1月13日在华东政法大学的报告.

[23] 鞠建峰."双一流"建设战略视野下高校院系绩效评估研究[J].黑龙江高教研究,2018(7):1-4.

[24] 靳培培,周倩.新高考背景下高校招生综合素质评价的问题与对策[J].当代教育与文化,2019(11):86-87.

[25] 孔晓明,周川."双一流"建设评价的发展性原则及其方法[J].江苏高教,2019(12):55-61.

[26] 李国年,高燕林.英国高校科研评估体系的演变、特点与启示[J].当代教育学,2016(21):48-51.

[27] 李济沅,翁亮,董萌.高校评奖评优育人工作的效应省思与理路优化[J].黑龙江教育(高教研究与评估),2020(4):64-66.

[28] 李立国,赵阔.超越"五唯"的学术评价制度:从后果逻辑到正当性逻辑[J].大学教育科学,2020(6):4-7,15.

[29] 李虔,阮守华.康奈尔大学教学评估体系的内容及特点[J].大学(学术版),2010(4):65-71.

[30] 李晓虹,朴雪涛.聚焦直接证据的美国本科学生学习成果评估——以美国大学联合会"VALUE项目"为例[J].外国教育研究,2019(9):116-128.

[31] 李亚东,朱伟文,张勤.高校质量保证:督导与评价"双轮驱动"——同济大学特色质量保证体系的探索[J].北京教育(高教),2018(9):53-56.

[32] 刘海燕.美国高等教育增值评价模式的兴起与应用[J].高等教育研究,2021(5):96-101.

[33] 刘康宁."第四代"评估对我国高等教育外部质量保障的启示[J].国家教育行政学院学报,2010(9):45-49.

[34] 陆勇.供给侧改革视角下高校毕业生就业跟踪机制研究[J].中国青年研究,2017(5):97-105.

[35] 刘路,洪茜,李瑞琳,Hamish Coates.美、澳、日三国评价大学社会服务的经验与启示[J].清华大学教育研究,2020(1):134-141.

[36] 刘永和.地区性学校评估的现状及其对策[J].南京社会科学,2007(8):117-122.

[37] 刘云生.学生立体评价的探索构想[J].人民教育,2020(21):17-21.

[38] 刘志军,徐彬.综合素质评价:破除"唯分数"评价的关键与路径[J].教育研究,2020(2):95-96.

[39] 陆珺.破"五唯"背景下高校教师评价体系建设的探究[J].教育探索,2019(6):95-100.

[40] 卢建宁等.S7-1200PLC控制系统课程过程化考核教学实践[J].科教导刊(下

旬),2018(11):98-99.

[41] 卢立涛.测量、描述、判断与建构——四代教育评价理论述评[J].教育测量与评价(理论版),2009(3):4-7,17.

[42] 卢立涛.回应、协商、共同建构——"第四代评价理论"述评[J].内蒙古师范大学学报(教育科学版),2008(8):1-6.

[43] 陆珺.破"五唯"背景下高校教师评价体系建设的探究[J].教育探索,2019(6):95-100.

[44] 罗克文,黄馨馨.高水平大学建设背景下高校教师分类评价机制的改革与思考[J].社会工作与管理,2019(6):114-118.

[45] 罗燕."五唯"学术评价的制度分析——兼论反"五唯"后我国学术评价的制度取向[J].复旦教育论坛,2020(3):12-17.

[46] 缪俞蓉.高校教学过程化考核管理探究[J].中外企业家,2019(24):165-166.

[47] 马晨华,褚超孚,赵雪珍.研究型大学高水平专职科研队伍构建机制研究——基于浙江大学的探索与实践[J].科技进步与对策,2014(9):152-156.

[48] 马星,冯磊.以评价改革促进高校社会服务的英国实践[J].中国高教研究,2021(8):63-70.

[49] 牛奉高,王菲菲,邱均平.中国高等教育评价研究的主题及其演变分析[J].高等教育研究,2013(1):104-110.

[50] 潘宛莹.克服"五唯",让大学科研回归本质[J].人民论坛,2019(11):131-133.

[51] 朴京玉,徐程成.韩国和日本大学生职业核心能力提升援助体系研究[J].外国教育研究,2018,45(11):84-98.

[52] 青岛科技大学.破除科技成果转化体制机制障碍,激励教师更好服务经济社会发展主战场[J].山东教育(高教),2021(Z1):32-33.

[53] 石中英.回归教育本体——当前我国教育评价体系改革刍议[J].教育研究,2020,41(9):4-15.

[54] 宋洁.多元化:高校教学评价的当代转向[J].中国成人教育,2015(7):124-126.

[55] 宋丽萍.REF与科研评价趋向[J].图书情报工作,2011(22):60-63,100.

[56] 宋乃庆,肖林,罗士琰.破解"五唯"顽疾,构建我国新时代教育评价观——基于学

生发展的视角[J].教育与教学研究,2018(11):1-6.

[57] 桑新民.建构主义的历史、哲学、文化与教育解读[J].全球教育展望,2005(4):50-55.

[58] 唐建宁.新时代高校教师分类管理、分类评价机制研究[J].黑龙江教育学院学报,2019(4):22-24.

[59] 唐俊.大学数学过程化考核探索与实践——以内蒙古科技大学为例[J].轻纺工业与技术,2020,49(6):173-174.

[60] 童金皓.浙江大学社会服务工作体系概述[J].科教导刊(上旬刊),2012,(22):192,241.

[61] 王名扬.美国公立研究型大学内部质量改进的组织机制与特征分析——以威斯康星大学麦迪逊分校为例[J].国家教育行政学院学报,2020,(8):86-95.

[62] 万圆.个体化审阅与美国名校生源选拔[J].华中师范大学学报(人文社会科学版),2019,58(1):167-176.

[63] 万圆.美国博士生招生制度的特点及启示[J].研究生教育研究,2014(4):90-95.

[64] 王定华.切实推进高校教师考核评价制度改革[J].中国高等教育,2017(12):6-9.

[65] 王国平.新时代高校绩效评估的范式转换与路径优化[J].江海学刊,2018(6):235-240.

[66] 王红丽,John CHEN.注重学习过程考核的加拿大微积分课程教学——布兰登大学的微积分课程教学给我们的启示[J].大连大学学报,2019,40(6):129-132.

[67] 王俭.当前我国教育评价理论研究存在的问题与实践误区的价值取向分析[J].教师教育研究,2008(6):49-55.

[68] 王庆宇,彭帮保,李忠宇.基于过程性考核的专业课教学方法研究[J].黑龙江科学,2018,9(8):19-21.

[69] 王硕旺,黄敏.公立大学如何回应社会问责——基于美国加州大学年度问责报告的比较研究[J].中国高教研究,2014(7):48-53.

[70] 王璇.高校奖惩制度对大学生教育教学的影响[J].科技视界,2020(29):110-

112.
[71] 王战军,娄枝.世界一流大学的社会贡献,经验及启示——以哈佛大学为例[J].清华大学教育研究,2020,41(1):26-34.
[72] 王战军,孙锐.我国高等教育评估制度演进趋势探析[J].高等教育研究,2000(6):78-81.
[73] 王志敏,李文举.程序设计语言类公共基础课程过程化考核方案的探索与实施[J].软件工程,2016,19(1):16-18.
[74] 文雯,李雪,王晶.第四代评估理论视角下的研究生项目评估[J].高等工程教育研究,2015(3):108-113.
[75] 谢晓宇.美国高校学生学习结果评估的特征分析——以威斯康星大学麦迪逊分校为例[J].教育发展研究,2019,38(9):40-46.
[76] 徐彬.近二十年我国大学生学习评价研究的进展与反思[J].海南师范大学学报(社会科学版),2019,32(4):95-103.
[77] 许凯.高校课程过程化考核的改革与实践——以苏州大学为例[J].科教文汇(中旬刊),2016(7):144-145.
[78] 夏宇敬,张莉,赵仙花.地方应用型高校教学质量第三方评价机制研究[J].河北农机,2020(12):65-66.
[79] 肖军.从管控到治理:德国大学管理模式历史变迁研究[J].比较教育研究,2018,40(12):67-74.
[80] 徐芳,贺亚娟,马丽.本科生课程过程性考核现状调查与分析:以苏州大学为例[J].忻州师范学院学报,2020,36(2):106-110.
[81] 徐春浪,汪天皎.我国学生评价研究热点聚类分析及其知识图谱——基于CNKI684篇核心期刊文献的关键词共词分析[J].教育理论与实践,2016,36(31):35-39.
[82] 尹风雨,吴大平.高等学校学生综合素质评价实践研究——以湖南科技大学为例[J].当代教育理论与实践,2017,9(10):88-92.
[83] 严宏伟.高校教学过程化考核管理的实践与构想[J].科技创新导报,2013(25):111-112.

[84] 杨颉.协同治理 协议授权——探索校院二级管理改革新路径[J].中国高教研究,2017(3):12-16.

[85] 杨慷慨,蔡宗模,张海生.从"目标考核"到"治理绩效评估"——我国大学内部管理范式转型研究[J].江苏高教,2018(5):22-25.

[86] 杨民.日本教师的职业道德及培养[J].教育科学,1999(3):59-61.

[87] 杨启光,唐慧慧.从CLA到CLA+:美国高等教育高阶思维能力增值评估模式论析[J].现代教育管理,2019(2):119-124.

[88] 杨宗凯.利用信息技术促进教育教学评价改革创新[J].人民教育,2020(21):30-32.

[89] 叶桂方,徐贤春.高校二级学院办学绩效三维评价方法研究[J].高等工程教育研究,2018(2):77-82.

[90] 游畅等.科学选拔创新人才的理念、方法与成效——2006—2017复旦大学改革探索综述[J].华东师范大学学报(教育科学版),2018,36(3):115-124,170.

[91] 余平.公立大学回应社会问责的新思路——基于《加州大学2014年问责报告》的解析[J].高教探索,2015(9):32-37.

[92] 袁潇,杨思帆.美国公立高等院校问责制绩效指标研究[J].高教探索,2018(4):57-64.

[93] 袁祖望.学院制与高校纵向管理体制改革[J].高等理科教育,2005(1):105-107.

[94] 张尔秘,史万兵.美国高校人文科学教师科研绩效评价体系特征与借鉴[J].沈阳师范大学学报(社会科学版),2020,44(1):98-104.

[95] 张胜利.英国开放大学课程考核制度探析——基于对《学生考核手册》的分析[J].当代继续教育,2014,32(3):72-76,88.

[96] 张蔚.探究高校评奖评优工作中的马太效应——以浙江万里学院外语学院为例[J].教育现代化,2019,6(90):188-189.

[97] 张晓红.论科学研究在高校中的地位与功能[J].国家教育行政学院学报,2011(5):37-40.

[98] 张妍.美、日高等工程教育专业认证指标体系的比较研究[J].上海教育评估研

究,2016,5(1):52-55.

[99] 赵丽文.康奈尔大学教学评价体系探析[J].现代教育科学,2020(1):145-149.

[100] 庄丽君.质量保障与职业预备:美国专业认证制度研究及其案例分析[J].世界教育信息,2017,30(13):27-31,58.

[101] 张乾友.在三维社会关系网络中理解评价性权力[J].南京社会科学,2018(3):76-84.

[102] 钟秉林等.大学发展与学科建设(笔谈)[J].中国高教研究,2019(9):12-15.

[103] 张会杰.考试招生"唯分数"的两难困境:观念及制度的根源[J].中国考试,2019(1):10-14,39.

[104] 张梦琪,刘莉.新西兰科研绩效拨款(PBRF)计划2018年质量评价项目研究及启示[J].世界科技研究与发展,2018,40(2):162-171.

[105] 张民选.回应、协商与共同建构——"第四代评价理论"评述[J].外国教育资料,1995(3):53-59.

[106] 张男星,王春春,姜朝晖.高校绩效评价:实践探索的理论思考[J].教育研究,2015,36(6):19-28.

[107] 张其志.我国教育评价的科学观及其方法论的演变[J].黑龙江高教研究,2008(1):26-29.

[108] 赵凤波,沈伟其.构建学业评价体系:跨境高等教育发展的关键——基于宁波诺丁汉大学的案例[J].黄河科技大学学报,2014,16(5):93-98.

[109] 赵婧如.高校课程考核改革探索与实践[J].教育现代化,2018,5(9):91-92,97.

[110] 郑莉娟,刘康宁.基于学生学习成果评估的美国高等教育专业认证[J].上海教育评估研究,2014,3(4):15-17,31.

[111] 郑觅.高校内部质量保障:框架与措施——联合国教科文组织"IQA项目"优秀案例述评[J].中国高教研究,2016(9):17-22,76.

[112] 仲宁,刘华.高校自我评估改进:由行政管理式到共同治理式[J].教育发展研究,2019,38(9):34-39.

[113] 周玉容,沈红.现行教师评价对大学教师发展的效应分析——驱动力的视角

[J].清华大学教育研究,2016,37(5):54-61.

[114] 朱晓芸,徐晓忠.实施教师岗位分类管理,推动教师职业分类发展——以浙江大学教师岗位分类管理改革实践为例[J].中国高校师资研究,2012(4):1-4.

[115] 庄丽君.加拿大基于专业认证的工程教育和从业资格国际互认研究[J].世界教育信息,2020,33(2):41-47.

[116] 邹晓东,李铭霞,刘继荣.顶天与立地结合,全方位打造服务社会新体系——浙江大学的综合案例[J].高等工程教育研究,2009(6):46-52.

[117] 周洪宇.建设高质量教育体系 迈向教育发展新征程[J].民主,2020(12):9-11.

五、外文文献

[1] Rigol G. W. Selection through individualized review: A report on Phase IV of the admissions models project [R]. NY: College Entrance Examination Board, 2004.

[2] Milliken J, Colohan G. Quality or Control? Management in higher education [J]. Journal of Higher Education Policy and Management, 2004(26): 381-391.

[3] Taylor T. A value-added student assessment model: Northeast Missouri State University [J]. Economics of Education Review, 1985, 4(4): 341-350.

[4] University of California. Accountability Report 2019 [R]. CA: Oakland, 2019.

后记

我们从 2015 年参与上海市高校分类评价改革政策研究,到 2020 年承担上海市教育综合改革重点推进项目——"破除'五唯'与构建科学教育评价体系的实践探索";从 2018 年第一次接触上海高校分类评价,到 2020 年结合分类评价体系建立校内二级单位绩效评价体系,探索施行教师分类评价体系,全面梳理学生评价体系,在理论与实践碰撞、各方利益诉求平衡过程中,不仅形成了华东政法大学教育评价改革的思路和框架,也形成了本书的思路和框架。

最终成果的形成,得到了教育部、上海市教委、兄弟高校及诸多专家学者的大力支持。教育部政策法规司副司长王大泉,时任上海市人民政府副秘书长虞丽娟,上海市教委主任王平、总督学平辉等领导为项目研究提供了方向性指导,上海市教委综改办主任林炊利,上海市教育督导室主任焦小峰、副主任戴勇为本书的出版提供了直接支持。华东师范大学、同济大学、南京师范大学等兄弟高校为我们的实地调研提供了诸多便利。上海教育评估院冯晖研究员、上海市教科院董秀华研究员、同济大学樊秀娣教授等专家学者为本书提供了不少启示和修改建议。篇幅有限,恕不能一一列出名字,在此一并表示最真挚的感谢!

本书是课题组所有成员联合攻关、协作分工的成果。具体写作分工如下:全书由郭为禄、杨忠孝、丁笑梅、万圆、丁福金研究设计框架、统稿,并由郭为禄审定;绪论部分以及第五章第一节由丁笑梅、万圆撰写;第一章由孙科技、万圆撰写;教师评价部分的相关内容(第二章、第五章第二节、附录第一节)由韩强统筹,张宏虹、汪斝、范寒卉、鲁慧、王海波共同参与撰写;学生评价部分的相关内容(第三章、第五章第三节、附录第二节)由汤君统筹,赵飞、鲁慧、张艳婷、缪志心、梁莉、张晶星共同参与撰写;院系绩效评价部分的相关内容(第四章、第五章第四节、附录第三节)分别由苏洋、丁福金、丁笑梅、万圆负责撰写。作者水平有限,本书难免有疏误之处,竭诚欢迎读者批评指正。